들뢰즈적 선별과
발생에 관하여

들뢰즈적 선별과 발생에 관하여

발행일   2021년 5월 31일

지은이   김주한
펴낸이   손형국
펴낸곳   (주)북랩
편집인   선일영   편집   정두철, 윤성아, 배진용, 김현아, 이예지
디자인   이현수, 한수희, 김민하, 김윤주, 허지혜   제작   박기성, 황동현, 구성우, 권태련
마케팅   김회란, 박진관
출판등록 2004. 12. 1(제2012-000051호)
주소   서울특별시 금천구 가산디지털 1로 168, 우림라이온스밸리 B동 B113~114호, C동 B101호
홈페이지 www.book.co.kr
전화번호 (02)2026-5777   팩스   (02)2026-5747

ISBN   979-11-6539-663-3 03160 (종이책)   979-11-6539-664-0 05160 (전자책)

들뢰즈적 선별과 발생에 관하여

철학의 본질로 분석한
들뢰즈 철학의 원형

김주한 지음

북랩book Lab

들어가며

　이 책은 석사 논문 심사에 통과하지 못한 글들을 모아 자비로 출판을 하면서 세상의 빛을 보게 되었다. 따라서 이 책은 일반적인 논문의 구조를 지닌다. 심사를 통과하지 못한 이유를 길게 말할 필요는 없어 보인다. 본인의 실력이 부족했기 때문이다. 그러나 부족한 글을 출판하기로 한 이유에 대해서는 좀 더 길게 변명하고 싶다.

　내게 자비출판은 다음과 같다. 유리병에 편지를 넣어 바다에 띄워 보내는 행위. 유리병을 띄워 보내는 사람은 편지가 목적지에 도달하지 못할 것을 안다. 그렇다면 그는 왜 그러한 행위를 할까? 아마도 그는 희망을 띄워 보냈을 것이다. 그는 자신의 실패를 유예하기 위해 유리병을 띄운다. 그는 자신이 최후를 맞는 순간에도, 아직도 유리병이 그의 희망을 실현하기 위해 바다를 떠돌아다니고 있다고 상상하면서 미소를 지을 것이다. 유리병은 결코 그의 꿈을 실현하기 위해 바다로 내보내지지 않았다. 다만 유리병은 그의 마음속에서 아직은 실패하지 않았다는 하나의 증거로 기능한다. 물론 객관적 고찰할 때, 그 역시도 유리병이 이미 바다에 삼켜졌다는 것을 알 것이다. 그럼에도 헛된 희망은 그의 삶의 의미가 된다.

나의 좌초된 희망은 무엇인가? 언제부터인지 명확히 기억할 수는 없다. 그러나 내 꿈은 철학자가 되는 일이었다. 철학 연구자가 아닌 철학자. 그러나 지금 나는 불행히도 철학자가 무엇인지조차 명확히 알지 못한다. 역사 속에서 오직 소수의 사람들만이 철학자라는 칭호를 부여받았다. 아마 그들에게는 비상한 재능, 시대적인 운과 더불어 집념에 가까운 무엇이 있었을 것이다. 어찌되었든 철학자는 나의 운명이 아닐 뿐이다. 이러한 운명에 대해 두 가지 선택이 가능해 보인다. 첫째, 자기 파멸적인 결과를 초래하더라도 운명에 맞서 꿈을 향해 전진하는 길. 둘째, 운명에 순응하여 자신의 처지를 받아들이고 그 안에서 만족하기 위해 노력하는 길. 그러나 지금 나는 두 가지 길 중 하나를 선택할 수 있을 만큼 강인하지도 정직하지도 못하다. 나는 비겁하게도 운명을 유예하고 있다.

　그러나 더 이상 나는 자기 자신에게 무거운 단죄를 내릴 필요가 없지 않을까? 왜냐하면 나는 철학자라는 무거운 희망을 유리병에 담아서 바다에 던져버렸기 때문이다. 그리스의 어느 철학자는 철학자를 흉내 내는 열등한 자들을 소피스트라고 불렀다. 철학자가 될 수 없다면 소피스트로 족하지 않은가? 아니 어쩌면 이 시대에는 소피스트조차 너무도 거창한 의미를 지녀 소피스트로조차 인정받을 수 없을지도 모른다. 어쩌면 나는 영원한 유예를 위해 모욕적인 호칭조차 감수할 의향이 있는지도 모르겠다.

2021년 2월

국문 초록

  본고의 목표는 『차이와 반복』, 『의미의 논리』, 『안티 오이디푸스』에서 나타나는 선별 기준의 변화를 제시하는 것이다. 들뢰즈는 플라톤적 선별을 비판한다. 플라톤은 이데아를 기준으로 선별한다. 들뢰즈적 선별은 플라톤적 선별과 대비된다. 들뢰즈적 동기는 동일하게 머무는 일보다, 새로움을 만들어 내는 창조의 가치를 높게 평가하는 것이다. 선별은 선별되는 대상의 가치를 평가한다. 선별의 대상은 현실을 살아가는 우리들이다. 따라서 우리의 지향점은 창조로 제시된다. 그런데 선별은 선별 대상이 선별 기준을 충족시킬 수 있다고 전제한다. 따라서 들뢰즈는 선별 대상인 우리가 선별 기준인 창조를 행할 수 있다는 점을 보여야 한다. 우리가 창조할 수 있기 위해서는 창조적 역량에 접속해야 한다.

  역량은 발생에 관계한다. 왜냐하면 발생적 요소는 역량을 지니기 때문이다. 따라서 우리가 창조의 역량을 지니기 위해서는 발생적 요소에 접속해야 한다. 그런데 발생은 『차이와 반복』, 『의미의 논리』, 『안티 오이디푸스』에서 각기 다른 방식으로 나타난다. 우리는 발생적 요소가 물체적인지 비물체적인지에 따라 구분할 수 있다. 『차이와 반복』에서는 물체적인 강도와 비물체적인 이념이 동시에 나타난다. 『의미의 논리』에서는 비물체적인 표면이 강조된다. 『안티 오이디푸스』에서 물체적인 요소인 욕망이 강조된다. 비물체적인 역량은 잃어버린 대상으로 설명할 수 있다. 잃어버린 대상은 물체 속에서 부재를 만들어 내는 방식으로 변화를 만들어 낸다. 잃어버린 대상은 우리의 물체적인 본성 안에 고유한 결핍이 있다고 전제한다.

 역량의 성격에 따라 다른 실천적인 귀결이 나타난다. 우리는 신체를 가지고 있는 한에서 물체적이다. 또한 우리는 물체적인 세계를 살아가고 있다. 따라서 비물체적인 역량에 대한 추구는 우리에게 부정적인 결과를 초래한다. 비물체적인 역량은 추상적이다. 따라서 우리는 결코 잃어버린 대상을 획득할 수 없다. 실천에 있어 우리는 막다른 골목에 마주하고 좌절하게 된다. 들뢰즈는『안티 오이디푸스』에서 유물론적 혁명을 통해 물체적인 역량을 긍정한다. 물체적인 역량을 긍정할 때, 우리 역시도 긍정된다. 더 이상 우리는 창조하기 위해 우리의 본성 밖으로 나갈 필요가 없다. 우리는 자연적으로 역량을 소유한다. 역량이 실현되지 못하게 막는 요소는 우리의 본성에 외재적이다. 우리는 세 저서에서 우리를 선별하는 기준이 변화하는 것을 발견한다. 선별 기준은 우리에게 외재적인 비물체적 역량에서, 내재적인 물체적인 역량으로 이동한다. 선별 기준의 변화에 따라 우리의 본성은 긍정된다.

목차

1부
들뢰즈 철학의 형상

2부
들뢰즈와 발생

일러두기

1. 이 논문에서 인용될 들뢰즈의 저작들은 다음과 같이 약칭하고자 한다.

AO   Capitalisme et schizophrénie t.l: L'anti-œdipe (avec Félix Guattari), Minuit, 1972(2005).

『안티 오이디푸스』, 김재인 옮김, 민음사, 2014.

D   Dialogues (avec Claire Parnet), Flammarion, 1977(1996).

『디알로그』, 허희정 외 옮김, 동문선, 2005.

DR   Différence et répétition, PUF, 1968(1996).

『차이와 반복』, 김상환 옮김, 민음사, 2004.

SPE   Spinoza et le problème de l'expression, Minuit, 1967(2007).

『스피노자와 표현의 문제』, 현영종·권순모 옮김, 그린비, 2019.

LS   Logique du sens, Minuit, 1969(2005).

『의미의 논리』, 이정우 옮김, 민음사, 1999.

MP   Capitalisme et schizophrénie t.2: Mille platequx, (avec Félix Guattari), Minuit, 1980(2006).

『천개의 고원』, 김재인 옮김, 새물결, 2001.

NP   Nietzsche et la philosophie, PUF, 1962(1977).

『니체와 철학』, 이경신 옮김, 민음사, 2001.

PCK   La philosophie critique de Kant, PUF, 1963(2004).

『칸트의 비판철학』, 서동욱 옮김, 민음사, 2006.

PLB   Le Pli, Leibniz et le baroque, Minuit, 1988(2005).

『주름, 라이프니츠와 바로크』, 이찬웅 옮김, 문학과 지성사, 2004.

PP   Pourparlers 1972-1990, Minuit, 1990(2005).

『대담』, 김종호 옮김, 솔, 1993.

PS   Proust et les singes, PUF, 1976(2010).

『프루스트와 기호들』, 서동욱 외 옮김, 민음사, 2004.

QP   Qu`est-ce que la philosophie? (avec Félix Guattari), Minuit, 1991(2005).

『철학이란 무엇인가』, 이정임 옮김, 현대미학사, 1999.

2. 국역이 있는 저서들은 국역본을 참고하되, 필요에 따라 부분
수정했다.

서론

흔히 알려진 것처럼 들뢰즈의 철학은 난해하다. 들뢰즈의 사상이 심오하기 때문이기도 하지만 들뢰즈가 불친절한 방식으로 글을 썼다는 데에도 어느 정도 원인이 있는 것으로 보인다. 들뢰즈는 일관된 논증을 구사하는 데 집중하기보다는 다양한 사례들을 넘나들며 자신의 주장을 펼친다. 따라서 우리는 어떤 목소리가 진짜 들뢰즈인지 판별하는 데 어려움을 느낀다. 그러나 우리는 분명히 들뢰즈에 대한 특정한 이미지를 가진다. 예를 들어서 우리는 들뢰즈가 반-플라톤주의자, 반-헤겔주의자 혹은 니체주의자, 스피노자주의자라고 말하곤 한다. 물론 들뢰즈는 텍스트 내에서 역사 속의 다양한 철학자들을 비판하거나 옹호한다. 따라서 이런 이미지에는 들뢰즈 자신이 기여한 바가 크다. 그러나 들뢰즈주의는 아직 모호한 개념처럼 보인다. 다른 철학자들의 이름을 빌리지 않고서 들뢰즈의 모습을 그려낼 수는 없을까? 본고의 목적은 들뢰즈의 내재적인 형상을 확립하는 데 있다.

본고의 1부는 우리는 고유한 들뢰즈의 형상을 추출하기를 시도한다. 이 과제를 수행하기 위해서는 우리는 1부 1장에서 들뢰즈의 글쓰기 스타일을 분석한다. 들뢰즈의 글쓰기 스타일은 고유한 들뢰즈의 형상을 알아보는 데 어려움을 초래한다. 들뢰즈는 다양한 철학자들과 자신을 섞는다. 들뢰즈는 자신의 이름으로 정합적인 이론을 만드는 데에 큰 비중을 두지 않으며 다양한 철학자를 넘나들면서 논의를 전개한다. 따라서 우리는 들뢰즈와 그가 이용하는 철학자들을 분리해야 한다. 우리는 들뢰즈의 콜라주 기법에 대해 분석하면서 실마리를 얻을 것이다. 콜라주 기법의 작가는 다른 재료들을 자신의 작품을 위한 재료로 이용한다. 마찬가지로 들뢰즈 역시도 다른 철학자들을 자신의 철학을 위한 재료로 이용했다고 추론할 수 있다. 이용하는 자와 이용되는 재료는 분리될 수 있다. 왜냐하면 이용하는 자는 재료를 재료 그 자체를 위해서가 아니라 다른 목적을 위해 이용하기 때문이다. 들뢰즈는 다른 철학자들을 무엇을 위해 이용하는가? 들뢰즈 자신의 철학이다. 따라서 우리는 들뢰즈의 철학이 무엇인지를 밝혀야 한다.

철학이란 무엇인가? 우리는 철학이 무엇인지 명확히 알 수 없다. 그러나 들뢰즈 자신이 철학을 무엇이라고 정의했는지는 알 수 있다. 왜냐하면 들뢰즈는 『철학이란 무엇인가』라는 책을 통해 철학 일반이 무엇인지 규정하기 때문이다. 우리가 알고자 하는 것은 철학 일반이 아니라 들뢰즈 철학이다. 그러나 들뢰즈는 자신이 규정한 철학 일반의 형식에 따라 자신의 철학을 행했다고 추정할 수 있지 않을까? 따라서 1부 2장에서 우리는 들뢰즈 철학의 자기규정을 살필 것이다. 들뢰즈는 철학 일반의 세 요소는 개념, 내재성의 구도, 개념적 인물이라고 주장한다. 따라서 우리는 들뢰즈 철학 역시도 개념, 내재성의 구도(구도), 개념적 인물(사유자)을 가진다고 추론할 수 있다. 우리는 개념, 구도, 사유자라는 세 요소에 의거해서 들뢰즈의 철학을 드러낼 것이다. 우리는 2부에서 '발생' 개념을 중심으로『차이와 반복』,『의미의 논리』,『안티 오이디푸스』사이의 변화를 살필 것이다. 그러나 이에 앞서 들뢰즈 철학의 개념적 인물인 플라톤과 라이프니츠를 통해서 들뢰즈의 철학의 구도를 드러낼 것이다. 개념적 인물은 역사적 인물과 다르다. 개념적 인물은 들뢰즈의 철학을 드러내기 위해 이용되는 재료이다. 따라서 본고에서 실제 플라톤과 라이프니츠가 어떻게 말했는지는 중요하지 않다. 중요한 것은 그들을 통해 들뢰즈 철학의 어떤 모습이 드러나는가이다.

우리는 1부 3장에서 플라톤적 동기와의 대비를 통해서 들뢰즈적 동기를 정의할 것이다. 철학의 구도는 그 철학이 품는 문제를 통해 드러난다. 그런데 문제는 동기와 관련한다. 왜냐하면 문제가 주어짐에 따라 우리는 그것을 다루고자 하는 동기를 갖기 때문이다. 우리는 들뢰즈의 동기가 선별이라는 것을 확인할 것이다. 선별은 선별 대상과 선별 기준을 구성요소로 갖는다. 들뢰즈적 선별의 대상은 현실을 살아가는 우리들이고 선별의 기준은 창조이다. 따라서 들뢰즈적 선별은 현실을 살아가는 우리가 창조하기를 요구한다.

선별을 이해하기 위해서는 선별 대상인 '우리'와 선별 기준인 창조가 무엇을 의미하는지 알아야 한다. 그런데 들뢰즈는 '우리'와 창조가 무엇인지를 상식과는 다른 방식으로 이해한다. 우리는 1부 4장에서 라이프니츠의 모나드 개념과의 관련 하에서 '우리'와 창조가 무엇을 의미하는지 명확히 할 것이다. 우리가 이해하는 인간은 세계의 부분이고 타자들과 분리된 실체이다. 그러나 모나드론에 의하면 '우리'는 세계의 부분이 아니라 세계 전체이다. 오로지 세계 전체라는 하나의 실체만이 존재하기에 타자와 '우리'는 원칙적으로는 같은 존재이며 세계와 '우리'는 일치한다. 따라서 창조는 다른 의미를 지닌다. 창조는 세계의 부분을 바꾸는 일이 아니다. 창조는 세계 전체를 새롭게 해야 한다. 들뢰즈적 동기는 '우리'가 세계 전체를 새롭게 하기를 요구한다. 세계 전체를 새롭게 하기 위해서 '우리'는 창조적 역량에 연결되어야 한다.

창조적 역량의 위치는 발생적 요소의 위치와 같다. 발생적 요소는 창조적 역량을 통해 세계를 발생시킨다. 따라서 우리가 창조하기 위해서는 발생적 요소에 연결되어야 한다. 그런데 저서에 따라서 발생은 다르게 설명된다. 따라서 우리는 2부에서 『차이와 반복』, 『의미의 논리』, 『안티 오이디푸스』에서 발생이 어떻게 달라지는지 살필 것이다. 발생의 요소가 달라지면서 우리가 추구해야 하는 지점도 달라진다. 왜냐하면 우리는 창조해야 하기 위해 역량에 접속해야 하는데, 발생에 대한 설명에 따라 창조의 역량을 지녔다고 제시되는 요소가 달라지기 때문이다. 따라서 선별과 발생은 긴밀한 관계를 맺는다. 우리는 각각의 저서에서 다른 선별 기준 앞에서게 된다. 『차이와 반복』의 발생적 요소는 강도와 이념이고, 『의미의 논리』의 발생적 요소는 표면이며, 『안티 오이디푸스』의 발생적 요소는 욕망이다. 발생적 요소의 추구할 때 『차이와 반복』은 우리에게 극한으로 사유하기를, 『의미의 논리』는 우리가 표면에 머물기를, 『안티 오이디푸스』는 분열자가 되기를 요구한다. 이 기준들에 따를 때 우리는 창조할 수 있다. 선별은 우리가 창조할 때 더 큰 가치를 갖는다고 평가한다. 우리는 우월해진다. 제시된 세 가지 기준들을 동일한가 아니면 차이를 가지는가? 우리는 물체적인지 비물체적인지에 따라 기준들을 분류할 것이다. 『차이와 반복』에서는 물체적인 강도와 비물체적인 이념이 혼재되어 제시된다. 그러나 『의미의 논리』에서는 비물체적인 표면이 강조된다. 『안티 오이디푸스』에서는 다시 물체적인 욕망이 강조된다. 물체적인 기준과 비물체적인 기준은 어떤 차이를 갖는가? 우리는 들뢰즈가 비물체적인 기준에서 물체적인 기준으로 이행하면서 '우리'를 진정으로 긍정하게 된다고 주장할 것이다. 우리는 물체적인 신체를 갖고 있으며 물체적인 세계 내에 속한다. 그런데 비물체적인 기준은 우리의 밖에서 역량을 찾는다. 따라서 비물체적인 역량에 우리는 영원히 도달할 수 없다. 우리는 역량은 결핍하게 된다. 이에 비해 물체적인 역량을 강조할 때 우리는 우리 안에서 역량을 발견할 수 있다. 우리는 아무것도 결핍하지 않게 된다. 우리는 진정으로 긍정된다. 우리는 세 저서들의 발생을 구체적으로 살피면서 이러한 결론을 얻어낼 것이다.

우리는 선별기준을 발견하기 위해 발생을 살펴야 한다. 역량은 선별기준과 발생을 관련짓는다. 우선 들뢰즈적 선별은 창조에 우월한 가치를 부여한다. 따라서 우리의 지향점은 창조이다. 그런데 창조를 위해서는 역량이 필요하다. 따라서 우리는 역량에 접속해야 한다. 창조의 역량을 지닌 요소는 발생을 행한다. 따라서 발생적 요소와 창조적 역량의 요소는 일치한다. 발생이 달라지면서, 발생적 요소도 달라진다. 발생적 요소가 달라지면서, 창조적 역량도 달라진다. 창조적 역량이 달라지면서 창조가 지닌 의미도 달라진다. 창조는 우리의 선별 기준이다. 따라서 '우리'의 선별기준은 발생적 요소와 관련한다. 따라서 들뢰즈의 발생의 존재론과 선별의 실천이론은 긴밀히 연결되어 있다. 따라서 들뢰즈의 실천이론을 이해하기 위해서는 발생을 구체적으로 살펴야 한다.

종합의 방법에 따라 발생을 탐구할 때, 우리는 두 가지 과정을 갖는다. 첫 번째는 역행적인 분석을 통해 원리를 발견하게 되는 과정이고, 두 번째는 원리로부터 결과를 발생을 연역하는 과정이다. 우리는 『차이와 반복』에서 두 과정 모두 발견할 수 있다. 우리는 2부 1장 A에서는 시간 이론과 관련하여 역행적인 분석을, B에서는 이념에서 강도를 거쳐 재현이 발생하는 과정을 다룰 것이다.

우리는 『의미의 논리』에서도 역행적인 분석과 발생적 연역을 모두 발견할 수 있다. 우리는 2부 2장 A에서 명제에서 의미의 층위로 향하는 역행적인 분석을, B에서는 표면의 특이성으로부터 재현으로 향하는 정적 발생을 살필 것이다. 정적 발생은『차이와 반복』의 발생과 유사하다. 두 발생 모두 원리로부터 재현이라는 결과로 나아간다. 그런데 정적 발생은 가능성이라는 범주의 발생까지 설명한다는 점에서『차이와 반복』의 발생보다 한 걸음 더 나아간다.『차이와 반복』에서는 가능성과 잠재성을 단순히 대립시키는 데 비하여 정적 발생은 원리로부터 가능성 범주가 어떻게 발생하는지 설명한다. 우리는 2장 2부 C에서 동적 발생을 다룰 것이다. 동적 발생은『차이와 반복』에서는 나타나지 않는다. 동적 발생은『차이와 반복』의 이분 구도가『의미의 논리』의 삼분 구도로 바뀌면서 나타난다.『차이와 반복』이 이념/재현의 이분 구도라면『의미의 논리』는 심층/표면/재현의 삼분 구도이다. 이념은 표면에 상응한다. 따라서 새로 도입된 층위는 심층이다. 그러나 심층의 도입은 많은 애매함을 불러온다. 우리는 들뢰즈가 동적 발생을 통해 심층으로부터 표면의 발생을 설명하지만 이는 이론적인 난점을 갖는다는 것을 보일 것이다.

『안티 오이디푸스』에서는 발생은 생산으로 말해진다.『안티 오이디푸스』는 욕망이 세계와 분열자를 발생시키는 과정인 욕망적 생산과 사회가 분열자를 억압하는 과정인 사회적 생산을 보여준다. 『안티 오이디푸스』에서는 역행적인 분석이 명시적인 형태로 나타나지 않는다. 따라서 본고에서는 역행적인 분석을 구체적으로 다루지 않을 것이다. 다만 우리는 오이디푸스에 대한 비판이 역행적인 분석에 상응한다는 것을 제시할 것이다. 원리의 층위는 무의식에 존재한다. 그러나 오이디푸스는 우리의 무의식을 왜곡한다. 따라서 오이디푸스를 비판하면서 우리는 원리적 층위의 무의식으로 역행할 수 있다. 우리는 오이디푸스 비판보다는 욕망적 생산과 사회적 생산을 다루는데 집중할 것이다. 우리는 2부 3장 A에서 욕망의 종합을 통해 분열자가 발생하는 욕망적 발생을 다룰 것이며 2부 3장 B에서 분열자들을 억압하는 사회의 역사를 다룰 것이다. 욕망적 발생의 결과는 분열자이다. 그리고 사회의 역사는 사회가 분열자를 억압해온 과정을 보여준다.

우리는 욕망적 생산이 새로운 발생 원리를 지닌다는 점을 확인할 것이다. 욕망적 생산은 『차이와 반복』과 『안티 오이디푸스』와 달리 역설을 발생의 원리로 사용하지 않는다. 들뢰즈는 역설 대신 욕망의 세 가지 종합을 제시한다. 하지만 우리는 들뢰즈가 독자적인 종합을 제시하면서 이론적인 문제에 부딪힌다는 점을 지적할 것이다. 들뢰즈는 욕망적 생산에서 부정적인 욕망들을 제외하려고 한다. 그러나 그럴 경우 현실의 부정적인 욕망들을 설명할 수 없게 된다. 부정적인 요소들의 애매한 위상이 『안티 오이디푸스』의 긴장을 보여준다. 본고에서는 긴장을 해결하는 방안을 제시하지는 못한다. 우리는 긴장을 발견하는 선에서 머물 것이다. 최종적으로 우리는 세 저서에서 발생에 대한 설명이 바뀌면서 선별기준 역시 변화하며, 이 변화는 실천적인 측면에서 긍정적인 결과를 가져온다는 결론을 내릴 것이다.

1부

들뢰즈 철학의 형상

1장
들뢰즈 철학에 대한 접근법

현대 논문의 형식

역사적으로 철학적 글들은 다양한 스타일을 가졌다. 예를 들어서 플라톤의 대화편들, 칸트의 『순수이성비판』, 스피노자의 『에티카』는 서로 다른 전개 방식을 갖는다. 본고에서 수많은 철학의 스타일들을 살피는 것은 불가능할 것이다. 다만 들뢰즈에 대한 논문을 쓰기 위해서는 들뢰즈의 스타일을 먼저 규정해야 한다. 왜냐하면 현대 논문의 형식과 들뢰즈의 글쓰기 스타일은 일치하지 않기 때문이다. 물론 문학작품이나 예술작품을 논문으로 번역하는 일보다는, 들뢰즈의 작품을 논문으로 번역하는 일이 수월할 것이다. 들뢰즈가 다루는 주제들은 고전적인 철학의 범주 안에 머물기 때문이다. 그럼에도 불구하고 들뢰즈가 철학을 다루는 방식은 현대적인 논문의 형식과 같지 않다. 들뢰즈의 스타일을 찾기에 앞서서 우리는 현재의 철학 논문의 형식을 규정해 보려고 한다.

본고가 작성된 2020년 대한민국의 표준적인 철학 논문 양식을 정확히 규정하기는 어렵다. 왜냐하면 실험을 통한 가설 검증이라는 과학적 방법론과 같은 표준적인 연구방식이 철학에는 없기 때문이다. 수많은 철학들이 각기 다른 방식으로 써졌듯이 철학 논문에도 여러 방식이 있는 것처럼 보인다. 하지만 철학 논문이 무제약적으로 모든 스타일을 허용하는 것은 아니다. 분명히 철학 논문을 어떻게 써야 하는지에 대한 주관적이고 암묵적인 전제가 존재하고 있다. 철학 논문의 형식은 철학이 무엇인가라는 문제와 관련되지만 정확히 그와 일치하지는 않는다. 예를 들어서 플라톤의 대화편과 스피노자의 『에티카』는 하나의 철학일 수는 있지만 현대의 철학 논문으로는 통과될 수는 없기 때문이다. 이에 비해 칸트의 『순수이성비판』은 현대 논문의 스타일과 부합하는 부분이 커 보인다. 칼로 자르듯이 경계 지을 수는 없지만 우리는 무엇이 철학 논문이 될 수 있고 없는지에 대한 주관적이고 암묵적인 모호한 이해[1]를 공유하고 있는 것이다.

2020년 대한민국 철학 논문이 지니는 암묵적인 전제를 찾아보자. 첫째로 논문은 철학자를 연구 대상으로 가져야 한다. 직접적으로 어떤 주제에 관해 의견을 개진하는 일이 철학일 수는 있으나

---

[1] 들뢰즈는 객관적인 전제와 대비되는 철학의 암묵적이고 주관적인 전제를 밝힌다. 이에 대해서는 『차이와 반복』 3장 참조. 우리는 이러한 방법론을 참조하여 논문의 암묵적이고 주관적인 전제를 추정해 볼 것이다.

논문은 될 수 없다. 왜냐하면 논문은 그 주제에 대한 앞선 철학자들의 견해들을 참조하기를 원하기 때문이다.

둘째로 철학자에 대한 연구는 연구되는 철학자의 사상을 온전히 모방하고자 노력해야 한다. 물론 철학자에 대한 비판도 허용된다. 그러나 철학자에 대해서 온전히 이해한 후에 비판할 것이 요구된다. 우리가 이해해야 하는 철학자란 누구인가? 대부분의 경우 우리는 연구의 대상이 되는 철학자를 직접 만난 적이 없다. 대개의 경우 우리는 문헌들을 통해 철학자를 접한다. 따라서 철학자에 대한 이해는 문헌에 대한 이해로 귀결한다. 우리는 문헌 속에서 철학자의 의도와 맥락을 읽어내야 하며 그것을 바탕으로 철학자를 이해해야 한다.

다만 우리는 결코 온전한 방식으로 철학자를 이해할 수 없는 상황에 빠진다. 왜냐하면 문헌은 다양한 방향으로 해석될 수 있기 때문이다. 어떤 한 철학에 대한 해석의 고유한 권리는 그 철학책을 쓴 철학자라는 인물에게로 귀속된다. 우리는 미지의 그 인물이 그의 책을 어떤 방식으로 해석했을지 정확히 알 수는 없다. 다만 우리가 암묵적으로 확신하는 것은 그가 자신의 텍스트에 우호적이었을 것이라는 점이다. 따라서 텍스트를 우호적인 방향으로 해석하는 연구자는 그 철학을 이해했다고 쉽게 평가받는다. 반면에 텍스트를 비판하는 방향으로 해석하는 연구자는 철학자를 제대로 이해하지 못했다고 비판받을 가능성이 크다. 철학사에서 한 명의 철학자로 인정받는 일은 커다란 권위이다. 그를 비판하기 위해서 우리는 그와 같은 높이에 설 것을 요구받는다. 철학자에게 가장 우호적인 제스처를 내보이는 방법은 그 철학자의 주장을 되풀이하는 일이다. 철학자와 똑같은 목소리를 낼수록 그에게 우호적으로 보인다. 따라서 논문을 위한 가장 안전한 방법은 철학자의 입장에 서서 비슷한 어조로 그 철학의 잠재적인 적수들을 반박하는 일이다. 결국 대부분의 논문들은 철학자의 텍스트에 우호적인 기조를 유지하는 한에서 약간 다른 해석을 내는 안전할 길을 택한다.

들뢰즈의 스타일: 섞기와 자유간접화법

우리는 문헌을 통해 드러난 철학자의 목소리를 대변한다는 현대 논문의 형식을 살펴보았다. 그렇다면 들뢰즈의 철학을 논문의 형식으로 번역하는 일에는 어떤 어려움이 따르는가? 어떤 사람이 학계 내에서 철학자로 공인받는 일은 철학 내적인 부분에서만 기인하지는 않는다. 역사적 변화에 따라서 학계 내에서 철학자로 평가받지 못하던 자가 학계 속으로 편입되기도 하고 반대로 누군가는 평가가 절하되어 역사 속으로 사라지기도 한다. 다만 현재 대한민국에서 들뢰즈는 철학자 중의 한 사람으로 평가받고 있다. 따라서 들뢰즈를 연구 대상으로 삼는 것에는 큰 문제가 따르지 않는다.

연구자는 들뢰즈가 왜 철학자인지를 증명할 책임에서 자유롭다.

문제는 온전한 들뢰즈를 찾기 어렵다는 점에서 발생한다. 들뢰즈가 자신과 그가 이용하는 학자들을 섞어버리기 때문이다. 물론 우리는 그의 저작을 읽고 교감하며 깊은 감동을 느낄 수 있다. 다만 그의 저작은 학적인 재료로 이용되기 어렵다. 학적인 기준에서 어떤 문헌을 이해한다는 것은 무엇을 의미하는가? 그것은 문헌에 나타난 논증의 구조를 이해한다는 뜻이다. 다양한 학자들이 제시한 복잡하게 얽혀있는 전제와 주장들을 풀어내면서 우리는 학적인 의미에서 텍스트를 이해한다. 따라서 우리가 학적인 재료로 이용하기 위해서는 무엇이 들뢰즈이고 무엇이 들뢰즈가 아닌지를 명확히 해야 한다.

많은 문헌에서 들뢰즈는 다른 학자들을 이용해서 자신의 논의를 전개한다. 일반적인 논증에서 우리는 인용하는 학자의 논증 구조를 세우고, 그 구조의 세부 논증들에 동의하거나 반대하면서, 자신의 논증 구조를 세운다. 예를 들어서 다른 학자를 비판할 때 A 학자는 B라는 원인에서 C 결과가 D 과정을 통해서 도출된다고 주장하는데, 자신은 B라는 원인에서 C라는 결과가 도출된다는 데에는 동의하지만, D 과정에 반대하며 대신 E 과정을 제시한다고 주장할 수 있다. 따라서 우리가 다른 학자의 주장을 이용하는 들뢰즈를 발견할 때 우리가 살피는 것은 (1) 들뢰즈가 해당 학자의 논증을 제대로 정리했는지 (2) 논증의 어떤 부분에 동의하고 어떤 부분에 반대하며, 그 근거는 무엇인지 (3) 이에 따라 들뢰즈가 새롭게 제시하는 구조는 타당한지이다.

인용의 과정은 들뢰즈와 그가 인용하는 학자 간의 거리를 전제한다. 당연하게도 우리는 들뢰즈와 그가 인용하는 학자가 독립적이라고 생각하며 따라서 들뢰즈가 그 학자를 자신의 이론에 이용하기에 앞서서 그 학자와의 엄밀한 분할을 시도했을 것이라고 추정한다. 그러나 우리는 들뢰즈와 인용되는 학자가 애매하게 섞여 있다는 점을 발견하게 된다.

들뢰즈는 자유간접화법을 이용한다. 자유간접화법은 들뢰즈 자신의 주장을 자신이 인용하는 학자의 주장과 섞어 버리는 화법이다.[2] 이 화법에 따라 들뢰즈는 자신이 이용하는 학자와 명확히 구분되지 않는다. 들뢰즈는 자신의 주장이 인용하는 학자의 논증에 의존하는 듯이 말하지만 막상 그 학자의 논증을 살펴보면 들뢰즈의 논증을 정당화시켜주는 부분을 쉽게 발견할 수 없다. 우리는 온전한 들뢰즈의 형상을 발견하기 위해 들뢰즈가 인용한 철학자와 들뢰즈를 구분하려고 시도하지만 둘은 명확히 구분되지 않는다. 예를 들어 칸트를 이용하는 칸트-들뢰즈가 있다면 이는 칸트에게

---

2) 자유간접 화법에 대한 구체적인 설명은 『고쿤분 고이치로의 들뢰즈 제대로 읽기』 p25-30 참조.

도 귀속되지 않고 들뢰즈에게도 귀속되지 않는다.[3] 따라서 들뢰즈의 스타일에 의해 연구에 두 가지 문제가 발생한다. 첫 번째는 연구대상인 들뢰즈를 특정하는 것이 쉽지 않다는 점이다. 두 번째는 들뢰즈 주장의 논증 메커니즘을 찾기 힘들다는 점이다. 문제는 들뢰즈가 자신의 논증의 입증책임을 그가 이용하는 학자에게 돌리지만 그 학자의 텍스트 속에서 들뢰즈의 주장을 입증할 근거를 찾기 쉽지 않기 때문에 발생한다.

들뢰즈의 방법: 콜라주와 비역질

들뢰즈는 자신과 다른 학자들을 섞어 버린다. 따라서 우리는 연구대상이 돼야 하는 들뢰즈를 특정할 수 없게 되는 어려움을 겪는다. 우리는 이러한 들뢰즈의 스타일에 어떻게 접근해야 할까? 우리는 들뢰즈의 방법을 살피면서 방향성을 읽어낼 수 있다. 들뢰즈 철학의 방법에 관련하여 유명한 두 구절은 콜라주에 관한 구절과 비역질에 관한 구절이다.

---

3) 『칸트의 비판철학』 3장에서 들뢰즈는 칸트가 숭고 분석을 통해서 인식능력들 간의 발생적 관계를 발견했다고 주장한다. 다만 문제는 칸트에게서 발생이란 주요한 화두가 아니었다는 점이다. 만약 발생이 칸트의 주요한 초점이었다면 칸트는 발생이라는 관점을 도입해서 순수이성비판을 다시 썼어야 할 것이다(예를 들어서 서동교(2018)은 『차이와 반복』이 꿈에서 읽은, 즉 다시 쓰인 『순수이성비판』이라고 주장한다). 들뢰즈가 칸트 철학의 변두리를 부각시켜 자신의 철학의 부분으로 삼을 때 우리는 그것을 칸트에 귀속시켜야 하는가, 들뢰즈에 귀속시켜야 하는가?

"우리에게 철학사는 회화에서 콜라주가 맡는 것과 전적으로 유사한 역할을 떠맡아야 할 것으로 보인다. 철학사는 철학 자체의 재생산이다. 철학사에서 해설은 [해설되는 철학의] 진정한 분신으로 기능해야 할 것이며, 이 분신에 적절한 최대치의 변화를 포함하고 있어야 할 것이다(우리는 콧수염을 기른 모나리자를 생각하듯 전적으로 비슷하게 철학적으로 털투성이인 헤겔과 철학적으로 면도한 마르크스를 상상한다). 이제 과거 철학의 실질적인 책에 대해 말하되 마치 그것이 상상의 책, 위조된 책인 것처럼 말하는 데까지 이르러야 할 것이다." (『차이와 반복』, p23)

"철학사를 일종의 비역 혹은, 같은 얘기지만, 무염시태 같은 것으로 생각하는 것이었지. 나는 어떤 작가의 등에 달라붙어서 그의 애를 만들어낸다고 상상했지. 그것은 그의 아이가 될 것이고, 흉물스러울 것이었지. 그것이 그의 아이라는 사실이 아주 중요해. 실제로 그 작가는 내가 시키는 대로 말을 해야 했으니까. 하지만 그 아이가 괴물 같다는 사실 역시 필수적인 것이었지. 온갖 종류의 비틀기, 미끄러지기, 부수기, 그리고 은밀하고 기분 좋은 배설을 거쳐야 했으니까." (『대담 1972-1990』, p29)

『차이와 반복』에서 들뢰즈는 철학사를 콜라주 기법과 같이 이용해야 한다고 주장한다. 콜라주는 이질적인 재료들을 덧붙여서 작품을 만들어 내는 기법이다. 콜라주 작품에서 각 재료들은 본래의 고유한 평면에서 이탈해 새로운 평면에 놓이고 이로 인해 새로운 가치와 역할을 갖게 된다. 예를 들어서 나무에 붙어있는 나뭇잎을 떼고 신문지를 오려 붙여서, 인간의 얼굴 형상을 지닌 작품을 만든다면, 나뭇잎은 나무라는 환경에서 분리되고 신문지는 글이라는 맥락에서 분리되어, 인간의 얼굴의 부분이라는 새로운 역할을 담당하게 된다. 콜라주의 기법을 통해서 재료들은 기존의 구도에서 분리되어 새로운 구도에서 다른 역할과 기능을 담당하게 되는 것이다. 마찬가지로 들뢰즈는 철학사에서 개념들을 기존의 구도와 평면에서 분리해 내고 이를 새로운 구도와 평면 속에 다시 배치해 새로운 의미들을 창조해 낸다.[4]

그런데 기존의 구도로부터 분리된 재료들을 어떤 구도 속에 다시 배치해야 할까? 예를 들어서 나무로부터 분리한 나뭇잎들을 다시 유사한 나무에 붙이고, A 신문으로부터 오려낸 기사를 B 신문에 다시 붙일 수도 있다. 문제는 새로운 구도가 기존의 구도와 얼마나 유사해야 하는지에 있다. 들뢰즈의 답변은 새로운 구도는 "적

---

4) 개념과 구도에 관해서는 들뢰즈의 1991년 저작 『철학이란 무엇인가』에 구체적으로 기술되어 있다. 우리는 이 논문에서 추후에 이에 관해 살펴볼 것이다.

절한 최대치의 변화를 품고" 있어야 한다는 것이다.[5]『대담』의 인용문을 참조하자면 적절한 최대치의 변화란 흉물스럽지만 그럼에도 불구하고 그의 아이라는 것을 부정할 수 없을 정도의 거리를 의미한다.

우리는 다시 주관적이고 암묵적인 전제들을 발견한다. "적절한 최대치의 변화"란 객관적으로 칼 자르듯이 제시할 수 없는 기준이기 때문이다. 원형으로부터 배반을 포함하지만 그럼에도 불구하고 원형으로부터의 완전한 분리를 주장할 수 없는 변화의 정도는 어느 정도인가? 그리고 원형과의 친근성을 누가 어떤 기준으로 평가해낼 것인가? 위와 같은 질문은 객관적인 수치로 표현될 수 없다. 콜라주에 원본이 30% 담겼다든지 70% 담겼다고 우리는 말할 수 없다. 그럼에도 불구하고 우리는 원형에 관한 이미지를 갖는다. 예를 들어 우리는 '저건 칸트가 말한 것이 아니야!' 혹은 '들뢰즈라면 그렇게 말하지 않았을 거야!'라고 말하곤 한다. 우리는 텍스트로부터 한 인물의 이미지를 추출해 내고 온전한 그의 모습을 상상해 내는 것이다. 예를 들어 마르크스는 수염이 있고 헤겔은 수염이 없

---

5) 박정태는 그가 엮은 들뢰즈의 논문들을 모아 엮어낸 『들뢰즈가 만든 철학사』의 부록에서 콜라주 기법과 최대치의 변화에 초점을 맞추어서 들뢰즈의 철학사 연구를 이해하려고 시도한다. 그는 들뢰즈의 철학사 연구가 콜라주 기법에 따라 이루어졌다고 말한다. 들뢰즈가 연구한 각각의 철학자는 콜라주의 재료들이 된다. 그러나 콜라주는 무작위로 배치되지 않는다. 박정태는 들뢰즈의 철학사 연구에서 우리는 일관된 흐름을 발견할 수 있다고 주장한다. 그가 발견한 일관된 흐름은 반플라톤주의와 반헤겔주의로 특징지어지는 반시대적인 철학이다. 들뢰즈의 반시대적인 철학은 주류의 철학사에 최대한의 변경을 가하는 비주류의 철학사를 창조해 낸다. 우리가 이 논문에서 시도하는 접근법 역시도 들뢰즈의 철학에서 일관된 흐름을 발견하는 데 초점을 맞춘다는 점에서 박정태의 방법에 빚지고 있다고 말할 수 있을 것이다.

다. 플라톤은 이데아가 동일하다고 말하고 들뢰즈는 이데아가 차이에 관련한다고 말한다.[6] 마르크스의 수염을 떼다 헤겔의 턱에 붙이듯이 들뢰즈는 플라톤의 이데아를 동일성에서 떼어다가 차이에 붙인다.

우리는 들뢰즈가 철학사를 그의 철학적 창조를 위한 재료로 이용했다는 것을 발견한다. 따라서 들뢰즈가 기존의 철학자들에게 바치는 경의는 그들의 목소리를 모방하고 재현하는 것이 아니라 그들을 목소리를 새롭게 하는 것에 있다. 누군가는 들뢰즈의 방법이 철학자에 대한 모독이라고 혹은 들뢰즈의 방법은 정당하지 않다고 비판할 수 있다. 들뢰즈는 철학자가 아니라는 것이다. 그러나 들뢰즈는 개념의 창조가 철학이라고 주장한다. 들뢰즈와 익명의 비판자는 철학을 다르게 규정하는 것이다. 우리는 추후에 들뢰즈 철학의 자기규정을 살펴볼 것이다.

들뢰즈의 철학에 대한 접근법

들뢰즈 철학의 자기규정을 살피기에 앞서 우리가 먼저 해결해야 하는 일은 본고에서 들뢰즈 철학을 어떻게 접근할 것인가이다. 들

---

6) 이념의 차이적 본성에 대해서는 『차이와 반복』 4장 참조.

뢰즈 철학에 대한 접근법은 큰 틀에서 두 가지로 나누어 볼 수 있다. 첫 번째는 콜라주의 재료로 이용된 철학자들로 돌아가서 개별적인 재료들의 특성을 이해하고, 이를 기반으로 들뢰즈의 철학을 이해하는 방식이다. 두 번째는 개별적인 재료의 특성보다는 들뢰즈의 형상을 먼저 이해한 후 재료들을 구도의 부분으로 보는 방식이다. 첫 번째 접근이 철학사와 들뢰즈의 연관성을 잘 밝혀줄 수 있다면, 두 번째 접근은 들뢰즈 철학 고유의 형상을 잘 드러낼 수 있다. 들뢰즈의 철학이 숲이라면 첫 번째 접근법은 개별적인 나무들로부터 출발해서 숲을 조망하는 방식이며 두 번째 접근법은 숲을 조망한 후에 나무들로 내려가는 방식이다. 물론 두 가지 접근법이 명확히 나뉠 수 있는 것은 아니다. 그러나 우리는 원리상 두 가지 접근법을 제시할 수 있다.

첫 번째 접근법은 들뢰즈가 이용한 철학자들의 텍스트에 세밀하게 접근하여 그를 통해 들뢰즈가 무엇을 말하려고 했는지 제시하는 연구방식이다. 연구자들은 들뢰즈가 활용한 스피노자, 칸트, 프로이트 등의 텍스트에 대한 면밀한 독해를 통해 들뢰즈의 개념을 명료화한 후 이를 통해 들뢰즈 철학의 큰 틀에 접근한다. 예를 들어서 서동욱은 스피노자 철학의 실체, 속성, 양태의 구조와 『안티 오이디푸스』의 구조가 정확히 일치한다고 주장하며 『차이와 반복』

을 프로이트의 잠재성 개념을 통해 이해하고자 한다.[7] 포크너[8]는 『차이와 반복』을 이해하기 위해서 프로이트의 개념으로 돌아간다. 제롬 로장발롱[9]은 현대 물리학과의 관련 하에서 들뢰즈의 후기 철학을 이해하려고 하며 데란다[10] 역시 마찬가지로 물리학을 통해 접근한다.

두 번째 접근법은 다른 철학자의 텍스트보다는 들뢰즈의 체계 내에 중점을 둔다. 두 번째 방법은 두 가지 방식으로 나뉠 수 있다. 첫 번째 방식은 들뢰즈의 개별적인 저서와 그 안에 포함된 개념들의 고유성을 강조한다. 이 방식은 들뢰즈의 개념들과 저서들의 독립성을 강조하기에 일관된 흐름을 찾기보다는 각각의 개념들을 독립적으로 파악하며 고유한 의미를 찾는 데 치중한다. 얀 소바냐르그[11]와 우노 구니이치[12], 콜레어 콜브록[13], 제임스 윌리엄스[14]는 들뢰즈의 저서를 따라가면서 각각의 주제를 세부적으로 파고들어간다. 두 번째 방식은 들뢰즈의 철학 속에서 하나의 일관된 흐름을 찾는다. 예를 들어 조 휴즈[15]는 재현의 발생이라는 주제가, 바

---

7) 서동욱, 『들뢰즈의 철학』
8) 키스 W. 포크너, 『들뢰즈와 시간의 세 가지 종합』
9) 제롬 로장발롱, 『들뢰즈와 가타리의 무한 속도』
10) 마누엘 데란다, 『강도의 과학과 잠재성의 철학』
11) 얀 소바냐르그, 『들뢰즈, 초월론적 경험론』
12) 우노 구니이치, 『들뢰즈, 유동의 철학』
13) 클레어 콜브록, 『들뢰즈 이해하기』
14) 제임스 윌리엄스, 『들뢰즈의 차이와 반복 해설과 비판』
15) 조 휴즈, 『들뢰즈의 차이와 반복 입문』 & 『Deleuze and the Genesis of Representation』

디우[16]는 일자의 전개라는 주제가 들뢰즈의 철학을 꿰뚫는다고 말한다. 고쿠분 고이치로[17]는 실천이라는 문제의식을 바탕으로 들뢰즈의 철학이 구조 개념에서 기계 개념으로 발전한다고 주장한다. 예를 들어서 나무보다 숲을 먼저 조망한다고 해도 권역별 특성(산림지대, 강과 가까운 지역, 화재로 소실된 지역 등)을 중심으로 인식할 수도 있으며 숲 전체 꿰뚫는 원리(열대림 혹은 극지방의 식목들, 지형들의 연계성)를 찾으려고 노력할 수도 있다. 첫 번째 방식이 들뢰즈의 철학들의 권역(저서들, 개념들)들을 중심으로 탐구한다면 두 번째 방식은 저서들과 개념들을 꿰뚫는 원리를 찾으려고 노력한다.

물론 각 방법들과 방식들은 서로 혼재할 수밖에 없으며 그에 따른 장단점이 존재한다. 개념을 세밀하게 다룰수록 철학의 미묘한 지점들을 잘 발견할 수 있지만 전체적인 체계는 뒤로 밀려난다. 반대로 전체적인 체계를 통해 접근하면 들뢰즈 철학의 전반적인 구도를 잘 드러낼 수 있지만 미묘한 지점들을 일반화할 우려가 있다. 이 논문에서 우리가 추구할 방식은 두 번째 접근법의 두 번째 방식이다. 즉 들뢰즈의 철학을 꿰뚫는 원리를 발견하는 데 우리는 초점을 기울일 것이다.

따라서 우리는 들뢰즈의 철학의 전체적인 흐름을 제시하고자 한 조 휴즈, 알랭 바디우, 고쿠분 고이치로를 주로 참조할 것이다. 조

---

16)   알랭 바디우, 『들뢰즈-존재의 함성』
17)   고쿠분 고이치로, 『고쿠분 고이치로의 들뢰즈 제대로 읽기』

휴즈는 재현의 발생이라는 현상학적 관점에서 들뢰즈의 개념들을 재배치한다. 바디우는 들뢰즈의 철학 내부에서 시작하기보다는 자신의 고유한 철학의 구도에서 들뢰즈의 철학을 재배치하고 비판한다. 조 휴즈와 알랭 바디우가 통시적인 측면에서 들뢰즈의 철학을 새로운 구도 속에 재배치한다면 고이치로는 시간적인 발전이라는 구도 속에 들뢰즈의 철학을 배치시킨다. 고이치로에 따르면 『차이와 반복』과 『의미의 논리』는 구조주의에 입각한 저서들로 실천의 측면에서 난점을 갖고 있으며 후에 가타리와의 협업을 통해 발전시킨 기계 개념을 통해서 실천의 문제가 극복된다.

본고 역시도 들뢰즈의 철학을 통시적인 측면과 공시적인 측면에서 고찰할 것이다. 통시적인 측면에서 우리는 들뢰즈 철학의 자기규정, 동기, 구도에 대해 다룰 것이다. 들뢰즈 철학의 자기규정은 『철학이란 무엇인가』를 통해, 들뢰즈의 동기는 플라톤적 동기와의 대비를 통해서, 들뢰즈 철학의 구도는 라이프니츠와의 연관 하에서 살펴볼 것이다. 그리고 공시적인 측면에서 우리는 발생을 중심으로 『차이와 반복』, 『의미의 논리』, 『안티 오이디푸스』로 나아가면서 나타난 변화에 대해서 살펴볼 것이다.

2장
들뢰즈 철학의 자기규정

들뢰즈의 철학을 통시적인 측면에서 살피기 위해서 우리는 들뢰즈가 스스로 자신의 철학을 어떻게 규정했는지 살펴볼 필요가 있다. 왜냐하면 철학에 대한 자기규정에서 들뢰즈가 자신의 작업이 무엇이라고 생각했는지에 대한 답변이 드러나기 때문이다. 들뢰즈는 『철학이란 무엇인가』에서 제목 그대로 철학이 무엇인지를 규정한다. 물론 철학 일반을 규정하는 일과 자신의 철학을 규정하는 일이 필연적으로 같지는 않다. 그러나 들뢰즈가 자신의 작업을 철학이라고 주장하기 때문에 철학 일반에 대한 규정은 들뢰즈 자신의 철학에 대한 자기규정도 포함한다고 추론할 수 있다. 따라서 우리는 『철학이란 무엇인가』에서 철학적으로 자신의 철학을 규정하는 일, 즉 들뢰즈의 철학의 자기규정을 발견할 수 있다. 우리는 철학을 철학적으로 규정하는 메타철학이 가능한지에 대해서는 묻지 않을 것이다. 들뢰즈 연구자에게 중요한 일은 철학이 무엇인지 문는 일이 아니라 들뢰즈가 그 질문에 어떻게 답했는지 이기 때문이다. 들뢰즈는 단도직입적으로 철학은 개념을 창조하는 일이라고 주장한다.[18] 그리고 개념은 상관항으로 내재성의 구도와 개념적 인물을 지닌다. 개념·내재성의 구도·개념적 인물은 철학 일반의 세 요소인 동시에 메타적으로는 들뢰즈가 창조한 개념들이다.

우리는 책 속에서 철학의 자기규정이라는 특징에 의해 나타나는 긴장을 발견한다. 철학의 자기규정은 자신의 철학을 행하는 일과 철학 일반을 평가하는 일이라는 두 축을 갖는다. 『철학이란 무엇인가』는 두 테마를 갖는데 첫 번째는 들뢰즈 자신의 철학을 행하는 일, 즉 개념을 창조하는 일이고 두 번째는 창조된 개념들을 철학 일반에 적용하는 일이다. 첫 번째 작업이 세 가지 개념들(개념, 개재성의 구도, 개념적 인물)을 창조하는 행위를 통해 이루어진다면 두 번째 작업은 창조된 개념들을 다른 철학자들에 적용하면서 이루어진다. 다른 철학자들의 작업 역시도 철학이라면 그들의 철학 역시도 철학의 세 가지 요소로 설명될 수 있어야 한다. 따라서 들뢰즈는 다른 철학자들의 철학을 분석하면서 세 가지 요소가 존재하고 있다는 것을 보여준다.

우리는 책의 구성방식에서 개념을 창조하는 일과 창조된 개념을 정당화하는 일의 차이를 발견할 수 있다. 들뢰즈는 '개념', '내재성

---

18) 들뢰즈, 『철학이란 무엇인가』, p9. "전에도 우리는 그 문제를 제기했으며, 또한 변치 않는 답변도 갖고 있다. 즉 철학이란 개념들을 창조하고, 창안하고 만드는 기술이라는 것이다."

의 구도', '개념적 인물'이라는 개념들을 창조한다. 그러나 이 개념들이 철학 일반을 규정한다는 것은 정당화되어야 한다. 들뢰즈가 택하는 방식은 기존 철학들이 이 세 가지 개념으로 설명될 수 있다는 것을 보이는 것이다. 들뢰즈는 다른 철학에 대한 분석을 통해서 세 가지 개념들이 철학 일반의 요소라는 것을 정당화한다.

그러나 문제는 들뢰즈가 규정한 세 요소들이 다른 철학에서는 각기 다른 방식으로 나타난다는 점이다. 다음과 같은 용어상의 구별이 이러한 차이를 잘 드러내 준다. (1) 절대적 개념-상대적 개념, (2) 유일한 하나의 구도- 역사에서 나타나는 구도들, (3) 개념적 인물-사회-심리학적 유형. 앞의 개념들이 창조한 개념들에 대한 들뢰즈 자신의 규정을 보여준다면 뒤의 규정들은 개념들이 현실적인 철학의 역사에서 나타난 방식을 보여준다. 아래의 인용문들은 각 요소들의 형이상학적 원리와 그것이 실현되는 현실 사이의 차이를 보여준다.

> "개념은 절대적이며 동시에 상대적이다. 즉 개념 고유의 구성요소들, 개념의 범위가 한정되는 구도, 개념이 해결한다고 보이는 문제들에 있어서는 상대적이나, 개념이 행하는 응축과 구도상에서 점유하는 자리, 개념이 문제에 할당하는 조건들에서는 절대적이다."(QP, 36)

"내재성의 구도가 자체로는 순수한 변주이면서도 언제나 유일한 하나였다는 게 사실이라면, 그만큼 우리는 어째서 역사 속에서, 좀 더 정확하게는, 무한한 운동들이 금해지거나 선별되거나에 따라서, 계승되거나 이어지거나 서로 경쟁하는, 그러한 다양하고 각기 다른 내재성의 구도들이 존재하는가를 설명해야만 한다. 확실히 그리스인들에게 있어서와 17세기 그리고 오늘날에 있어서의 구도는 같은 것이 아니다."(QP, 61)

"아무리 절대적이란 단어가 정확하게 쓰였다 하더라도, 그렇다고 하여 사유의 탈영토화와 재영토화들이 심리-사회학적인 그것들을 초월한다고는 생각할 수 없으며, 게다가 그것들로 환원되거나 혹은 그것에 관한 일종의 추상화 과정 내지는 관념적 표현들이라고는 더더욱 생각할 수 없다. 그것은 차라리 어떤 결합, 일련의 부단한 반사 혹은 연계라고 할 수 있다. (……) 개념적 인물들과 사회-심리학적 유형들은 서로가 서로를 반영하며 서로 결합되지만, 결코 혼동되지 않는다."(QP, p103-104)

철학의 형이상학적 원리와 현실적 양상은 다르게 나타난다. 따라서 개념을 창조하는 들뢰즈와 창조된 개념들을 정당화하는 들뢰즈는 혼재되어 있다. 따라서 우리는 두 가지 인물 앞에 선다. (1) 철학을 행하는 들뢰즈: 그는 개념들을 창조하고 있다. (절대적 개념,

유일한 구도, 개념적 인물) (2) 역사 속의 들뢰즈: 그는 다른 철학자들과 마찬가지로 그가 창조한 개념들에 의해 규정된다. (들뢰즈 고유의 개념, 들뢰즈적인 구도, 프랑스-포스트모던 사유자) 우리의 목표는 들뢰즈가 자신의 철학을 어떻게 규정했는지 살피는 일인가 아니면 그 방법들을 이용하여 역사 속의 들뢰즈를 규정하는 일인가? 우리는 들뢰즈가 한 말들을 되풀이할 것인가 아니면 들뢰즈 밖으로 나와 다시 들뢰즈를 규정할 것인가? 본고의 목표는 큰 틀에서 들뢰즈를 규정하는 일이다. 따라서 들뢰즈의 개념들을 되풀이하기보다는 들뢰즈의 개념들을 이용하여 들뢰즈를 규정하고자 한다. 그렇기에 우리는 절대적인 개념이 아니라 역사적인 철학자에 대한 분석을 주로 살필 것이다. 왜냐하면 철학을 행하는 들뢰즈를 따라가면 역사적인 철학 일반이 무엇인지 불명확해지기 때문이다. 따라서 들뢰즈의 고유 개념보다는 개념의 역사적인 적용에 초점을 맞추어서 텍스트를 읽어 나갈 것이다. 먼저 해야 할 일은 철학의 상관항인 세 항, 개념-내재성의 구도-개념적 인물을 명확히 하는 일이다.

개념

한 개념은 독립적으로 이해될 수 없다. 왜냐하면 개념은 다른 개념들과의 관계와 자신의 구성요소들과의 관계에 의해서 정의되기 때문이다. 따라서 개념은 세 가지 특징을 지닌다.

"첫 번째로, 각각의 개념은 그 역사에 있어서 뿐만 아니라 그의 생성 혹은 현재의 연계들에 있어서도 다른 개념들을 참조한다. (……) 두 번째로, 개념의 특성은 구성요소들을 개념 내에서는 서로 분리될 수 없도록 한다는 것이다. (……) 세 번째로, 각각의 개념들은 자신 고유의 구성요소들을 추적, 응집, 일치시키는 지점으로 간주될 수 있을 것이다." (QP, p33)

첫 번째로 개념 외적으로 개념들은 다른 개념과의 관계에 의해 정의된다. 두 번째로 개념 내적으로 구성요소들은 개념에 속한다. 세 번째로 개념은 구성요소에 대해 중심적인 위치를 지닌다. 개념들은 이질적이지만 하나의 개념에 속하는 구성요소들을 지니며 이를 응축시킨다.

그런데 들뢰즈는 구성요소 역시도 개념으로 파악할 수 있다고 말한다. 그렇다면 구성요소와 개념은 어떻게 구별되는가? 개념은 문제에 따라서 선별된다. "모든 개념은 하나의 문제, 혹은 문제들에 돌려진다. 만일 이러한 문제들이 없다면 개념이란 의미가 없을 것"(QP, 28)이다. 개념과 구성요소가 구별되는 것은 문제에 의해서이다. 그런데 문제는 어떤 구도를 지닌다. 따라서 구도에 의해 한 개념이 중심으로 떠오르고 다른 개념은 구성요소가 된다.

예를 들어서 데카르트의 코기토라는 개념은 '의심한다', '생각한다', '존재한다'를 구성요소로 지닌다. 코기토라는 개념은 '의심한다', '생각한다', '존재한다'라는 구성요소에 중심이 되는 문제이다.[19] 왜냐하면 코기토라는 개념을 벗어나서는 구성요소들은 전혀 다른 의미를 지니게 될 것이기 때문이다. 코기토라는 개념은 특정한 문제와 구도 위에서 세워졌다. 코기토라는 개념은 어떤 문제와 구도 위에 세워졌는가?

내재성의 구도

들뢰즈에 따르면 데카르트의 문제는 "각각의 개념이 다른 개념들을 참조하는 명백하고 객관적인 모든 전제들(예를 들어, 이성적 동물인 인간)을 거부하는 데 있다."(QP, 43) 데카르트는 모든 경험적인 규정들을 거부하는 데서 출발하고자 한다. 그의 코기토 개념은 전제의 거부라는 데카르트적 구도 속에서만 출현할 수 있다. 데카르트가 지닌 무전제로부터 출발해야 한다는 문제의식 위에서만이 코기토라는 개념은 제대로 이해될 수 있다. 예를 들어서 자신의 앞에 존재하는 현상이 확실하다고 생각하는 사람에게는 데카르트적

---

19) QP, p40-47 참조.

코기토는 이해될 수 없다. 그에게는 존재한다는 사실은 너무 명확해서 '생각한다'라는 근거를 가질 필요가 없기 때문이다.

"내재성의 구도는 하나의 개념도, 모든 개념들의 개념도 아니다." (QP, 55) 구도는 개념이 나타날 수 있는 바탕이다. 개념들은 생각된 것들이다. 그러나 우리는 항상 같은 방식으로 생각하지 않는다. 따라서 구도란 생각과 사유의 방식[20], 즉 사유의 이미지[21]이다. 사유의 이미지란 권리상, 즉 원리상 사유에 전제되는 조건을 의미한다. 즉 사유의 이미지는 개념이 특정한 방식으로 생각될 수 있도록 전제하는 선철학적인 조건이다. 따라서 철학은 필연적으로 개념의 전제인 구도들에도 상관적이다. "개념은 철학의 시초를 이루지만, 구도는 철학을 설립한다."(QP, 64) 구도는 개념이 창조되기 위한 토양을 마련한다. 물론 다른 토양에서는 다른 개념이 자란다.

---

20) 들뢰즈는 명시적으로 사유의 이미지가 방법이 아니라고 말한다. 왜냐하면 "모든 방법은 경우에 따라서는 개념들에 관련되며 그런 특정한 이미지를 전제하기 때문"(QP, 58)이다. 즉 생각의 방식이란 비개념적인 차이를 의미한다.

21) '사유의 이미지'는 『프루스트와 기호들』, 『차이와 반복』, 『철학이란 무엇인가』에 등장하는 개념으로 저작에 따라서 미묘한 의미의 변화를 겪는다. 얀 소냐바르그에 따르면 『프루스트와 기호들』에 들뢰즈는 새로운 사유의 이미지를 촉구하는 데 비해서 『차이와 반복』에서는 이미지 없는 사유를 촉구한다. 『철학이란 무엇인가』에 이르러서 사유의 이미지는 부정적으로 배격해야 하는 대상이 아니라 사유의 조건으로 이해된다(얀 소냐바르그의 『들뢰즈, 초월론적 경험론』 2장 사유 이미지 참조). 우리는 『철학이란 무엇인가』에 나타난 데카르트에 대한 논의 속에서 사유의 이미지에 대한 평가가 변한 이유를 찾아볼 수 있을 것이다. "데카르트가 옳았는지 틀렸는지를 자문하는 것은 부질없는 일이다. (……) 데카르트의 개념들은 그 개념들이 답했던 문제들에 의해서만 그리고 그 개념들이 이루어진 구도에 의해서만 평가될 수 있다"(QP, 44) 『프루스트와 기호들』과 『차이와 반복』에서 들뢰즈는 이전 철학자들이 잘못된 사유의 이미지를 갖고 있었다고 비판한다. 그러나 『철학이란 무엇인가』에서 들뢰즈는 옳음과 잘못을 떠나서 하나의 사유의 이미지를 창조했다는 것에 더 큰 의미를 둔다. 철학의 내용적인 측면에서는 비판하지만 메타철학적인 관점에서 하나의 구도를 창조하는 행위 자체는 높게 평가하는 것이다. "옛날의 철학자들은 자신들의 개념들을 창조했으며, 적어도 오늘날의 비평가나 역사가들처럼 뼈대들을 추스르고 다듬는 것으로 만족하지는 않았다."(QP, 123)

같은 이름을 지닌 개념이라도 다른 토양 위에 선다면 그 개념은 전혀 다른 의미를 지니게 된다. 마찬가지로 어떤 개념이 창조되기 위해서는 새로운 구도 위에 위치해야 한다. 따라서 철학자들은 항시 다른 구도 위에서 자신의 개념을 창조해 낸다.

"극단의 경우, 위대한 철학자는 저마다들 새로운 구도를 설계하고 새로운 존재의 질료를 제시하며 새로운 사유의 이미지를 설정한 나머지, 동일한 구도상에서 위대한 철학자가 둘이 될 경우란 결코 없을 지경이 되지 않을까? 사실 우리는 '사유한다'는 말의 의미를 변화시켰다거나, '다르게 사유했다'(푸코의 공식)라고 일컬어지지 않는 그 어떤 위대한 철학자도 상상할 수 없다."(QP, 77)

개념적 인물

개념적 인물이란 "개념과 선개념적인 구도 사이를 중재"하는 "막연한 어떤 존재"(QP, 92)이다. 들뢰즈는 데카르트의 '백치'와 플라톤의 '소크라테스'를 예로 든다. 백치는 공적인 스승에게 의존하지 않고 자연의 빛을 통해 사적으로 사유하는 자이다. 개념적 인물인 '소크라테스'는 단지 플라톤을 대변하는 역할에서 그치는 것이 아니라 개념을 함께 창조해 나가고 구도를 밝혀준다. 즉 "개념적 인물들은 작가의 내재성의 구도를 묘사하는 운동들을 실행하며 개념들의 창조 자체에 개입한다."(QP, 94) 따라서 들뢰즈는 작가와 개념적 인물 사이에 거리를 둔다. 개념적 인물은 작가의 대변인이 아니다. 오히려 개념적 인물이 철학을 한다. 구도 위에서 그가 사유하고 개념을 창조한다. 오히려 작가가 개념적 인물이 되어야만 한다.

개념적 인물이 지닌 위치는 바로 사유자이다. 사유 되어야 할 것이 개념이고 사유의 바탕이 구도라면 개념적 인물은 바로 구도 위에서 개념을 사유하는 자이다. 따라서 들뢰즈는 개념적 인물을 "언술행위의 진정한 동작주(agents)"(QP, 96)라고 부른다. 개념적 인물은 특정한 구도 속에서 사유를 특유하게 만들면서 개념을 창조해 낸다. 그러나 개념적 인물은 작가가 아니다. 개념적 인물은 작가라는 정체성을 갖춘 주체에 속하지 않는다. 오히려 개념적 인물은 작가 안에 있는 사유의 동인이다. 오로지 선개념적 구도와 개념이 있고 작가에 속하지 않는 사유자가 있을 뿐이다. 그는 "우연인카오스 속에서 한 움큼의 주사위들을 집어"내듯이 구도들을 한정하고 그 주사위들을 던져서 새로운 조합을 만들어 내듯이 개념들을 창안한다.[22] 우리는 개념과 구도 개념적 인물이라는 철학의 세 요소를 살펴보았다. 들뢰즈는 철학의 세 요소를 다음과 같이 요약

---

22) QP, p111

한다.

"철학은 세 개의 요소들을 제시한다. 이 요소는 또한 그 자체로서 고찰되어야 한다. 철학이 설정해야 하는 선철학적인 구도(내재성), 창안하고 생명을 부여해야 하는 선철학적 인물 내지는 인물들(주장), 창조해야 하는 철학적 개념들(일관성)이 그 세 요소들이다. 즉 설정하고 고안하고 창조하는 일, 이것이 곧 철학의 삼위일체를 이룬다." (QP, p113)

세 요소의 들뢰즈에 대한 적용

우리는 구도, 개념적 인물, 개념이라는 철학의 세 가지 요소를 살펴보았다. 우선 선철학적인 구도가 존재하며 이는 역사 속에서 주관적이고 암묵적인 전제라는 형태로 나타난다. 개념적이지 않기에 구도는 객관적인 형태로 명료히 나타나지 않는다. 선철학적인 구도 속에서 개념적 인물은 구도를 한정하고 특수화해 낸다. 개념적 인물인 사유자들은 자신 고유의 스타일로 사유한다. 사유 속에서 탄생하는 것이 바로 개념이다. 특정한 구도 위에 있는 사유자는 자신의 고유한 문제 속에서 개념들을 새롭게 배치하고 창조해 낸다. 들뢰즈는 역사 속에서 나타난 철학들을 구도, 개념적 인물, 개념들이라는 요소를 통해서 정의한다. 그러나 들뢰즈는 세 요소를 이용하여 자신의 철학을 설명하지는 않는다. 우리의 목표는 들뢰즈의 철학에 이러한 구조를 적용시켜 보는 것이다. 들뢰즈 철학은 어떤 구도와 사유자를 통해서 개념을 창조해 내는가?

3장
들뢰즈적 동기와 플라톤적 동기

어떤 개념을 그것의 구성요소와 구별시켜주는 것은 개념이 서 있는 구도와 구도 위에서 사유하는 개념적 인물들이다. 따라서 우리가 들뢰즈의 개념을 명확히 이해하기 위해서는 들뢰즈가 어떤 구도 위에 서 있는지를 이해해야 한다. 우리는 플라톤에 대한 들뢰즈의 평가를 통해서 들뢰즈의 구도에 접근해 보고자 한다. 1966년 발표한 논문 『플라톤주의를 뒤집다(환영들)』에서 들뢰즈는 플라톤주의를 동기의 측면에서 비판한다. 동기는 객관적으로 드러나지 않는다. 따라서 동기는 주관적이고 암묵적인 영역에 속한다. 플라톤적 동기를 비판하는 들뢰즈를 통해 우리는 들뢰즈적 동기를 추론해 볼 수 있을 것이다.

플라톤에 접근할 수 있는 수많은 방식 중에서 동기라는 계기를 통해서 접근하는 들뢰즈에게서 우리는 동기라는 문제에 대한 깊은 관심을 볼 수 있다. 우리는 들뢰즈의 철학에서 이용된 플라톤을 역사적인 플라톤이 아니라 하나의 개념적 인물로 이해할 수 있다. 개념적 인물들은 "설사 그들이 비우호적일 때조차도, 그것은 문제가 된 철학자가 설정하는 구도와 그가 창조하는 개념에 전적으로 속해" 있다.(QP, 94) 따라서 들뢰즈의 플라톤 비판의 의미는 역사적인 플라톤을 비판하는 데 있기보다는 철학적 논의의 상대자로서 플라톤을 세움으로써 자신의 철학적 구도와 문제의식을 명확히 하는 데 있을 것이다. 플라톤의 대화편에서 소크라테스의 대화 상대자의 가치가 비판받는 데 있는 것이 아니라 대화의 상대자로서 함께 철학을 풀어내는 데 있는 것처럼 들뢰즈의 플라톤 역시도 철학을 풀어내기 위한 한 명의 개념적 인물인 것이다.

들뢰즈-플라톤에 관한 선행연구

플라톤주의와의 대립을 통해 들뢰즈 철학을 풀어낸 연구자로는 박정태[23]와 정원석[24]이 있다. 박정태는 들뢰즈의 철학을 반플라톤주의와 반헤겔주의를 통해서 접근한다. 반플라톤주의는 초월적인 것에 대한 거부라는 특징을 지니며 반헤겔주의와 함께 반시대적인

---

23) 박정태가 들뢰즈의 소논문들을 엮어서 발표한 「들뢰즈가 만든 철학사」의 옮김이 부록 「생성과 창조의 철학사」 참조. (p531-589)
24) 정원석, 「들뢰즈의 이념론」의 2장 「플라톤주의의 전복」 참조.

철학을 형성한다. 그러나 "들뢰즈가 궁극적으로 겨냥하는 것은 반시대적으로 사유하거나 반시대적으로 사는 것이 아니다. 그보다는 오히려 반시대적으로 사유하고 반시대적으로 사는 방식을 택함으로써 언제나 생성과 창조를 일구어내는 것, 바로 이것이 그가 궁극적으로 겨냥하는 것이다."[25] 이에 따라 들뢰즈의 철학사는 '생성과 창조의 철학사'로 특징지어진다. 정원석은 들뢰즈의 텍스트를 참조하여 플라톤주의를 도덕주의라는 관점에서 접근한다. 그는 『차이와 반복』에서 나타난 플라톤에 대한 텍스트와 『플라톤주의를 전복하라』 논문을 참조해서 플라톤의 본질주의와 들뢰즈의 비본질주의를 대비시킨다.

플라톤에 관한 들뢰즈의 텍스트는 많지 않으며 비교적 명료한 내용을 담고 있기 때문에 연구자들이 갖는 플라톤-들뢰즈에 대한 이해와 이로부터 이끌어내는 귀결들은 유사하다. 들뢰즈는 플라톤을 전복하려고 하며 이는 본질과 동일성에 대한 거부와 창조와 생성에 대한 강조로 나타난다는 것이다. 다만 우리는 유사한 이해로부터 다른 강조점을 끌어낼 수 있다. 우리는 들뢰즈의 플라톤 비판을 통해 들뢰즈의 선철학적인 전제를 발견하려고 시도할 것이다. 따라서 우리는 선철학적인 전제라는 측면에서 들뢰즈의 텍스트를 나름의 방식으로 다시 읽어나갈 것이다.

---

25) 박정태, 『들뢰즈가 만든 철학사』 부록, p588.

플라톤적 선별

플라톤주의는 일반적으로 본질과 외양의 구분을 통해서 이해된다. 이데아는 영원하고 동일하며 이는 유한하며 변화하는 우리의 세계와 구분된다. 그러나 동시에 이데아는 스스로를 분유함으로써 현실적인 존재자들의 원인이자 근거가 된다. 그렇다면 플라톤주의의 전복은 본질과 외양의 구별을 없애는 것을 통해 이루어지는가? 들뢰즈는 칸트와 헤겔에게서는 이러한 방향성을 읽을 수 있다고 말한다. 그러나 들뢰즈 자신은 본질과 외양의 통일이라는 관점에서 플라톤주의를 접근하지 않는다. 들뢰즈는 오히려 동기의 관점에서 플라톤주의를 정의한다.

들뢰즈가 정의하는 플라톤적 동기는 무엇인가? "그것은 올바른 사본과 그릇된 사본을 구분하면서, 또는 차라리 언제나 근거 있는 사본과 언제나 다름(dissemblance) 속에 깊이 잠긴 환영을 구분하면서 주장자들을 선별하는 것이다. 다시 말해서 그것은 곧 환영에 대한 사본의 승리를 보장하는 것이다."[26] 우리가 주목해야 하는 단어는 선별이다. 선별은 어떤 것을 향해 지원하는 경쟁자들 사이에서 이루어진다. 딸에게 구혼하는 경쟁자들을 선별하는 아버지의 경우를 예로 들어보자. 누구를 선발해야 하는가? 플라톤이라

---

26) 들뢰즈, 『들뢰즈가 만든 철학사』의 2장 「플라톤주의를 뒤집다(환영들)」, p32, 강조는 필자.

면 경쟁자들 중 정당한 권리를 가진 자를 선발해야 한다고 주장할 것이다. 그렇다면 정당한 권리를 어떻게 판별하는가? 아버지(이데아)와 유사할수록 정당하고 이데아와 유사하지 않을수록 정당하지 않다. 사본은 이데아와 닮았고 환영은 이데아와 닮지 않았다. 따라서 플라톤은 환영보다는 사본이 선별되어야 한다고 주장할 것이다.

이데아는 선별의 원리와 기준을 제시한다. 원리는 그것과 닮아야 한다는 것이고 기준은 이데아가 가진 특성이다. 따라서 플라톤적 동기는 원본과의 유사성에 의한 선별방식을 확립하는 일이다. 그렇다면 플라톤주의의 유사성에 의한 선별 방식을 전복하는 일은 두 가지 관점에서 접근할 수 있다. 선별을 없애거나 선별의 방식을 바꾸거나. 플라톤주의에 대한 대항은 "경쟁자들에 대한 모든 선별 계획을 포기하는 대항"과 "니체가 할 수 있다고 믿었던 것처럼 완전히 다른 선별 방법(영원회귀)를 세우는 대항"이 될 수 있다.[27] 들뢰즈가 택하는 대항은 새로운 선별 방식을 세우는 방법이다.[28] 그는 동일성에 의한 선별이 아니라 차이에 의한 선별 방식을 만들어 낸다.

---

27) 들뢰즈, 『들뢰즈가 만든 철학사』의 1장 「플라톤과 그리스인들」, p22.
28) 들뢰즈의 저작에서 새로운 선별 방법의 체계가 주를 이루는 것이 사실이다. 그러나 혹시 후기의 들뢰즈는 선별을 포기하는 쪽으로 가고 있지는 않는가?

들뢰즈적 선별

선별에 대한 강조로부터 우리는 들뢰즈적 동기를 역으로 추적해 볼 수 있다. 선별은 이데아와 이미지 사이에서 이루어지는 것이 아니라 이미지들 사이에서, 즉 현실적인 존재자들 사이에서 이루어진다. 들뢰즈가 플라톤이 도덕적 동기를 지닌다고 비판하는 이유는 플라톤의 철학이 이데아와 현실적인 존재자 간의 위계를 나눌 뿐만 현실적 존재자 간의 위계를 가르기 때문이다.[29] 선별은 현실적인 존재자들 사이에서 이루어진다. 따라서 우리는 들뢰즈적 동기 역시도 현실적 존재자, 즉 인간들의 가치를 나눈다는 실천적인 관점에서 고려해야 한다. 플라톤의 이론적인 작업이 현실적 존재자의 위계를 세운다는 암묵적인 동기를 위해 행해진다고 주장하는 들뢰즈에게서 우리는 현실적인 존재자의 위계를 바꾸어 세우려는 들뢰즈적 동기를 발견할 수 있지 않을까? 우리는 들뢰즈가 선별을 비난하지는 않는다는 점을 주목해야 한다. 더 나아가 들뢰즈는 위계를 만든다는 점도 비난하지 않는다. 따라서 들뢰즈가 말하는 플라톤주의의 전복은 의미는 선별과 위계 자체를 없애는 것이 아니다. 오히려 문제는 위계의 체계를 뒤집는 것이다. 플라톤의 위계

---

29) DR, 559. "플라톤에서 선언되고 있는 것은 지극히 순정한 어떤 도덕적 동기이다. 즉 허상이나 환상들을 추방하려는 그 의지 배후에는 도덕적 동기 말고는 아무런 다른 동기가 없다." 플라톤 철학의 도덕주의적 동기에 관한 분석으로 정원석의 논문 『들뢰즈의 이념론』의 p8-10과 2장 참조.

가 (원본-사본)-환영의 순서를 따른다면 들뢰즈의 위계는 환영-(사본-원본)의 순서를 따른다. 플라톤의 철학에서 사본은 원본에 의존하고 환영은 추방되었다면 이제는 반대로 환영들이 사본과 원본을 외적인 결과로써 생산한다. 환영은 "왕위에 오른 아나키의 세계"[30]를 세운다.

플라톤의 철학은 경쟁자들 중 정당한 경쟁자를 선발하고 거짓 경쟁자를 배제하는 그리스적 환경에서 그 동기를 찾을 수 있다. 그렇다면 들뢰즈 철학의 동기는 무엇인가? 환영에게 왕관을 씌워준다는 것은 무엇을 뜻하는가? 이 시대에 왕위에 오른 것은 기존 가치들을 잘 따르는 자들이다. 플라톤의 시대에 소피스트들이 철학자들의 자리를 차지했고 플라톤은 그들을 그 자리에서 추방하려고 했다. 마찬가지로 들뢰즈는 모방이 고평가받는 이 시대의 가치를 전복하고자 한다.

바디우는 사유에 대한 들뢰즈의 개념은 극도로 귀족적이며 아나키라는 말이 오해되어서는 안 된다고 말한다. 오직 "자신들의 경계를 뛰어넘는 능력을 소유한 존재들에게, 그리고 '히브리스가 그들을 인도하는 곳으로 나아가는 능력을 소유한 존재들에게 왕관이 수여"된다는 것이다.[31] 또한 지젝은 "들뢰즈 자신은 정치에 무관심한 고

---

30) 들뢰즈, 『들뢰즈가 만든 철학사』의 2장, p48.
31) 알랭 바디우, 『존재의 함성』, p54.

도로 엘리트적인 작가다"[32]라고 비판한다. 들뢰즈는 가치를 전복하고자 한다. 따라서 들뢰즈적 동기는 기존의 가치에 순응하는 대중과는 함께 가지 않는 것이 사실이다.[33] 기존의 가치의 입장에서 본다면 들뢰즈적인 동기는 귀족적이며 엘리트적이라고 비판받을 요소를 갖고 있다. 그러나 우리는 귀족적이고 엘리트적이라는 말이 기존의 가치를 지키자는 것을 의미하지 않는다는 점에 주목해야 한다.

들뢰즈는 기존의 주어진 것들을 되풀이하는 자보다 새롭게 창조하는 자에게 더 큰 가치를 부여하고자 한다. 들뢰즈의 문제는 가치를 뒤집는 데 있다. 기존의 구도들은 원래 있었던 가치들을 모방하고 따르는 것이 우월하다고 평가한다. 그러나 들뢰즈의 구도는 가치를 기존에 존재하는 주류 가치 체계에서 찾는 것이 아니라 가치들의 창조에서 찾는다. 들뢰즈의 철학의 기반에 있는 확고한 전제는 기존의 것들을 답습하는 일보다 새로운 것들을 창조해 내는 일이 더 가치가 있다는 것이다. 따라서 들뢰즈의 철학은 창조라는 가치가 지니는 우위를 기반으로 한다. 플라톤의 이데아가 현실적인 존재자를 선별하는 것에 이용되었듯이 들뢰즈 철학의 문제도 현실을 살아가는 우리들을 선별하는 일이다. 따라서 질문은 다음과 같다: 1) '우리'는 누구인가? 2) 창조란 무엇인가? 3) 우리는 무엇을 창

---

32) 슬라보예 지젝, 『신체 없는 기관』, p49.
33) QP, 159. "미래를 요구하는 자들은 민중 작가들이 아니라 가장 귀족적인 특권계급들이다. 그러한 땅과 민족은 우리의 민주주의들 안에서는 결코 찾아지지 않을 것이다. 민주주의란 다수에 의한 것이지만, 생성은 본질상 다수를 벗어나는 것이다."

조해 낼 수 있는가? 4) 우리가 창조하는 일은 어떻게 가능한가? 이 질문들에 답하기 위해서 우리는 먼저 들뢰즈적인 창조가 의미하는 바가 무엇인지 해명해야 한다.

4장
들뢰즈의 존재론적 구도

종합의 방법 1

우리는 창조와 되풀이 사이의 위계를 전복하고자하는 들뢰즈적 동기를 발견했다. 다만 이를 해명하기 위해서는 우리가 무엇이고 창조가 무엇인지 규정해야 한다. 따라서 우리는 창조라는 원리적인 층위에 도달해야 한다. 우리는 어떤 방법으로 들뢰즈의 원리로 올라설 것인가? 따라서 '우리'와 창조가 무엇인지 밝히기에 앞서서 우리는 창조를 밝힐 수 있는 방법에 대해 고민해 보아야 한다. 들뢰즈는 스피노자의 방법을 종합의 방법이라고 정의한다. 종합의 방법이란 원리로 가장 빠르게 올라선 후에 원리로부터 연역하는 방법이다. 따라서 종합의 방법은 역행적인 분석을 통한 원리로의 상승과 원리로부터 결과의 연역으로 특징지어진다. 분석의 방법은 주어진 것들을 세밀하게 분석하면서 천천히 원리를 향해 올라간다. 그러나 종합의 방법은 원리로 가장 빠르게 올라선다.[34] 종합의 방법은 원리로 올라서기 위해 분석들을 이용할 뿐이다. 스피노자의 방법에서 주어진 것에서 원리로 나아가는 역행적인 분석은 "우리를 이러한 규정으로 이끄는 바로 그 순간 스스로를 점진적인 종합에 의해 교체되고 심지어는 흡수되도록" 한다.[35]

들뢰즈는 『스피노자와 표현의 문제』 10장에서 스피노자의 종합의 방법과 데카르트의 분석의 방법을 대비시킨다. 분석의 방법은 "우리가 결과에서 고찰한 것 말고는 원인에 대해 아무것도 인식하지 못한다."[36] 따라서 분석의 방법을 통해 "결과들이 어떻게 원인들에 의존하는지 보여 주는 것으로 충분하지" 않으며 우리는 종합의 방법을 통해 "결과에 대한 참된 인식 자체가 어떻게 그 원인에 대한 인식에 의존하는지 보여주어야 한다."[37] 분석의 방법이 결과에서 출발해서 결과가 어떻게 원인에 의존하는지 밝히는 데 그친다면 종합의 방법은 원인에서 출발하여 결과가 어떻게 발생하는지를 규명한다. 의존이 단순히 원인과 결과의 상관관계만을 밝힌다

---

34) 우리는 이후에 들뢰즈 스스로 『차이와 반복』의 2장의 시간 이론에서 분석에서부터 원리로 향해가는 역행적인 분석을 이용한다는 것을 확인할 것이다. 그러나 여기서는 창조라는 들뢰즈의 원리를 밝히는 데 초점을 맞추고자 한다. "반복을 미래의 범주로 만들기-습관의 반복과 기억의 반복을 이용하되 단계들로만 이용하기, 그 단계들을 길 위에 남기고 떠나기." 『차이와 반복』 2장의 시간 이론에서 중요한 일은 미래의 반복에 도달하는 일이며 현재와 과거의 반복은 단지 이 원리에 도달하기 위한 역행적인 분석으로 이용되었다.(DR, p217)
35) 들뢰즈, 『들뢰즈가 만든 철학사』 중 「스피노자, 그리고 마르시알 게루의 일반적 방법」, p84.
36) SPE, 188
37) SPE, 189

면 발생은 원인에서 결과로 이르는 구체적인 과정을 규명한다.[38] 따라서 "원인을 통한 인식은 본질을 인식하는 유일한 수단이다."[39] 따라서 우리 역시도 들뢰즈 철학의 본질을 인식하기 위해서는 들뢰즈 철학의 원리로 나아가서 그로부터 출발해야 할 것이다.

본고 역시도 들뢰즈의 원리로 가장 빠르게 올라서서 그로부터 다른 것들을 도출하고자 한다. 우리는 차이를 만드는 일에 우월한 가치를 부여한다는 들뢰즈의 동기를 발견했다. 들뢰즈가 철학자라면 동기를 실현할 수 있는 이론적인 체계를 만들어내야 한다. 들뢰즈는 차이를 만드는 일과 동일하게 되풀이하는 일 사이의 위계를 전복하는 체계를 구축해야 한다. 이 체계는 새로운 존재론적인 구도를 요구한다. 들뢰즈는 여러 철학자들의 작업을 콜라주의 재료로 이용하면서 자신의 철학에 일관적인 흐름을 만든다. 우리는 들뢰즈가 이용하는 라이프니츠를 통해서 들뢰즈 철학의 존재론적 구도에 가장 잘 접근할 수 있다고 주장할 것이다. 물론 들뢰즈-라이프니츠는 역사적인 라이프니츠가 아니라 들뢰즈 철학의 개념적 인물, 즉 들뢰즈 철학의 사유자 중의 한 사람으로서 라이프니츠이다. 그러나 우리는 라이프니츠를 살피기 앞서서 종합의 방법에 대해 탐구하고자 한다. 우리는 『차이와 반복』과 『의미의 논리』의 구조를

---

38) 발생이 지닌 정당화와 정초라는 성격에 대해서는 주재형의 논문 「들뢰즈와 형이상학의 정초」, p41-45 참조. "들뢰즈에게 있어서 '발생'이란 가장 완전한 정당화와 정초이다. 어떤 대상, 어떤 사태가 어떻게 존재하는지를 해명할 때에만 하나의 철학적 설명은 완료될 수 있다."

39) SPE, 190

비교하면서 종합의 방법을 살피고자 한다.

종합의 방법 2

들뢰즈는 『차이와 반복』과 『의미의 논리』에서 두 저서에서 모두
종합의 방법을 사용한다. 우리는 들뢰즈의 스피노자에 대한 주석
에서 종합의 방법이 무엇인지 알 수 있다. 들뢰즈는 스피노자의 방
법을 종합의 방법이라고 정의한다. 종합의 방법이란 원리로 가장
빠르게 올라선 후에 원리로부터 연역하는 방법이다. 따라서 종합
의 방법은 역행적인 분석을 통한 원리로의 상승과, 원리로부터 결
과의 연역이라는 두 가지 과정으로 특징지어진다. 분석의 방법은
주어진 것들을 세밀하게 분석하면서 천천히 원리를 향해 올라간
다. 그러나 종합의 방법은 원리로 가장 빠르게 올라선다.[40] 종합의
방법은 원리로 올라서기 위해 분석들을 이용할 뿐이다. 스피노자
의 방법에서 주어진 것에서 원리로 나아가는 역행적인 분석은 "우
리를 이러한 규정으로 이끄는 바로 그 순간 스스로를 점진적인 종

---

40) 우리는 이후에 들뢰즈 스스로 『차이와 반복』의 2장의 시간 이론에서 분석에서부터 원리로 향
해가는 역행적인 분석을 이용한다는 것을 확인할 것이다. 그러나 여기서는 창조라는 들뢰즈
의 원리를 밝히는 데 초점을 맞추고자 한다. "반복을 미래의 범주로 만들기-습관의 반복과 기
억의 반복을 이용하되 단계들로만 이용하기, 그 단계들을 길 위에 남기고 떠나기." 『차이와 반
복』 2장의 시간 이론에서 중요한 일은 미래의 반복에 도달하는 일이며 현재와 과거의 반복은
단지 이 원리에 도달하기 위한 역행적인 분석으로 이용되었다.(DR, p217)

합에 의해 교체되고 심지어는 흡수되도록" 한다.[41]

들뢰즈는 『스피노자와 표현의 문제』 10장에서 스피노자의 종합의 방법과 데카르트의 분석의 방법을 대비시킨다. 물론 데카르트의 분석의 방법은 스피노자적인 분석의 방법과 정확히 일치하지는 않는다. 스피노자의 분석은 종합에 종속되기 위한 과정이지만 데카르트의 분석은 그 자체로 결론을 가지기 때문이다. 들뢰즈는 데카르트의 분석적 방법을 다음과 같이 이해한다.

"결과에 대한 명석 판명한 인식[42]은 원인에 대한 혼동된 인식을 전제하지만, 어떤 경우에도 원인에 대한 더 완전한 인식에 의존하지는 않는다. 반대로 원인에 대한 명석 판명한 인식이 결과에 대한 명석 판명한 의식에 의존한다. 이러한 것이 『성찰』의 기반, 특수하게는 성찰들의 순서의 기반이고 일반적으로는 분석적 방법, 즉 추론 혹의 내포의 방법이다."(SPE, 187)

그러나 데카르트의 분석적 방법은 문제를 가지고 있다. 왜냐하면 분석적 방법은 "우리가 결과에서 고찰한 것 말고는 원인에 대해

---

41) 들뢰즈, 『들뢰즈가 만든 철학사』 중 「스피노자, 그리고 마르시알 게루의 일반적 방법」, p84
42) 명석한 인식이란 "주의력을 기울이고 있는 정신 앞에 명석하게 드러나고 명시되어 있는 인지"를 의미하며 판명한 인식이란 "명석한 동시에 다른 사물들로부터 판단에 의해 분리되고, 스스로의 내부에서 매우 엄격히 구별되어 판단된 명석성 이외의 아무것도 포함하지 않으려는 그러한 인지"이다.(르네 데카르트, 『철학원리』 I, § 45)

아무것도 인식하지"[43] 못하기 때문이다. 데카르트는 성찰에서 자신은 "기하학자들이 사용하는 순서를 따를 수밖에 없었으니, 그것은 무언가를 결론짓기 전에 구하는 명제가 요구하는 일체의 것을 전제하는 것"[44]이라고 밝힌다. 그리고 우리 안의 있는 신 관념은 "관념의 객관적인 제작이 그 어떤 원인, 즉 이 기술자가 갖는 지식 내지는 그에게 이 관념을 준 다른 자의 지식 갖지 않으면 안 되는 것과 마찬가지로 우리 속의 신 관념은 신 자신을 원인으로 갖지 않을 수 없다"[45]고 말한다. 왜냐하면 "무한한 실체의 관념은 정말로 무한한 어떤 실체에서 나온 것이 아니면 안 되는데, 나는 유한하기 때문이다."[46] 유한한 인간에게 무한한 신 관념이 나올 수 없기 때문에 신 관념은 신을 원인으로 갖는다. 그런데 이 경우 신 관념이 신이라는 원인을 전제한다는 것만을 밝힐 뿐 어떻게 신이 신 관념을 발생시키는지는 명확하지 않다. 즉 데카르트적 분석의 방법은 혼동된 인식을 전제할 뿐 어떻게 원인에 대한 완전한 인식에 명석 판명한 인식이 의존하는지는 보여주지 못한다. 따라서 분석의 방법을 통해 "결과들이 어떻게 원인들에 의존하는지 보여 주는 것으로 충분하지" 않다.

물론 "결과가 원인에 의존한다는 것은 문제가 되지 않는다." 그러

---

43)　SPE, 188

44)　르네 데카르트, 『성찰』, p83

45)　르네 데카르트, 같은 책, p85

46)　르네 데카르트, 같은 책, p115

나 "문제는 그것을 보여주는 최선의 방식이다." 우리는 종합의 방법을 통해 "결과에 대한 참된 인식 자체가 어떻게 그 원인에 대한 인식에 의존하는지 보여주어야 한다."[47] 우리는 진정한 원인을 인식하기 위해서는 우리는 종합의 방법을 사용해야 한다. 분석의 방법이 결과에서 출발해서 결과가 어떻게 원인에 의존하는지 밝히는데 그친다면 종합의 방법은 원인에서 출발하여 결과가 어떻게 발생하는지를 규명한다. 의존이 단순히 원인과 결과의 상관관계만을 밝힌다면 발생은 원인에서 결과로 이르는 구체적인 과정을 규명한다.[48] 따라서 "원인을 통한 인식은 본질을 인식하는 유일한 수단이다."[49] 우리는 들뢰즈가 자신의 철학에서도 종합의 방법을 사용했다고 추론할 수 있다. 왜냐하면 종합의 방법이 원인을 인식하는 최선의 방법이라고 들뢰즈가 생각하기 때문이다.

그러나 데카르트는 종합의 방법이 원인을 발견할 수 없다고 반박할 것이다. 즉 "데카르트가 말하는 것은 종합 방법은 항상 원인을 인식하겠다고 주장하지만 항상 성공하지 못한다는 것이다." 왜냐하면 종합의 방법은 적절한 보편자를 추상해 내는데 그치기 때문이다. 예를 들어서 아리스토텔레스가 주장하는 형상인은 "언제나

---

47) SPE, 189
48) 발생이 지닌 정당화와 정초라는 성격에 대해서는 주재형의 논문 「들뢰즈와 형이상학의 정초」 p41-45 참조. "들뢰즈에게 있어서 '발생'이란 가장 완전한 정당화와 정초이다. 어떤 대상, 어떤 사태가 어떻게 존재하는지를 해명할 때에만 하나의 철학적 설명은 완료될 수 있다."
49) SPE, 190

감각적이고 혼동된 질료에 기원을 둔 추상적인 종적 특징"[50]에 불과하다. 따라서 데카르트는 종합의 방법이 분석의 과정을 포함하는 한에서 정당하다고 밝힌다.

> "데카르트의 테제는 이렇게 제시된다. 종합 방법은 거대한 야심을 갖고 있을 뿐, 실재 원인들을 인식할 수단을 제공하지 않는다. (······) 종합 방법은 다음과 같은 조건에서만 정당하다. 즉 그것이 혼자 도맡지 않을 때, 다시 말해 분석 방법 뒤에 올 때, 그래서 실제 원인들에 대한 사전 인식에 의지할 수 있을 때 그러하다. 종합의 방법만으로는 우리는 아무것도 인식할 수 없다. 그것은 발견의 방법이 아니다. 그것의 유용성은 인식의 제시, 이미 발견한 것의 제시에 있다."(SPE, 192)

들뢰즈가 스피노자의 종합의 방법을 옹호하기 위해서는 스피노자의 방법이 실재 원인을 인식할 수 없다는 데카르트의 비판을 반박해야 한다. 또한 추상적인 보편자를 원인으로 제시하는 아리스토텔레스의 종합 방법의 난점도 넘어서야 한다. 들뢰즈는 스피노자의 지성개선론에서 데카르트의 분석 방법과 아리스토텔레스의 종합 방법에 대한 비판을 발견한다. 들뢰즈에 의하면 스피노자가

---

50) SPE, 191

비판하는 두 번째와 세 번째 지각방식은 각각 데카르트의 방법과
아리스토텔레스의 방법에 대응한다.

> "2. 우리들이 불확실한 경험에서 소유하는 지각이 존재한
> 다. 즉 지성에 의해서 결정되지 않고, 우연히 일어나기 때문에
> 경험이라 일컬어지며, 우리들은 그 경험에 대립되는 어떤 것도
> 경험한 적이 없다. 그러므로 그 경험은 마치 확고한 것처럼 우
> 리들에게 남아 있다.
> 3. 어떤 것의 본질essentia rei이 다른 것들로부터, 그러나
> 타당하지 못하게 추론될 경우 생기는 지각이 존재한다. 이러
> 한 일은 우리들이 어떤 결과로부터 원인을 추론할 때 아니면
> 항상 어떤 고유성을 동반하는 보편으로부터 추론할 때 생긴
> 다."(B.스피노자, 『지성개선론』, 19절, p28)

두 번째 지각방식은 우리의 명석판명한 경험에 의존한다. 그리고
세 번째 지각방식은 추상적인 보편으로부터 결과를 인식한다. 그
러나 두 지각방식 모두 불충분하다. 우선 두 번째 지각방식은 "매
우 불확실하고 불명확하며 어느 누구도 이러한 방식으로는 자연
사물들에서 우연한 것 이외에 지각하지 못한다"는 문제점을 갖는
다. 왜냐하면 "우연은 그것의 본질이 먼저 이해되지 않으면 결코

명백하게 이해되지" 못하기 때문이다.[51] 세 번째 지각 방식을 통해 "우리들은 사물의 관념을 가질 수 있으며 더 나아가서 오류를 범하는 위험 없이 추론할 수 있다. 그렇지만 이 지각 방식 자체로는 우리들의 완전성에 도달하기 위한 수단이 되지 못한다."[52] 왜냐하면 이때 원인은 추상적인 보편자이기 때문이다. 스피노자는 데카르트와 아리스토텔레스는 동시에 비판한다. 왜냐하면 "결과에 대한 혼동된 인식으로부터 보편자를 추상하는 것이나 결과에 대한 명석한 인식으로부터 원인을 추론하는 것이나 결국에는 거의 같은 것이기 때문이다."[53] 스피노자는 네 번째 지각방식을 올바른 방법으로 제시한다.

"4. 마지막으로 한 사물이 자신의 본질을 통해서 또는 자신의 가까운 원인을 통해서 지각될 때 우리가 가지는 지각이 있다. (……) 오로지 네 번째 지각 방식만이 사물의 적절한 본질을 파악하며 오류의 위험이 없다."(『지성개선론』, 19절, p28/ 29절, p35)

스피노자는 아리스토텔레스의 종합 방법을 넘어서려고 시도한다. 아리스토텔레스의 문제는 원인인 형상인을 추상적이고 종적인

---

51) 『지성개선론』, 27절, p34
52) 『지성개선론』, 28절, p35
53) SPE, 194

보편자와 동일시했다는 점이다. 그러나 원인은 추상적이지 않고 실제적이다. 종과 유는 우리가 원인을 더 잘 인식할수록 허구로 드러난다. 종합의 방법은 반성, 발생, 연역이라는 세 가지 측면을 가진다.

"그 첫 번째 측면에서 종합 방법은 반성적이다. 즉 그 방법을 통해 우리는 우리의 이해역량을 인식한다. 종합 방법이 결과와 마련하여 원인을 만들고 꾸며내는 것은 사실이다. 그러나 그것을 모순이 아니라, 다른 모든 관념의 원천으로서의 신 관념에 가능한 빨리 도달할 수 있게 해주는 최소한의 역행으로 보아야 한다. 이 두 번째 측면에서, 방법은 구성적 혹은 발생적이다. 끝으로, 신 관념에서 파생하는 관념들은 실제 존재의 관념들이다. 그것들의 생산은 생산인 동시에 실재의 연역이기도 하다. 관념들의 연쇄 속에서 참의 형상과 질료는 동일시된다. 이 세 번째 측면에서 방법은 연역적이다. 반성, 발생, 연역 이 세계가 모두 함께 종합 방법을 구성한다."(SPE, 195)

반성을 통해 우리는 우리가 신의 관념을 이해할 수 있는 역량을 가지고 있다는 것을 확인한다. 그리고 발생을 통해서 우리는 신의 관념을 구성해 낸다. 마지막으로 구성된 신의 관념으로부터 실재를 연역한다.

우리는 종합의 방법에서 분석이 배제되는 것은 아니라는 점에 주목해야 한다. 들뢰즈는 「스피노자, 그리고 마르시알 게루의 일반적 방법」에서 역행적인 분석의 필요성을 강조한다. 왜냐하면 "스피노자가 신의 관념으로부터 출발한다는 것, 즉 모든 것이 이미 완료된 것으로 가정된 종합적인 과정 속에서 출발한다는 것은 명백하게 틀린 말이기 때문이다. (……) 도달된 신의 관념 속에서는 허구가 멈추고 또 전진적인 발생이 그 이전에 있었던 분석을 어떻게 보면 대신하며 쫓아내고 있지만 그렇다고 해서 이것이 분석의 완전 제거는 아니다."[54] 따라서 우리는 이 세 가지 측면 중 반성을 원리로 향하는 역진적인 분석에 발생과 연역을 원리에서 결과를 발생시키는 종합으로 파악할 수 있다. 원인으로부터 결과가 발생하는 과정을 밝히는 종합에 앞서서 원인을 발견하는 최소한의 역진적인 분석의 과정이 요구된다. 그리고 도달한 원인에서 결과를 발생시키고 연역하는 종합의 과정이 뒤따른다. 이를 통해 "분석적인 과정 그 자체가 곧 분석적인 과정 자신의 제거를 위해 쓰여져야만 하는 것으로 나타난다."[55] 우리는 종합의 방법에서 "본고는 『차이와 반복』과 『의미의 논리』에서 들뢰즈가 이 두 가지 과정을 통해 자신의 철학을 전개한다고 주장한다. 본고의 목표는 『차이와 반복』과 『의

---

54) 질 들뢰즈, 「스피노자, 그리고 마르시알 게루의 일반적 방법」, 『들뢰즈가 만든 철학사』의 4장, p87
55) 「스피노자, 그리고 마르시알 게루의 일반적 방법」, p85

미의 논리』에서 분석과 종합의 과정을 발견하는 일이다.

종합의 방법에 관한 선행연구 1:
주재형의 분석과 종합의 방법에 관한 연구

우리는 들뢰즈의 철학에서 분석과 종합의 방법을 찾으려는 시도를 주재형의 논문 「들뢰즈와 형이상학의 정초」에서 발견할 수 있다. 주재형은 본고와 마찬가지로 들뢰즈의 논문 「스피노자, 그리고 마르시알 게루의 일반적 방법」을 참조하며 종합의 방법을 발생의 방법으로 제시한다. 즉 "들뢰즈에게 있어서 '발생'이란 가장 완전한 정당화의 정초"이며 "어떤 대상, 어떤 사태가 어떻게 존재하게 되는지를 해명할 때에만 하나의 철학적 설명은 완료될 수 있다"는 것이다.[56] 따라서 주재형은 한 철학적 설명이 결과를 올바르게 해명하기 위해서는 결과가 원인으로부터 어떻게 발생하는지를 설명하는 종합의 방법을 따라야 한다고 주장하는 셈이다. 그러나 이러한 주장이 분석의 방법을 배제하는 것은 아니다. 왜냐하면 "분석과 종합의 단순 대립을 넘어서, 분석과 종합이 어떻게 관계 맺는지가 보다 중요"하기 때문이다.[57] 발생의 진정한 시작점은 분석이 되어야

---

56) 주재형, 「들뢰즈와 형이상학의 정초」, p41
57) 주재형, 같은 논문, p42

한다. 분석에서부터 시작하지 않을 경우 발생은 "독단적인 방식으로 발생의 원리 내지 토대를 설정"하면서 시작될 것이기 때문이다.[58]

주재형은 들뢰즈의 철학에서 나타나는 분석의 과정을 인식론적 정당화의 과정으로 읽어낸다. 그는 들뢰즈의 스피노자 해석과 칸트 해석에서 인식론적 정당화를 발견한다. 우선 들뢰즈는 스피노자의 『윤리학』의 처음 여덟 공리를 신 관념에 도달하는 분석의 과정으로 해석한다. 윤리학에서 "속성들은 진정한 존재의 이유들로 규정"된다.[59] 그러나 스피노자는 독단적인 방식으로 속성들을 설정하지 않는다. 왜냐하면 윤리학에서 "우리가 실재적이고 구성적인 요소들을 이루는 바로 이 속성-실체에 도달하는 것은 이 속성-실체들을 발생론적 건설의 대상들로 삼지 않으며 또 그럴 수도 없는, 그것들을 단지 부조리함에 의한 증명의 대상들로만 사는 그런 어떤 분석적이며 역진적인 과정을 통해서이다."[60] 그러나 동시에 역진적인 분석은 원리에 도달하는 순간 "전진적인 종합에 의해 교체되고 심지어는 흡수되도록" 해야 한다.[61]

주재형은 들뢰즈가 어떻게 스피노자 윤리학의 처음 여덟 정리에서 종합의 과정에 흡수되는 분석의 과정을 이끌어 내는지 설명한

---

58) 주재형, 같은 논문, p42
59) 들뢰즈, 「스피노자, 그리고 마르시알 게루의 일반적 방법」, p103
60) 들뢰즈, 같은 논문, p103
61) 들뢰즈, 같은 논문, p84

다. 우선 『윤리학』의 처음 여덟 정리는 다수 실체로부터 유일 실체를 증명하는 과정이다. 정리8에 이르러 "동일한 속성을 가지는 실체는 오직 하나밖에 존재하지" 않는다는 결론을 우리는 발견할 수 있다.[62] 정리2에 의하면 서로 다른 실체들은 공통적인 것을 갖지 않아야 한다. 왜냐하면 실체는 "그것의 개념을 형성하기 위해 다른 것의 개념을 필요로 하지 않는 것"이기 때문이다.[63] 만약에 한 실체가 다른 실체의 어떤 것을 요구한다면 이는 실체의 정의에 어긋난다. 왜냐하면 그 실체는 자신을 형성하기 위해 다른 것을 필요로 하기 때문이다. 따라서 실체는 다른 실체와 공통적일 수 없다. 두 실체는 어떻게 구분될 수 있는가? 스피노자는 정리3에서 공통적인 부분을 갖지 않은 두 사물은 서로 원인이 될 수 없다고 주장한다. 따라서 서로 다른 실체는 원인과 결과라는 관계에 의해서 구분될 수 없다. 정리4에 의하면 "서로 다른 둘 또는 다수의 사물은 실체의 여러 가지 속성에 의하여 또는 실체의 여러 가지 변용에 의하여 구분된다." 따라서 사물 속의 실체들은 서로 다른 속성을 갖거나 변용을 가질 경우에만 구분될 것이다. 그런데 "사물의 본성 안에는 동일한 본성이나 속성을 가지는 둘 또는 다수의 실체가 존재할 수 없다." 사물은 어떤 속성을 갖는다. 그런데 그 속성은 한 실체에 귀속된다. 왜냐하면 서로 다른 실체는 같은 속성을 가

---

62) 스피노자, 윤리학, 정리8, 증명
63) 스피노자, 윤리학, 정의3

질 수 없기 때문이다. 따라서 사물 안에서 우리는 한 실체만을 발견한다. 또한 변용의 차이 역시도 실체의 다수성을 의미하지 않는다. 왜냐하면 실체는 변용에 앞서기 때문이다. 따라서 변용의 차이에도 불구하고 올바르게 고찰할 때 실체는 하나이다. 그렇다면 서로 다른 속성을 갖는 여러 실체를 상정하지 않을 이유는 무엇인가? 왜냐하면 "실체의 본성에는 존재가 속"하기 때문이다. 존재하는 실체가 유일한 실체이며 존재하지 않는 다른 실체들은 말 그대로 존재하지 않는다. 존재하는 유일한 실체만이 있다.

우리는 스피노자의 체계에서 유일한 하나의 실체만을 발견한다. 그런데 동시에 스피노자는 다수의 실체로부터 논의를 출발하여 그것의 부당함을 입증하면서 하나의 실체를 이끌어 낸다. 얼핏 보면 스피노자는 존재하지 않는 것으로부터 출발하여 존재를 이끌어 낸 것처럼 보인다. 다수 실체는 단순 가정에 불과한가? 주재형에 의하면 이에 대한 들뢰즈의 답변은 "스피노자는 처음부터 자신의 것이 아닌 다른 이(예를 들어 데카르트)의 가정인 다수 실체론에서 출발하여 그를 논박함으로써 유일 실체론에 이르는 것이" 아니며 "여덟 정리의 연쇄 속에서 논박되는 것은 정확히 속성들의 실재적 구분은 속성들에 따른 실체들의 구분된 다수적 실존을 의미한다는 생각, 분석적 가능성"이라는 것이다. 분석적 가능성이란 바로 "속성들이 실체적으로 구분되므로, 이 속성들 각각은 서로 상이한 실체들을 구성한다는 생각"이다.[64] 따라서 분석의 과정은 다수 실체를 가정하면서 출발하는 것이 아니며 실재적인 구분이 다수 실체를 의미한다는 인식을 제거하는 과정이다. 따라서 분석의 과정은 다수 실체가 아니라 우리가 가지는 인식 속의 실체적인 구분에서 출발하며 이 인식이 가져올 수 있는 오류를 제거하는 과정이다. "유일 실체론에 의해서 논박되는 것은, 속성들이 실체적으로 구분되므로, 이 속성들 각각은 서로 상이한 실체들을 구성한다는 생각이다."[65] 따라서 주재형의 결론은 분석의 과정은 "적극적인 증명의 방식이 아니라 그를 부정하는 가능성에 대한 제거라는 간접적인 방식의 증명을 통해서 확보"되며 이는 "귀류법적인 간접 증명 방식의 활용"으로 특징지어질 수 있다는 것이다.[66]

본고는 들뢰즈의 분석과 종합의 방법에 대한 주재형의 해석에 동의한다. 그러나 본고의 주된 관심은 주재형의 논문 「들뢰즈와 형이상학의 정초」와 차이를 갖는다. 첫 번째로 주재형은 "분석을 통해서 발생이 정당화되는 것이 아니라, 더 나아가서 발생의 방법이야말로 가장 근본적이고 확실한 정당화의 방법"이라고 주장한다.[67] 따라서 주재형의 논문은 들뢰즈 철학에 나타난 정당화의 방법을 밝히는 데 초점을 맞춘다. 따라서 주재형은 기존의 형이상학들(아

---

64) 주재형, 같은 논문, p43
65) 주재형, 같은 논문, p43
66) 주재형, 같은 논문, p45
67) 주재형, 같은 논문, p45

리스토텔레스, 회슬레, 토마포지엘, 메이야스 등)과 들뢰즈의 형이상학의 정당화의 방법을 비교하는 연구를 시행한다. 그러나 본고는 들뢰즈의 철학의 정당화의 방식 자체를 검토하기보다는 들뢰즈의 텍스트 내에서 분석의 방법과 종합의 방법이 어떤 식으로 기술되는지에 대한 문헌학적인 작업에 좀 더 초점을 두고자 한다. 두 번째로 본고는 분석의 방법과 종합의 방법으로 주재형과 다른 부분을 제시할 것이다. 주재형은 스피노자에 대한 주석 이외에도 칸트에 대한 주석과 인식능력에 이론에서 분석의 방법, 즉 "간접적이고 부정적인 증명방식을 활용"한다고 주장한다. 이에 비해 본고는 『차이와 반복』과 『의미의 논리』에서 분석과 종합의 방법을 찾고자 한다. 본고는 『차이와 반복』의 2장과 『의미의 논리』의 명제이론에서 분석의 과정을, 『차이와 반복』의 4장과 5장 『의미의 논리』의 정적 발생에서 종합의 방법을 찾고자 한다. 들뢰즈의 철학이 다양한 부분에서 분석과 종합의 방법을 활용하는 한에서 본고는 주재형의 해석과 대립하지 않을 것이다. 오히려 들뢰즈가 분석과 종합의 방법을 활용한다는 점을 밝힌다는 점에서 본고의 주재형의 논문과 맥을 같이 한다. 『차이와 반복』과 『의미의 논리』에 드러난 분석과 종합을 밝히기에 앞서서 우리는 주재형이 들뢰즈의 철학의 어떤 방식으로 발생의 관점을 읽어내는지 살피고자 한다.

주재형은 들뢰즈의 칸트 해석과 『차이와 반복』의 인식능력 이론에서 발생의 관점을 발견한다. 들뢰즈에 의하면 칸트는 인식능력들

간의 일치를 단순 가정했다. 그러나 인식능력들 간의 일치는 능력들 간의 자유로운 일치를 전제한다. "자유로운 일치는 이성의 관심의 법칙에 의거해 능력들 가운데 하나의 주재 아래 능력들의 활동을 가능하게 해주는 것이다."[68] 그런데 자유로운 일치조차도 발생의 관점을 모두 해명해 주지 못한다. 따라서 더 나아가 "능력들 간의 자유로운 일치가 어떻게 필연적으로 산출되는지를 보이는 것, 바로 이것이 문제 해결의 유일한 길인 것"이라고 주장하는 데까지 나아간다.[69] 주재형의 답은 들뢰즈가 칸트의 숭고에서 능력들 간의 자유로운 일치에 대한 발생적인 근거를 발견한다는 것이다.

> "숭고의 느낌은 무형 혹은 기형(광대함 또는 강력함)에 직면할 때 체험된다. 이때 모든 과정은 마치 상상력이 자기의 고유한 한계에 직면하게 된 것처럼, 자기의 최대에 도달하도록 강요된 것처럼 진행된다. (……) 우리는 숭고를 통해 상상력과 이성 사이의 직접적인 주관적 관계를 만나게 된다. 그러나 이 관계는 우선 일치보다는 일치보다는 불일치, 즉 이성의 요구와 상상력의 힘 사이에서 체험하는 모순이다."(PCK, 98-99)

---

68) PCK, 114
69) 들뢰즈, 「칸트 미학에서의 발생의 이념」, 『들뢰즈가 만든 철학사』 중 9장, p192

숭고의 경험에서 상상력은 한계에 마주한다. 상상력은 자신이 진정한 이성적 이념에 접근할 수 없다는 것을 발견한다. 이를 통해 상상력과 이성 사이의 불일치라는 관계가 생겨난다. 그러나 이 불일치는 상상력과 이성이라는 두 능력 사이의 절단을 의미하지 않는다. 오히려 이러한 불일치야말로 두 능력 사이의 발생적인 계기이다. 따라서 "모든 경험적 사태들이 칸트에게서 인식 능력들 간의 일치를 통해서 우리에게 주어진다면, 이 일치 차체는 다시 불일치로부터 출발하여 설명되어야" 하며 "불일치로부터 파괴, 해체, 실패가 귀결되지 않고 어떤 새로운 일치가 발생한다는 것은 말 그대로 궁극적인 사실로서 발견된다."[70]

주재형에서 의하면 인식능력에 대한 발생적 관점은 칸트에 대한 주석을 넘어서 들뢰즈 자신의 고유한 텍스트인 『차이와 반복』에서도 발견된다. 들뢰즈에 의하면 철학은 주관적이고 암묵적인 전제들에 사로잡혀 있다.

　"주관적이고 암묵적인 전제라는 것이 무엇인지보다 자세히 살펴보면, 그것은 "모든 사람들은 ······임을 알고 있다."라는 형식을 취한다. (······) 모든 사람들은 알고 있다, 어느 누구도 부정할 수 없다. 이것이 재현의 형식이고 재현적 주체의 이

---

70)　주재형, 『들뢰즈와 형이상학의 정초』, p49

야기 형식이다. 따라서 암묵적이거나 주관적인 전제들 위에 자
신의 출발점을 둘 때 철학은 순진무구한 척할 수 있다.(DR,
291)

기존의 철학은 선철학적인 전제들을 갖고 있다. 이에 따라 무엇
이 사유한다는 것이고 존재한다는 것인지에 대해 미리 가정한다.
이에 대한 이미지는 우리가 안정적인 일상에서 보고 느끼는 재현
의 형식에 상응한다. 어떻게 우리는 이러한 주관적이고 암묵적인
전제들을 걷어내고 진정한 출발점에 다다를 수 있을까? 주재형에
따르면 들뢰즈의 답은 "사유가 자신의 암묵적 전제들을 통해 사태
를 파악하지 않고 거꾸로 사태에 의해 강제될 때 사유는 절대적으
로 필연적인 진리를 산출"한다는 것이다.[71] 사유는 어떤 폭력이나
강제에 마주할 때에야 주관적이고 암묵적인 전제에서 벗어나서 진
정으로 사유해 낼 수 있다. 따라서 "숭고의 감정을 불러일으키는
대상 앞에서 상상력이 자신의 한계에 부딪히고 이성과 불일치하게
되지만, 그러한 불일치로부터 어떤 일치가 산출되듯이, 철학의 암
묵적 전제들에 대한 급진적인 비판은 사유를 불보의 회의주의로
빠져들게 하는 것이 아니라 무전제의 진정한 사유가 시작되도록
이끈다."는 것이다.

---

71) 주재형, 같은 논문, p53

종합의 방법에 관한 선행연구 2: 조 휴즈의 발생에 관한 연구

『차이와 반복』과 『의미의 논리』에서 발생을 검토한 연구자로는 조 휴즈가 있다. 조 휴즈는 『들뢰즈의 차이와 반복 입문』에서 『차이와 반복』에 대한 상세한 주석을 달았으며, 『들뢰즈와 재현의 발생』 (Deleuze and the Genesis of Represetation)에서는 『차이와 반복』, 『의미의 논리』, 『안티 오이디푸스』의 발생을 연구한다. 조 휴즈의 가장 핵심적인 주장은 세 저서가 동일한 구조를 갖는다는 것이다. 그에 따르면 "들뢰즈의 저서는 체계적systematic이나 비일관적incoherent이다." 왜냐하면 "세 저서에서 유사한 구조가 나타나지만 그 구조를 설명하기 위한 기술적인 용어들은 바뀌기 때문이다."[72] 즉 조 휴즈는 세 저서에서 동일한 구조가 나타난다는 점에서 체계적이지만 구조들을 기술하는 용어들이 계속해서 바뀐다는 점에서 비일관적이라고 주장하는 셈이다. 우리는 이 장에서 『안티 오이디푸스』를 검토하지는 않을 것이다. 왜냐하면 본고는 『차이와 반복』과 『의미의 논리』에 비해서 『안티 오이디푸스』의 구조는 상당한 차이점을 보인다고 생각하기 때문이다. 『안티 오이디푸스』에서 분석과 종합을 방법을 찾기 위해서는 우리는 책의 맥락을 재구성해야 한다. 우

---

72)   조 휴즈, 『들뢰즈와 재현의 발생』, p155

리는 이 장에서 『차이와 반복』과 『의미의 논리』에서 같은 시스템이 나타난다는 조 휴즈의 주장에는 반대하는데 집중할 것이다. 이를 위해 우리는 먼저 조 휴즈의 주장을 검토해야 한다.

조 휴즈는 들뢰즈가 지닌 주된 관심은 재현의 발생 규명한다는 현상학적 주제에 있다고 주장한다. 즉 그는 세 저서에서 "들뢰즈의 사유가 [현상학적] 환원의 기호 아래에서 일어나고 전적으로 재현의 발생이란 문제에 관한 것이라고 주장"한다.[73] 물론 재현에 발생에 대한 들뢰즈의 관심은 명백하다. 앞서 살펴보았듯이 종합의 방법은 원리로부터 결과의 발생을 설명하기 때문이다. 문제는 『차이와 반복』과 『의미의 논리』 사이의 발생적 구도가 차이를 갖는지이다. 『의미의 논리』에서 동적 발생과 정적 발생이라는 두 발생이 나타나는 것은 명확하다. 왜냐하면 들뢰즈가 두 발생을 나누어서 기술해 놓았기 때문이다. 즉 우리는 『의미의 논리』에서 "이미 가정된 사건으로부터 사태들 내에서의 그 효과화로, 명제들 내에서의 그 표현으로 나아가는 정적 발생"이 아닌 "사태들로부터 사건들로, 혼합물들로부터 순수한 선분으로, 심층으로부터 표면들의 생산으로 직접 나아가는, 전혀 다른 발생은 함축해서는 안 되는 동적 발생"을 발견한다.[74] 따라서 문제는 『차이와 반복』에서 정적 발생과 동적 발생이 모두 나타나는지에 이다. 물론 구조적 동일성을 주장하는 조

---

73) 들뢰즈와 재현의 발생, p19, []는 필자.
74) LS, 312

휴즈는 『차이와 반복』에서 역시 『의미의 논리』와 정확히 일치하는 정적 발생과 동적 발생이 나타난다고 주장한다. 따라서 그는 "차이와 반복에서 정적 발생만을 발견하는 기존 책들의 해석에 반대"한다.[75] 본고는 차이와 반복에서 정적 발생과 동적 발생이 모두 나타난다는 데 동의한다. 그러나 우리는 조 휴즈가 주장하는 발생의 순서에 동의하지 않을 것이다. 조 휴즈에 따르면 발생의 순서는 아래의 표와 같다.[76]

차이와 반복			의미의 논리		
불연속적 물질(감성)			부분대상들의 일차적 질서		
시간의 생산	첫 번째 수동적 종합		동적 발생		첫 번째 수동적 종합
	두 번째 수동적 종합				두 번째 수동적 종합
	세 번째 수동적 종합				세 번째 수동적 종합
잠재성 + 강도			의미		
개체화	양식(Good Sense)		정적 발생		양식
	공통감				공통감
재현(의식)			명제적 의식		

조 휴즈에 따르면 발생은 표의 가장 위쪽에 있는 물질과 부분대상에서 출발하여 가장 아래의 재현과 의식에서 끝난다. 본고는 의미의 논리의 구조에는 반대하지 않는다. 다만 본고는 조 휴즈에 반대하여 1) 시간의 생산은 종합의 과정이 아니라 분석의 과정이라

---

75) 조 휴즈, 『들뢰즈와 재현의 발생』, p103
76) 조 휴즈, 같은 책, p156

고 주장할 것이며 2)『차이와 반복』에서 정적 발생에 상응하는 것은 개체화가 아니라 미분화의 과정이며 3)『차이와 반복』에서 개체화는 동적 발생의 특성을 지닌다고 주장할 것이다. 따라서 본고가 주장하는 차이와 반복의 발생의 순서는 다음과 같다.

차이와 반복	
경험적 시간	
분석의 방법	첫 번째 수동적 종합
	두 번째 수동적 종합
	세 번째 수동적 종합
잠재성	
종합의 방법	미분화/ 정적 발생
	개체화(극화)/ 동적 발생
	분화/ 정적 발생 + 동적 발생
재현(의식)	

분석의 방법은 우리에게 주어진 인식에서 부적합한 관념을 제거한다. 따라서 발생은 독단적으로 가정된 요소에서 출발해서는 안되며 우리의 일상적인 인식에서 출발해서 발생적인 요소로 나아가야 할 것이다. 조 휴즈는 차이와 반복의 2장이 물질에서 잠재성과 강도로 나아가는 전진적인 종합의 과정으로 해석한다. 그러나 본고는『차이와 반복』의 2장을 일상적인 시간에서 잠재적 층위에 위치한 근원적인 시간인 미래를 발견하는 과정이라고 주장할 것이다. 조 휴즈가 2장을 강도와 이념의 발생 과정으로 해석하는 이유

는 강도와 이념의 발생이 설명되어야 하기 때문이다. 즉 조 휴즈에 따르면 "두 요소는 발생적으로 설명되어야 한다: 강도와 이념은 그저 주어진 것이 아니다."[77] 그러나 우리는 앞서서 종합이 아닌 분석의 방법으로 발생적인 요소에 다다를 수 있다는 것을 확인했다. 주재형이 주장했듯이 우리는 발생적인 요소를 "적극적인 증명의 방식이 아니라 그를 부정하는 가능성에 대한 제거라는 간접적인 방식의 증명을 통해서 확보"할 수 있다. 본고는 『차이와 반복』의 2장이 일상적인 시간의 불충분함을 밝히면서 진정한 발생적 요소로 나아가는 귀류법적인 과정이라고 주장할 것이다. 귀류법적인 과정을 통해서 우리는 능동적인 종합과 현실성의 근거로 수동적 종합과 잠재성이 요구된다는 것을 발견할 것이다.

조 휴즈는 『의미의 논리』에서 상향bottom up의 발생의 과정과 별개로 하향(top down)의 과정도 발견한다. 즉 "첫 번째 발생에 관한 설명은 위에서 아래로 향하며 두 번째 발생에 관한 설명은 아래에서 위를 향한다." 이 중 위에서 아래로 향하는 설명은 "들뢰즈의 역진적인 분석regressive analysis으로 먼저 명제에서 의미로 내려가며 그 후에 의미에서 감성으로 내려간다." 그리고 아래에서 위로 향하는 설명은 "감성에서 의미로, 의미에서 명제로 진행된다."[78] 우리는 하향의 과정이 분석의 방법에 상향의 과정이 종합과

---

77) 조 휴즈, 같은 책, p127
78) 조 휴즈, 같은 책, p20

발생의 방법에 상응한다는 것을 발견할 수 있다. 그러나 우리는 조 휴즈가 차이와 반복에서 역진적인 분석에 관해 주장하는 부분은 찾을 수 없다. 『차이와 반복』과 『의미의 논리』의 구조가 정확히 일 치한다는 조 휴즈의 자신의 주장에 따른다고 하면 오히려 차이와 반복에도 역진적인 분석에 상응하는 부분이 존재해야 하지 않을 까? 본고의 주장은 『차이와 반복』의 2장이 『의미의 논리』의 동적 발 생이 아니라 역진적인 분석의 과정에 상응한다는 것이다.

두 번째로 본고는 의미의 논리에서 정적 발생이 개체화가 아닌 미분화에 상응한다고 주장하며 개체화는 동적인 특성을 갖는다고 주장한다. 조 휴즈는 이념의 미분화와 강도의 개체화 모두 정적 발 생에 속한다고 주장한다. 이념의 미분화는 규정가능성, 상호적 규 정, 완결된 규정이라는 세 가지 과정을 갖는다. 본고는 이념의 미 분화 과정이 정적이라는 데에 동의한다. 정적 발생과 동적 발생을 이해하기 위해서는 정적statique이라는 단어가 동적dynamique이 라는 단어에 대비되어 쓰인다는 점에 주목해야 한다. 우선 발생의 의미를 명확히 하기 위해 차이와 반복의 구절을 살펴보자.

"발생은 시간 속의 어떤 현실적인 항 사이에서 일어나는 것
이 아니고, 이 항들이 아무리 작다 해도 사정은 마찬가지이다.
발생은 다만 잠재적인 것이 현실화되는 과정이다. 다시 말해서
발생은 구조가 구현되어 몸을 얻는 과정, 문제의 조건들이 해

의 경우로 나아가는 과정, 미분적 요소들과 이 요소들의 이상적 연관들이 매 국면 시간의 현실성을 구성하는 현실적인 항들과 상이한 실재적 결합 관계들로 변화되는 과정이다. 역동성 없는 발생, 왜냐하면 이것은 필연적으로 어떤 초-역사성의 요소 안에서 진화하고 있기 때문이다. 정적인 발생, 왜냐하면 이것은 수동적 종합의 상관자로 이해되고 있으며, 그 자신이 다시 이 개념을 해명하고 있기 때문이다. 미분법을 둘러싼 현대적 해석의 과오는 바로 여기에 있는 것이 아닐까? 어떤 '구조'를 이끌어 낼 명분을 앞세우고 그 구조에 집착한 나머지, 미분법을 운동학적이고 동역학적인 관점에서 고찰할 가능성을 보지 못했고, 그래서 미분법의 발생론적 야망을 금지한다는 데 있는 것이 아닐까? 수학적 실재와 결합 관계들에 상응하는 이념들이 있는가 하면, 물리학적 사실과 법칙들에 상응하는 이념이 있다. 그 밖에도 다른 이념들이 있고, 이 이념들 각각은 자신의 수준에 따라 유기체, 정신 현상, 언어, 사회들 등에 상응한다."(DR, 401, 강조 필자)

인용문을 보면 우리는 구조가 정적인 특징에 상응하며 발생은 동적인 특징에 상응한다는 일반적인 인식을 유추할 수 있다. 왜냐하면 "구조에 집착"할 때 "운동학적이고 동역학적인 관점"을 외면하게 되며 이에 따라 "발생론적 야망"이 금지되기 때문이다. 그러나 들뢰즈의 기획은 구조와 발생을 통일시키는 일이다. 즉 "구조와 발생은 서로 대립하지 않는다"[79]는 것이다. 그러나 들뢰즈의 발생은 정적인 부분과 동적인 부분 모두 포함해야 한다. 그러나 이러한 사실이 발생을 서로 다른 정적 발생과 동적 발생으로 구분할 수 없다는 것을 의미하지는 않는다. 우리는 잠재적인 것이 현실화되는 과정에서 정적인 요소와 동적인 요소를 구분해 낼 수 있지 않을까? 역동성이 없는 정적 발생은 "필연적으로 어떤 초-역사적인 요소 안에서 진화"한다. 우리는 이러한 초-역사적인 요소를 이념으로 읽어낼 수 있을 것이다. 그리고 "이념은 구조로 정의된다."[80] 그러나 발생은 초역사적인 구조에만 머물지 않는다. 발생은 "구조가 몸을 얻는 과정"이기 때문이다. 따라서 구조는 현실화되는 데까지 나아가야 한다. 현실화되기 위해서는 역사적인 요소, 즉 시공간적인 역동성에 관계해야 할 것이다. 이러한 시공간적"역동성들이 현실화의 작인, 분화의 작인들이다."[81] 그리고 개체화는 이러한 시공간적인 역동성에 관계한다. 즉 잠재성이 현실화되는 발생의 과정 중에 "개체적 주체에 해당하고 또 시공간적 역동성을 겪어내는 배"가, 즉 "애벌레-주체"가 있는 것이다.[82] 이념의 미분화가 정적이라면 개체화는 시공간적 역동성이라는 역사적인 요소에 관계한다는

---

79) DR, 415
80) DR, 400
81) DR, 461
82) DR, 462

점에서 동적이다. 따라서 이념에서 재현으로 나아가는 과정이 오직 정적이라는 조 휴즈의 주장은 잘못되었다. 이념에서 재현으로 나아가는 발생은 정적인 발생과 동적인 발생 모두를 포함한다. 본고는 잠재적인 구조에 시공간적인 역동성을 불어넣어 주는 과정이 개체화의 과정이라고 주장한다. 우리는 논문의 뒷부분에서 이를 구체적으로 검토할 것이다.

본고는 『차이와 반복』을 조 휴즈와 다른 구도로 해석한다. 그러므로 『차이와 반복』의 발생과 『의미의 논리』의 발생이 정확히 같은 구도를 갖고 있다는 조 휴즈의 해석에도 반대하게 된다. 따라서 『의미의 논리』의 구도에 관한 나름의 설명 역시도 요구된다. 우선 본고는 분석의 방법이 『차이의 반복』과 『의미의 논리』에서 동시에 나타난다고 주장한다. 『차이와 반복』에서는 시간의 근거를 물어가면서, 『의미의 논리』에서는 명제들의 근거를 물어가면서 발생적 요소인 이념과 표면을 발견한다. 그리고 본고는 차이와 반복의 발생이 의미의 논리의 정적 발생에 상응한다고 주장한다. 『차이와 반복』에서 발생은 잠재성이 이념의 미분화와 강도의 개체화를 거쳐서 현실화되는 과정이다. 마찬가지로 『의미의 논리』의 정적 발생은 표면의 특이성들에서 출발한다. "특이성들은 개체적이거나 인칭적인 것이 아니라, 개체들과 인칭들의 발생을 주도하는 것이다."[83] 이

---

83) LS, 194

러한 특이성들은 우발점에 따라 배분된다. 왜냐하면 "특이점들은 모든 수들을 하나의 유일하고 동일한 던짐(우발점)으로, 그리고 던짐을 수들의 복수성으로 만드는 소통하는 유동적인 형태들에 따라 분배"[84]되기 때문이다. 우발점에 의해 특이성이 수렴하고 발산하면서 개체와 인칭이 발생하며 이를 통해 재현과 명제에 도달한다. 물론 『차이와 반복』의 발생과 『의미의 논리』의 정적 발생이 정확히 일대일로 대응되지는 않는다. 그러나 분석의 방법을 통해 발생적 요소에 도달하고 이로부터 종합의 방법을 거쳐서 재현에 도달한다는 점에서 둘의 구도는 일치한다. 이는 아래의 표와 같이 정리될 수 있을 것이다.

	차이와 반복	의미의 논리
출발 지점	경험적 시간	명제
분석의 방법	시간의 근거	명제들의 불충분성
발생적 요소	이념	표면의 특이성
종합의 방법	미분화	우발점
	개체화	개체(수렴)
	분화	인칭(발산)
도달점	재현	재현

문제는 『차이와 반복』에서는 『의미의 논리』에서 나타난 것과 같

---

84) LS. 212

은 동적 발생이 발견되지 않는다는 점이다. 따라서 우리는 『의미의 논리』의 동적 발생이 분석의 방법과 종합의 방법에 상응하지 않는다고 추론할 수 있다. 분석의 방법은 주어진 현실적인 조건들에서 출발하여 그 자체로는 근거가 되기 불충분하다는 점을 발견하며 따라서 진정한 발생적 요소를 찾는다. 그리고 종합의 방법은 발견한 발생적 요소에서 출발하여 진정으로 현실이 어떻게 발생하는지 규명한다. 동적 발생은 어디서부터 출발하는가? 동적 발생은 심층에서 출발하여 표면의 발생을 설명하고자 한다. 즉 동적 발생은 "심층으로부터 표면들의 생산으로 직접 나아"간다.[85] 동적 발생의 심층 개념은 정신분석학적 연구, 특히 멜라인 클라인의 개념에 빚진다. "심층들의 역사는 멜라니 클라인이 그 뛰어난 표를 만들었던 가장 끔찍한 역사"이며 "이 역사는 젖먹이가 삶의 첫해부터 동시에 무대이자 드라마가 되는 공포극과 더불어 시작한다."[86] 즉 심층이란 출발점은 유아에 대한 관찰을 통한 정신분석학적 연구로부터 발견된 곳이다. 따라서 우리가 심층이라는 출발점을 이해하기 위해서는 멜라니 클라인의 방법을 이해할 필요가 있다. 멜라니 클라인은 자신의 연구를 아동 분석으로 규정한다.

"아이 마음의 보다 원초적인 특성은 아이에게 적용할 수 있

---

85) LS, 312
86) LS, 313

는 특별한 분석기술을 필요로 한다. 그리고 이는 놀이 분석에서 찾을 수 있다. 놀이 분석을 통해서 우리는 가장 깊숙이 억압된 아이의 경험과 고착에 접근할 수 있으며, 그럼으로써 아이의 발달에 근본적인 영향을 미칠 수 있다. 하지만 이러한 분석 방법과 성인 분석의 방법의 차이는 단순히 기술적인 것이지 원리상의 문제는 아니다. 전이 상황과 저항의 분석, 유아 기억상실증과 억압 효과의 제거, 원장면의 노정 등 이 모든 것이 놀이 분석의 과제이다. 정신분석적 방법의 기준들이 모두 이 기술에도 적용된다고 볼 수 있다. 놀이 분석은 성인 분석의 기술과 마찬가지의 결과를 유도한다. 다만 한 가지 차이가 있다면, 놀이 분석은 기술적 절차가 아이의 마음에 맞게 변형된다는 점이다."(멜라니 클라인, 『아동 정신분석』, p48, 필자 강조)

멜라니 클라인은 아이들의 놀이를 관찰한다. 이를 통해 그녀는 아이들에게서 오이디푸스적인 현상들이 나타나는 것을 발견한다. 예를 들어 그녀는 리타의 사례를 관찰하며 그녀에게서 오이디푸스적인 죄책감을 읽어낸다.

"(리타의) 아버지가 그림책을 읽어주다가 곰이 위험에 처한 부분에서 웃음을 보이자 리타가 울음을 터뜨린 적이 있다. 리타가 자신을 곰과 동일시하게 만든 요인은 실제 아버지의 불쾌감에 대한 두려움이었다. 리타의 놀이장애는 죄책감에서 기인한다. 태어난 지 2년 3개월밖에 안 되었을 때 리타는 인형을 가지고 놀았으나(리타는 이 놀이에서 소소한 즐거움을 느꼈다) 자신은 인형의 어머니가 아니라고 거듭 말하곤 했다. 무엇보다 아기 인형이 임신 중인 어머니에게서 훔치고자 했던 남동생을 표상했기 때문에 그것의 어머니가 되는 놀이를 리타가 용납할 수 없었다는 것이 분석을 통해 드러났다."(멜라니 클라인, 『아동정신분석』, p34)

우리에게 중요한 것은 멜라인 클라인이 무엇을 발견했는가가 아니며 그녀가 어떤 방법을 사용했는지이다. 왜냐하면 멜라니 클라인이 얻어낸 심층이라는 개념을 들뢰즈가 동적 발생의 출발점으로 사용하기 때문이다. 우리는 멜라니 클라인이 아동을 관찰해서 그로부터 아동의 심리적인 특성을 유추했다는 점을 발견할 수 있다. 따라서 심층이라는 위치는 어떤 추상적인 개념이라기보다는 현실의 유아가 가진 사실적인 심리적인 상태이다. 들뢰즈는 심층을 "시뮬라크르들의 세계라고 부를 수 있다"고 말하는데 "멜라니 클라인은 이를 어린아이의 편집적-분열적 위치로서 서술했다"고 밝힌다.[87] 그리고 멜라니 클라인에 따르면 "편집증적 위치는 파괴적 충

---

87) LS, 315

동과 박해불안이 지배적인 시기로 생후 3~4개월, 때로는 생후 5개월까지 나타난다."[88] 우리가 확인할 수 있는 것은 멜라니 클라인이 발견한 심층은 경험적인 사실로부터 추론한 심리적 상태이며 들뢰즈는 이 심층이라는 상태로부터 동적 발생을 출발하고 있다는 점이다. 그러나 이러한 출발점은 분석의 방법과 종합의 방법에 일치하지 않는다. 왜냐하면 분석의 방법은 주어진 조건으로부터 잘못된 가능성을 제거하는 귀류법적인 방법인 데 비해서 멜라니 클라인의 방법은 주어진 조건으로부터 새로운 사실을 추론하는 분석적 방법이기 때문이다.

따라서 우리는 들뢰즈가 동적 발생에서 어떻게 아이가 경험적으로 언어를 얻게 되는지를 설명하리라고 기대할 수 있다. 그러나 들뢰즈는 동적 발생이 "말하기는 먹기로부터 어떻게 효과적으로 벗어날 수 있는가, 또는 표면 자체는 어떻게 생산되는가, 비물체적 사건은 물체의 상태들로부터 어떻게 결과하는가"[89]를 해명한다고 말한다. 아이가 경험적으로 언어를 얻는 일은 현실에서 일어나는 사실 차원의 문제이다. 그러나 표면 자체의 생산은 경험적인 현실을 가능하게 하는 권리적인 차원의 발생에 관한 문제이다. 발생의 문제를 해명하기 위해서는 우리는 분석의 방법을 통해 잘못된 가능성을 제거하면서 진정한 발생적 요소에서 출발해야 한다. 그러나

---

88) 멜라니 클라인, 아동 정신 분석, p20
89) LS, 313

우리는 들뢰즈가 동적 발생에서 멜라니 클라인이 제시한 심층에서 출발한다는 것을 보았다. 그리고 심층은 경험적인 관찰을 통해 얻어낸 심리적인 사실이다. 따라서 우리는 들뢰즈가 잘못된 곳에서 출발하고 있다는 인상을 받는다. 발생을 밝히기 위해서는 경험에서 추론해낸 사실이 아니라 경험에서 잘못된 가능성을 제거하면서 도달한 발생적 요소에서 출발해야 하기 때문이다. 따라서 경험적 사실로부터 출발해서 발생을 설명하고자 하는 동적 발생은 우리에게 애매함을 가져다준다. 들뢰즈 자신이 원인을 탐구하는 올바른 방식이라고 주장했던 분석과 종합의 방법에 따르지 않고 있기 때문이다. 따라서 본고는 『의미의 논리』의 동적 발생을 분석과 종합의 방법에 포함되지 않는다고 주장하며 이와 분리된 하나의 독자적인 과정으로 다룰 것이다. 우리는 2부에서 저서들을 구체적으로 검토할 것이다. 그러나 이에 앞서서 우리는 본래의 논의로 되돌아와 '우리'와 '창조'가 무엇인지 구체적으로 살피고자 한다.

존재론의 출발: '우리'의 의미

플라톤 철학에서 이데아는 선별을 위한 기준으로 작용했다. 마찬가지로 들뢰즈적 동기는 차이를 선별의 기준으로 이용하는 것이 아닐까? 그렇다면 차이는 무엇을 선별하는 것인가? 플라톤이 지원

자들을 선별하듯이 들뢰즈 역시도 우리들을 선별한다. 흔히 들뢰즈의 철학은 비인간주의라고 이해된다.[90] 들뢰즈의 철학이 비인간주의적인 지향을 갖는다는 점은 이견의 여지가 적다. 그러나 우리는 비인간주의가 무엇을 의미하는지 세밀히 살펴야 한다. 비인간주의는 우리가 인간이기에 스스로를 떠나보내야 한다고 주장하지 않는다. 오히려 문제는 우리가 현재 인간이라고 이해하는 무엇을 넘어서는 일이다. 들뢰즈의 비인간주의는 우리에게 주어진 인간이라는 규정을 넘어서서 더욱 우월한 형식으로 존재할 것을 요구한다.

왜 인간이라는 형식은 선별의 열등한 기준인가? 인간이라는 형식은 동일성과 도덕에 메어있기 때문이다. 인간은 외부세계를 그대로 재현하고 미리 주어진 도덕과 사회의 규칙들을 따르는 데 열중한다. 들뢰즈적 동기는 재현과 모방을 넘어서서 우리가 무언가를 새롭게 창조하기를 요구한다. 그런데 인간이라는 형식이 아니라면 우리는 스스로를 어떻게 이해해야 하는가? 우리는 들뢰즈-라이프니츠의 모나드라는 개념을 경유하여 들뢰즈가 새롭게 제시하는 '우리'의 존재론적인 형상을 그려내고자 한다.

---

90) 대표적으로 김재인의 논문 「들뢰즈의 비인간주의 존재론」이 있다.

들뢰즈-라이프니츠적 직관

들뢰즈-라이프니츠적 모나드는 전체를 상이한 방식으로 표현하는 관점들이다. 우리가 주목해야 첫 번째 특징은 모나드가 언제나 부분이 아니라 전체를 표현한다는 점이다. 모나드는 관점이다. 이 관점은 세계를 서로 다른 방식으로 표현한다. 어떤 부분은 명료하게 표현하고 어떤 부분은 애매하게 표현한다. 그러나 중요한 점은 모나드는 어떤 순간이라도 세계 전체를 표현한다는 점이다. 우리를 어떤 특정한 시공간 속에 위치한 독립적인 인간으로 받아들여서는 들뢰즈의 철학을 이해할 수 없다. 원리적으로 우리는 세계 전체를 표현하는 관점들이다. 따라서 우리는 원리상 무한한 세계에 연결되어 있다. 그러나 현시대의 암묵적인 인간의 이미지는 우리가 유한하고 제한되어 있다고 주장한다. 이 이미지에 따르면 우리는 타인들, 세계, 다른 시간들은 원리상 우리와 독립적으로 존재한다. 하지만 모나드적인 이해에 따르면 우리는 전체를 서로 다른 방식으로 표현할 뿐이다.

두 번째 특징은 모나드의 관점 안에서 세계는 표현된 방식에 따라 상이하게 드러난다는 점이다. 따라서 우리가 암묵적으로 전제하는 객관적인 시공간에 따라 나타나는 세계란 존재하지 않는다. 각각의 세계는 관점들에 고유하다. 한 관점 속에서 각각의 관점들은 원칙적인 우위를 지닌다. 나타난 세계는 그 모나드의 고유한 세계이지 객관적인 방식으로 공유될 수 있는 세계가 아니다. 다만 다른 모나드들과의 소통이 있다면 그것은 같은 관점을 공유하기 때문이 아니라 그들이 같은 세계를 표현하기 때문에 일어난다. 물론 이때 같은 세계는 각기 다른 방식으로 나타난다. 우리가 돌멩이가 관점을 지닌다는 것을 이해하기 힘든 이유는 관점은 세계에 대한 같은 풍경을 드러내야 한다고 생각하기 때문이다. 그러나 돌멩이의 모나드 속에서 우리는 우리가 표현하는 세계와 전혀 다른 세계에 대한 관점을 발견할 뿐이다. 그 세계에는 시간도 공간도 없을지도 모른다.

세계는 꼭 인간적인 양식에 의해서만 표현되어야 하는 것이 아니다. 다만 같은 세계에 대한 표현이라는 점에서 모나드들은 공통적이다. 물론 돌멩이가 모나드를 가진다는 말은 원칙적으로 적합하지는 않다. 그러나 이는 돌멩이가 우리가 흔히 전제하는 생명체적인 인식을 가질 수 없어서가 아니라 돌멩이가 우리의 관점에 종속되어 나타는 무엇이기 때문이다. 각각의 모나드가 고유하다는 점은 그것들이 '나'의 관점에서 표현된 결과(내 눈에 보인 A와 B, 토끼와 돌멩이)가 아니라 표현하는 관점에서 고려되어야 한다는 것을 의미한다. 따라서 원칙적으로 우리는 우리의 관점 안에서 다른 모나드들을 구체적인 무언가로 특정할 수 없다.

또한 원칙적으로 모나드들은 같은 세계를 표현하고 우리는 세계에 속하기 때문에 우리 역시도 어떤 모나드들 속에 결과로서 표현되어 있다. 예를 들어서 모기의 세계 속에서 우리는 인간이 아니라 어떤 위험성을 지닌 먹이와 같은 무언가로 나타날 것이고 우리의 후손의 관점에서는 미지의 생물학적 원인과 같은 무언가로 드러날 것이다. 그러나 사실 어떤 비유도 정확하지는 않다. 우리가 표현하는 모나드들을 정확히 식별할 수 없는 것과 마찬가지로 '나'의 관점에서 타자들의 표현을 정확히 기술할 수는 없기 때문이다.

통약 불가능한 고유한 세계를 갖는다는 의미에서 라이츠니츠 세계 속의 모나드들은 개별적이다. 소통이란 동일한 세계를 사는 모나드들 사이에서 이루어지는 것이 아니라 오직 각자의 고유한 관점들을 가진 모나드들이 같은 세계를 표현한다는 점에 의해서만 이루어진다. 우리의 관점 속에서 우리는 개별화된 다른 모나드를 발견할 수 없다. '나'의 관점 속에 타인의 관점이 끼어든다면 우리는 정신분열자라 불릴 것이다. 나의 관점에서 보아야 하는 것은 앞의 사람인데 다른 모나드의 관점에서는, 예를 들어서 모기의 관점에서는 위험한 먹이가 보이고 애완견의 관점에서는 주인이 보이기 때문이다. 라이프니츠는 모나드들 사이의 이러한 겹쳐짐을 거부했다. 그러나 들뢰즈는 각각의 모나드의 폐쇄성을 거부하고 있지 않은가? 들뢰즈가 주장하는 동일성을 기반으로 하는 주체의 해체란 관점들의 다중화를 통해 이해해야 하는 것으로 보인다.

들뢰즈적 모나드의 고유성

들뢰즈적 모나드와 라이프니츠적 모나드 사이에는 차이가 존재한다. 라이프니츠는 모든 모나드들이 공통되게 표현하는 세계가 고정된 동일성을 가졌다고 주장한다. 반면 들뢰즈는 공통된 세계가 끊임없이 차이화한다고 주장한다.[91] 라이프니츠의 철학 내에서 자유가 존재하는지에 대해서는 논란의 여지가 있다. 그러나 확실한 것은 현실 세계가 신에 의해 미리 결정되어 있다는 점이다.[92] 들뢰즈는 세계를 미리 결정되었다는 사실로부터 해방하고자 한다. 세계가 이미 결정되어 있다면 시간이란 결정된 질서를 되풀이하는 일에 지나지 않는다. 우리가 영화를 계속해서 돌려볼 때 영화가 항상 같은 내용을 되풀이하는 것처럼 말이다. 영화 바깥에서 볼 때 영화는 과거라는 시간성을 갖는다. 왜냐하면 과거에 영화는 이미 완성되었기 때문이다. 영화 내적인 순간들은 각각의 장면들을 지나가게 한다는 점에서 현재이다. 이미 결정되어 버린 세계에서는 결정된 과거에 그 순간들을 되풀이하는 현재밖에 존재하지 않는

---

91) DR, p276 "가령 라이프니츠는 여러 관점들을 통해 도시를 바라보지만, 그런 식으로 서로 다른 복수의 관점에서 하나의 이야기를 펼치는 것이 아니라 전적으로 구별되는 여러 이야기들이 동시적으로 전개되는 것이다." 라이프니츠의 모나드들이 표현하는 것은 하나의 동일한 세계지만 들뢰즈의 모나드들이 표현하는 것은 하나로 환원될 수 없는 차이의 세계이다. 차이의 세계는 하나의 동일한 이야기로 말해질 수 없다.

92) 박제철, 『라이프니츠의 형이상학』 8장 참조. "라이프니츠 스스로는 부정하지만, 사실 라이프니츠는 결정론에 빠진다. 그리고 라이프니츠가 결정론에 빠지게 되는 이유는 그가 개체의 통세계적 동일성을 인정하지 않기 때문이다."(p183-184) 라이프니츠의 철학에서 개체는 한 세계에 속하기에 그에 관한 모든 것들, 즉 분석적 술어들은 이미 결정되어 있다.

다. 만약 우리에게 공통된 세계가 이미 결정되어 버렸다면 차이를 만드는 일은 가능하지 않다. 우리는 결정된 삶을 영원히 같은 방식으로 되풀이할 뿐이다. 이러한 세계관 내에서는 우리는 아무런 차이도 만들어 낼 수 없다. 따라서 창조를 최상의 가치로 삼고자 한 들뢰즈적 동기 역시도 실현될 수 없다.[93]

들뢰즈가 차이를 해방하기 위해서 택하는 방향은 두 가지로 요약될 수 있다. (1) 세계를 이미 결정된 것으로 만들지 않기 위해서 창조가 일어나는 미래라는 시간성을 도입하기. (2) 우리들이 고유의 모나드 속에 갇히지 않고 여러 모나드들의 관점을 횡단할 수 있다는 점을 보이기. 첫 번째 방향과 관련하여 들뢰즈의 철학에서 과거-현재-미래라는 시간성은 경험적인 시간이 아니라 전체라는 관점에서 이해되어야 한다.[94] 과거가 이미 주어진 전체이고 현재가 그것들을 단순 되풀이하는 시간이라면 미래란 이미 주어진 것들이 새롭게 창조되는 시간을 의미한다. 미래는 누구로부터 실현되는가? 미래라는 시간성은 우리에게 창조의 가능성을 제시한다. 들뢰즈의 존재론에는 신이 없다. 신이 없기에 미래가 달성되는 것은

---

93) 키스 포크너, 『들뢰즈와 시간의 세 가지 종합』, p194-199 참조. 포크너는 들뢰즈가 라이프니츠의 모나드를 관점으로 읽어내고 있으며 관점들의 발산이라는 측면에서 라이프니츠를 떠난다는 점을 밝힌다.

94) "과거 자체는 지나가지도 생겨나지도 않는다. 바로 그렇기 때문에 과거는 시간의 한 차원에 머물기는커녕 시간 전체의 종합이며, 현재와 미래는 단지 그 종합에 속하는 차원들에 불과하다." (DR,194) 여기서 과거란 주어진 것 전체로서의 과거이다. 과거에 속하는 현재와 미래는 경험적 차원의 현재와 미래를 뜻한다. 그러나 들뢰즈는 더 나아가 경험적 차원이 아닌 초월론적 차원의 미래를 시간의 최종 근거로 제시한다. "시간의 마지막 종합안에서 볼 때, 현재와 과거는 이제 미래에 속하는 차원들에 불과하다."(DR, 216)

세계 속의 모나드들에 의해서이다.[95] 따라서 들뢰즈 철학에 첫 번째 자유가 있다면 이는 전체를 변형하는 일이다. 미래를 창조하는 것은 세계 외부의 신이 아니라 세계 안의 존재자들이다.

두 번째 방식과 관련하여 우리는 스스로를 모나드 이전에 위치시켜야 한다. 라이프니츠의 철학적 구도에서 우리는 각각의 모나드들 속에 종속되어 있었다. 따라서 우리는 우리에게 배정된 모나드의 역할을 따를 수밖에 없었다. 그러나 들뢰즈 존재론 우리가 모나드의 역할과 분리될 수 있다는 주장한다는 점에서 혁신적이다. 차라리 우리는 역할이라기보다는 배우이다. 배우는 역할에 종속되지 않는다. 그는 오히려 다양한 역할을 선택하고 연기할 수 있다. 들뢰즈가 비인격적이고 전개체적인 수준을 강조하는 것은 우리로부터 달아나기 위해서가 아니라 우리를 그 수준으로 고양시키기 위해서이다. 특정한 인간, 인격, 사람, 개체라는 역할로부터 벗어난 배우는 다양한 수준을 횡단할 수 있다. 횡단은 세계 전체가 모나드들의 공통된 표현의 재료라는 점에서 이어져있기에 가능하다. 들뢰즈 철학에서 두 번째 자유는 우리가 모나드들을 횡단한다는 점에서 비롯한다.

---

95) DR, 197. "계속 이어지는 가운데 운명을 표현하는 현재들은 수준의 차이를 제외하면 언제나 똑같은 사태와 똑같은 이야기를 펼쳐놓고 있다고 말할 수 있다. 즉 이쪽에서나 더나 덜 이완되고 있고, 저쪽에서는 더나 덜 수축되어 있다. 바로 그렇기 때문에 운명은 결정론과는 그토록 부합하지 못하는 반면에 자유와는 그토록 잘 부합한다. 즉 자유는 수준의 선택에 있다." 모나드들은 수축의 양상(관점 혹은 주름)에 따라 이야기를 펼친다. 이야기들이 구분되는 것은 수준의 차이에 의해서이다. 그런데 우리는 수준을 택할 수 있기에 자유롭다. 따라서 자유란 세계가 어떻게 펼쳐질지를, 즉 관점을 선택할 수 있다는 사실에서 기인한다.

우리는 어떻게 '우리'가 차이를 만들어 내면서 우월한 가치를 얻을 수 있는지를 발견했다. (1) 전체에 차이를 만들어내기. (2) 고정된 역할을 벗어나 다양한 역할들을 횡단하기. 첫째 방식과 둘째 방식은 종합될 수 있다. 우리는 고정된 역할을 벗어나 다양한 역할들을 횡단하면서 고정된 전체에 균열과 변형을 가할 수 있다.

역량의 억압과 해방: 사유를 예시로

들뢰즈는 우리가 고정된 역할을 벗어나서 창조할 수 있는 역량을 갖추고 있다고 주장한다. 그러나 현실을 돌아보았을 때 우리는 우리가 특정한 관점과 역할 속에 메여있다는 것을 발견한다. 그래서 전체를 변형한다는 것은 이론적으로만 가능한 이야기처럼 보이게 된다. 따라서 들뢰즈는 우리가 창조와 횡단의 역량을 갖추었는데도 불구하고 왜 이 시대에는 그것이 일어나고 있지 않는지 해명해야 한다. 들뢰즈는 우리를 현실 속에 역량을 억압하는 기제들이 존재하기 때문이라고 답한다. 예를 들어 들뢰즈는『차이와 반복』에서 우리가 잘못된 사유의 이미지를 갖고 있기에 진정한 사유가 이루어지지 않는다고 주장한다.[96] 사유의 이미지란 생각하는 것이

---

96) 마찬가지로 우리는『안티 오이디푸스』에서는 국가와 사회가 오이디푸스라는 방식을 이용하여 욕망의 자유로운 흐름을 억압한다고 주장을 찾아볼 수 있다. 그러나 우리는 이에 대해 2부에서 구체적으로 살펴볼 것이다.

무엇인지에 대한 암묵적인 이해이다. 사유의 이미지에 대한 논의를 통해 우리는 사유가 지닌 창조적 역량과 그것의 억압이라는 테마를 구체적으로 살펴볼 것이다.

들뢰즈는 사유에 고유한 역량을 부여한다. 사유는 생산적이다. 생산적인 사유는 창조한다. 사유는 주어진 것을 바꾸어 낸다. 사유는 미래 속에서 과거를 바꾸면서 세계를 변형시키며 우리를 주어진 역할에서 해방하는 역량을 지닌다. 그러나 기존의 철학자들은 사유에서 그러한 역량을 배제시켰다. 따라서 그들이 전제하는 사유의 이미지는 사유 고유의 창조적 역량을 억압한다. 기존의 사유의 이미지는 참에 대한 추구로 특정지어진다. 참이 무엇인지는 이미 결정되어있다. 따라서 그들은 생각한다는 것이 이미 주어진 것들을 제대로 인식하는 일이라고 생각했다. 이미 결정된 객관적인 세계가 있고 그것을 재인식하는 것이 사유라는 것이다. 그러한 사유의 이미지에 따라 우리는 재인식하는데 사유를 사용하는 데 그친다. 우리는 평범하게 사유한다. 그저 주어진 세계를 받아들이는 데 모든 노력을 기울인다.

들뢰즈는 경험적인 것들을 초월론적인 영역에 전사하는 일을 비판한다. 왜냐하면 우리의 일상적으로 경험되는 대상은 역량을 결여하고 있기 때문이다. 따라서 들뢰즈적 동기는 역량이 결여된 경험적인 대상들로부터 역량의 장을 분리하고자 한다. 일상적인 경험에서는 창조의 역량이 결여되어 있다. 마찬가지로 경험을 전사한 칸트적인 초월론적인 장에도 역량이 부재한다. 들뢰즈는 초월론적 장을 자신의 방식으로 재건하려고 한다. 따라서 들뢰즈는 재현적인 사유를 비판한다. 왜냐하면 재현이란 주어진 것들을 최소한의 변형으로 받아들이는 일이기 때문이다.

사유는 이미 주어진 것들에 최대한의 변형을 가해야 한다. 사유는 어떤 조건에서 변형을 가하는가? 우리는 자유의지를 통해 사유할 수는 없다. 우리는 앞서서 역량은 인격적인 사람의 이전 단계에서 비롯한다는 것을 보았다. 그런데 우리가 이해하는 자유의지는 인격적인 의지이다. 따라서 자유의지는 환상에 불과하다. 자유의지를 통해 창조를 추구할 때 오히려 우리는 주어진 역할만을 수행하는데 머물게 될 뿐이다. 영화 속 인물들은 자유의지를 갖는 것처럼 생각하고 행동한다. 그러나 그들은 정해진 역할을 되풀이하고 있을 뿐이다. 자유의지를 통해서가 아니라면 우리는 어떻게 역할로부터 우리를 분리하여 역량에 접속할 수 있는가?

『차이와 반복』에서 들뢰즈는 폭력에 의해서 우리가 사유한다고 말한다. 폭력이란 감성의 폭력이다. 그런데 감성은 차이를 만들어내는 힘이다. 따라서 감성을 통해 우리는 차이와 처음 조우한다. 감성의 폭력은 상상력과 기억을 거쳐 사유에 전달된다. 감성은 우리를 고정된 역할과 틀에서 분리시킨다. 따라서 우리에게 사유의 장을 열어준다. 감성적 폭력에 의해 사유는 비인격적이 된다. 비로소 사유는 역할 사이를 횡단하고 주어진 것들을 변형시키는 활동을 행한다. 인식능력들은 조화를 벗어나며 각각의 고유한 역량들을 행하게 된다. 모나드 이전의 주체가 주어진 역할들을 벗어나 스스로 자유를 실현하듯이 말이다. 그러나 우리가 폭력에 의해서만 수동적으로 자유로워진다는 답변은 만족스러워 보이지 않는다. 왜냐하면 수동적인 방식으로만 자유로워진다는 것은 우리 안에는 역량이 결여되었다는 것을 뜻하는 것처럼 보이기 때문이다. 우리와 역량이 가지는 관계는 들뢰즈의 저작에 따라 변화한다.『차이와 반복』과『의미의 논리』에서『안티 오이디푸스』로 나아가면서 역량은 우리에게 더욱 내재적인 것으로 제시된다.

2부

들뢰즈와 발생

발생: 원인과 결과

발생이란 원인으로부터 결과가 생겨나는 것이다. 우리는 주어진 것에서부터 시작해야 한다. 왜냐하면 우리는 완전한 무(無)에서 유(有)를 창조할 능력을 갖고 있지 않기 때문이다. 마찬가지로 철학도 주어진 것에서부터 시작한다. 우리에게 주어진 것은 어떤 현상들이다. 우리는 무언가를 보고, 듣고, 느끼고, 생각한다. 다만 철학들에서 겉으로 드러난 현상들에서는 현상의 존재 원인을 찾을 수 없다는 직관을 발견한다. 현상이 즉자적으로, 다시 말해 그것 자체로 존재한다는 답변에 우리는 만족할 수 없다. 현상의 근거를 설명하기 위해서는 그것의 원인을 물어가야 한다.

원인은 여러 방식으로 말해질 수 있다. 예를 들어서 『파이돈』에서 소크라테스는 몸이 뼈와 근육으로 이루어져 있어서 그가 사지를 움직일 수 있다는 점이 그가 감옥에 수감되어 있는 진정한 원인은 아니라고 주장한다. 그에 의하면 참된 원인은 아테네인들이 그에게 유죄판결을 내리는 게 좋다고 생각했고 또한 그는 처벌을 받는 게 더 좋다고 생각했다는 것이다.[97] 물론 소크라테스가 감옥

---

97) 『파이돈』, 98a~99d

에 수감되는 일이 일어나기 위해서는 그는 육체를 갖고 있어야 한다. 따라서 그의 육체도 수감의 원인이라고 말할 수 있다. 다만 소크라테스는 그것이 진정한 원인이라고 생각하지 않는다. 그렇다고 우리는 진정한 원인의 조건을 어떻게 제시할 수 있을까? 육체는 수감의 조건이지 원인이 아니다. 원인은 결과를 직접적으로 발생시켜야 할 것이다. 원인은 결과를 발생시켜야 한다.

철학은 우리에게 주어진 것들의 원인을 규명하고자 시도해왔다. 예를 들어 플라톤은 이데아를 통해 칸트는 범주를 통해 현상을 설명하려고 시도했다. 많은 철학자들이 나름의 방식으로 주어진 것의 원인을 탐구했다. 들뢰즈 역시도 주어진 것들의 원인을 규명하려는 전통 속에 위치한다. 다만 들뢰즈의 독창성은 현상과 현상의 원인이 닮지 않았다고 주장한다는 점에 있다. 플라톤이 말하는 정의의 이데아와 정의로운 행위 사이에는 모종의 유사성이 존재한다. 마찬가지로 칸트의 범주는 우리의 경험의 일반적 특성들을 거울처럼 반영한다. 이데아와 범주 모두 결과인 현상과 닮아 있다. 이에 반해 들뢰즈가 원인으로 주장하는 차이는, 결과인 현상을 닮지 않았다. 차이는 현상과 닮지 않았다. 차이는 현상을 발생시킨다. 유사성에 따른 관계에서 발생적 관계로의 전환이 들뢰즈 고유의 직관을 구성한다.

들뢰즈가 원인과 결과 사이의 유사성을 거부하는 이유는 크게 두 가지로 정리될 수 있다. 첫째는 형이상학적인 이유이다. 결과와의 유사성을 통해 원인을 설명하려고 할 경우 진정한 원인이 밝혀지기보다는 우리는 결과의 복제물을 만드는 데 그치게 된다. 이렇게 도출된 거짓 원인은 결과를 어떻게 발생시키는지 설명하지 못한다. 왜냐하면 거짓 원인은 결과를 되풀이하는 데 그치기 때문이다. 이런 맥락에서 거짓 원인은 A=A라는 동일성의 형식에 의거한다. 동일성의 형식은 발생을 설명하지 못한다. 발생이란 새로운 것과 관련하기 때문이다. 두 번째는 실천적 이유이다. 거짓된 원인은 잘못된 사실일 뿐만 아니라 현실에서 우리의 삶과 사회를 억압하는 기제가 된다. 왜냐하면 동일성에 기반을 둔 사유방식은 우리가 창조적으로 사유할 수 없도록 만들기에 사회가 다양해지고 자유로워지는 것을 방해하기 때문이다.

들뢰즈의 철학은 새로움을 보증하는 철학이다. 기존의 철학이 제시하는 원인은 우리에게 제한된 결과만을 보장한다. 이에 비해 들뢰즈의 철학의 원인은 열린 결과를 보장한다. 다만 들뢰즈의 원인 개념이 저작에 따라서 변화한다. 물론 들뢰즈의 원인 개념이 자유롭고 다양한 결과를 보장하며 들뢰즈가 실천적으로도 이를 추구한다는 점은 일관적이다. 그럼에도 불구하고 철학 체계의 변화와 함께 원인 개념은 지속적으로 변화해 간다. 우리는 발생을 중심으로 살피면서 『차이와 반복』, 『의미의 논리』, 『안티 오이디푸스』에서 들뢰즈의 존재론적 체계가 어떻게 바뀌는지 확인할 것이다.

조 휴즈의 들뢰즈 해석에 대한 비판

『차이와 반복』, 『의미의 논리』, 『안티 오이디푸스』 사이의 변화를 발견하려는 우리의 목적과 달리 조 휴즈는 들뢰즈의 철학을 동일한 구도 아래서 파악하려고 시도한다. 그는 『차이와 반복』, 『의미의 논리』, 『안티 오이디푸스』 간의 구조적 동일성을 주장한다. 그는 자신의 저작 『들뢰즈와 재현의 발생』(Deleuze and the Genesis of Represetation)에서 들뢰즈가 지닌 주된 관심은 재현의 발생 규명한다는 현상학적 주제에 있다고 주장한다. 그는 앞서 언급한 세 저서의 구조를 재현의 발생 과정으로 환원한다. 그는 들뢰즈의 사례들은 단조로운 생산물로 환원될 수 있다는 바디우적인 주장에 동조하는 것으로 보인다.[98] 그는 들뢰즈의 사례들을 재현의 발생이라는 동일한 구조로 환원하기 때문이다.[99] 그는 들뢰즈 철학에서 나타난 재현의 발생을 잠재적이고 선재현적인 주체로부터 재현으로 나아가는 후설의 발생적 현상학과 동일시한다. 그는 들뢰즈의 세 저서인 『차이와 반복』, 『의미의 논리』, 『안티 오이디푸스』가 동일한 구

---

98) 알랭 바디우, 『들뢰즈-존재의 함성』, p56-64 참조. "들뢰즈가 외양상 상이하고 헤아릴 수 없이 많은 경우들로부터 출발하고는 있지만, (……) 궁극적으로는 그가 내가 주저함 없이 단조롭다(monotone)고 선언하는 개념적인 생산물들에 이르고 만다는 것, 개념들의 협소한 배터리를 거의 무한하게 계속적으로 취할 것을 주장하는 매우 독특한 체제에 이르고 만다는 것, 그리고 이름들을 숙달된 방식으로 변화시키고는 있지만 결국 이 같은 변화 아래에서 사유되는 것은 본질적으로 동일한 것으로 남게 되는 그런 [단조로운] 변화에 이르고 만다는 것은 너무나 당연한 일이다."(p58-59)

99) 들뢰즈와 재현의 발생, p19, []는 필자. "나[조 휴즈]는 이 책에서 들뢰즈의 사유가 [현상학적] 환원의 기호 아래에서 일어나고 전적으로 재현의 발생이란 문제에 관한 것이라고 주장할 것이다."

도를 지닌다고 주장한다. 그 구도 에 따르면 카오스적 물질에 거주하는 잠재적인 주체는 수동적 종합과 능동적 종합을 거쳐 일상적 인식인 재현을 발생시킨다. 들뢰즈가 제시하는 수많은 사례들은 단지 구도를 명확히 설명하기 위한 비유에 불과하다.

그러나 우리는 들뢰즈의 동기가 재현의 발생이 아니라고 주장했다. 들뢰즈의 동기는 이론적으로 재현의 발생을 설명하는 것이 아니다. 들뢰즈의 동기는 실천적이다. 그는 차이를 만드는 일과 동일하게 머무는 일의 가치를 전복하려 한다. 따라서 들뢰즈의 주된 관심은 단순 재현의 발생을 설명하는 것에 있지 않다. 들뢰즈의 관심은 재현의 층위와 창조의 층위를 구분하고 창조의 층위에 더 높은 가치를 부여하는 데 있다. 다만 현시대에 재현적인 사유가 우위를 점하고 있는 것이 사실이다. 따라서 추가적인 설명 없이는 재현이 본성상 우월한 것처럼 보이게 된다. 가치를 전복하기 위해서는 현시대에 왜 더 높은 가치를 지닌 창조가 아닌 낮은 가치의 재현이 승리하고 있는지 설명해야 한다. 재현은 단지 우리의 역량을 억압하는 부정적인 것으로 제시되기 위해서 등장할 뿐이다. 들뢰즈가 택하는 방식은 두 가지이다. 첫 번째는 어떻게 재현이 창조와 자유로운 흐름을 억압하는지 드러내는 방식이다(『안티 오이디푸스』). 두 번째는 어떻게 발생의 관점에서 재현이 차이보다 열등한지 드러내는 방식이다. 이는 재현이 보다 우월한 원리에 의해 생산된다는 것을 통해 입증된다(『차이와 반복』, 『의미의 논리』).

또한 우리는 들뢰즈적 동기가 현실을 살아가는 우리와 무관하지 않다는 것을 발견했다. 가치 전복을 통해 변형되는 것은 우리를 선별하는 기준들이다. 플라톤적 동기는 이론적으로 이데아를 규명하는 일이 아니라 확립된 이데아를 통해 현실적인 존재자들을 선별하는 것에 있었다. 마찬가지로 들뢰즈적 동기는 이론적으로 재현에 대한 초월론적 원리의 우위 확립하는 일이 아니라 전복된 가치를 바탕으로 차이를 만들어 내는 자들의 가치를 기존의 것에 머무는 자들의 가치보다 높이는 데 있다. 따라서 재현에 대한 비판은 이론에 머물러서는 안 된다. 비판은 현실을 살아가는 우리가 재현으로부터 벗어나 차이를 만들어 낼 수 있는 역량을 지닌다는 것을 보여줘야 한다.

일상에서 우리는 재현적 층위에 머문다. 따라서 우리가 창조의 역량의 지니기 위해서는 창조의 층위에 접속해야 한다. 그러므로 들뢰즈의 철학은 우리가 더 우월한 차원의 역량에 접속될 수 있다는 것을 보여야 한다. 이를 위해 들뢰즈의 철학은 세 가지 운동을 보여야 한다. (1) 우리가 원리의 층위에 접속되는 하강, (2) 원리에서 창조를 발생시키는 상승(열등한 상승), (3) 원리에서 재현을 발생시키는 상승(우월한 상승). 들뢰즈는 원리인 창조를 향해 가장 빠르게 내려가는 종합의 방법을 따른다. 따라서 텍스트 내에서 하강의 운동인 역행적인 분석이 상승의 운동인 발생에 비해 명시적이지는 않다. 그러나 우리는 하강의 역행적인 분석을 텍스트 내에서 충분히 발견할 수 있다. 조 휴즈는 재현의 발생이라는 세 번째 운동으로만 들뢰즈의 철학을 바라본다. 그는 하강의 운동과 우월한 상승의 운동을 간과했다. 조 휴즈는 비판받기 위해 도입된 재현을 들뢰즈 철학의 핵심개념으로 간주하며 다른 구성요소들을 재현 아래로 밀어 넣는다. 우리는 2부에서 텍스트에 대한 문헌학적 독해를 통해서 들뢰즈의 발생에 관해 구체적으로 살펴볼 것이다.

1장
차이와 반복

A. 역행적인 분석: 결과에서 원인으로

우리는 어디서부터 발생에 대한 논의를 시작해야 할까? 『의미의 논리』에서 우리는 심층, 표면 높이라는 삼중의 구도를 발견한다. 조 휴즈는 심층에서부터 표면이 발생하고 표면에서부터 높이가 발생한다고 해석한다. 따라서 조 휴즈는 심층에서부터 발생에 대한 논의를 출발하고자 한다. 그는 『의미의 논리』의 삼분 구도를 『차이와 반복』과 『안티 오이디푸스』에도 적용시킨다. 조 휴즈는 『차이와 반복』 2장의 시간의 종합이 심층에서 표면으로 나아가는 발생을 다룬다고 주장한다.[100] 『차이와 반복』 2장이 심층의 잠재적인 주체

---

100) 조 휴즈의 『Deleuze and the Genesis of Representation』, Chapter 7 참조. "『차이와 반복』에서 시간의 종합은 시간의 형빈 형식과 영원회귀, 다시 말해 잠재성을 결과 시킨다. 나는 『의미의 논리』의 동적 발생과 『안티 오이디푸스』의 욕망적 생산이 이에 상응한다고 주장한다."(p127)

로부터 현재, 과거, 미래라는 시간이 발생하는 과정을 기술한다는 것이다. 그리고 발생한 시간은 정적 발생을 거쳐 재현을 발생시킨다. 따라서 조 휴즈에 의하면 시간의 종합은 원인에서 결과로 나아가는 과정의 일부이다.

그러나 우리는 조 휴즈에 동의하지 않는다. 우리는 조 휴즈와 반대의 순서를 주장한다. 『차이와 반복』 2장은 원인에서 결과로 나아가는 과정이 아니라 결과에서 원인으로 나아가는 과정을 보여준다. 2장에서 우리는 일상적인 경험으로부터 초월론적 원리를 연역한다. 차이의 반복이라는 원리는 모든 존재를 관통하는 보편적인 원리이다. 들뢰즈는 원리에 도달하기 위해 종합의 방법을 사용한다. 종합의 방법은 분석을 통해 최대한 신속하게 원리에 이르고자 한다.[101] 종합의 방법에서 역행적인 분석은 원리에 도달하기 위한 계단에 불과하다. 우리는 『차이와 반복』의 2장이 역행적인 분석의 과정에 해당한다는 문헌학적 근거를 발견할 수 있다. "반복을 미래의 범주로 만들기-습관의 반복과 기억의 반복을 이용하되 단계들로만 이용하기, 그 단계들을 길 위에 남기고 떠나기."(DR, 217) 들뢰즈는 현재의 습관과 과거의 기억으로부터 미래의 반복으로 나아간다. 그리고 미래의 반복에 도달한 이후 현재와 과거의 반복을 떠난다. 이 방법은 주어진 것들에서 역행하여 원리에 가능한 한 빨리

---

101) SPE, 195. "종합 방법이 결과와 관련하여 원인을 만들고 꾸며내는 것도 사실이다. 그러나 그것을 모순이 아니라, 다른 모든 관념의 원천으로서의 신 관념에 가능한 빨리 도달할 수 있게 해주는 최소한의 역행으로 보아야 한다."

도착한 후, 원리에 도달하기 위해 거친 과정들을 떠나는 종합의 방식과 일치한다. 『차이와 반복』 2장은 경험적인 시간에서 출발해 원리적 층위인 미래에 도달하는 역행적인 과정을 보여준다.

우리는 들뢰즈적 동기가 우리를 선별하는 일에 있다는 것을 보았다. 선별을 위해서는 기준이 필요하다. 초월론적 장은 선별의 기준이 된다. 초월론적 장의 원리는 차이와 반복이다. 따라서 차이와 반복에 부합하는 자는 우월하고 부합하지 못하는 자는 열등하다. 이러한 선별이 가능하기 위해서는 초월론적 장이 실재해야 하며 우리가 초월론적 장에 참여할 수 있어야 한다. 따라서 두 가지 질문이 제기될 수 있다.

⑴ 우리는 일상적 경험 속에서 초월론적 장을 발견하지 못한다. 왜 경험적 영역을 넘어선 초월론적인 영역을 도입해야 하는가?

⑵ 우리의 경험을 넘어선 초월론적인 영역이 실재하더라도 우리(인간)에게 접근 불가능하지 않은가?

따라서 들뢰즈에게 두 가지 과제가 주어진다.

⑴ 초월론적인 영역의 실재성 입증하기

⑵ 우리가 초월론적인 영역에 접근할 수 있다는 것을 입증하기

플라톤이 이데아를 통한 선별을 주장할 때 부딪히게 되는 과제는 이데아의 실재성을 증명하는 일과 우리가 이데아를 알 수 있다는 것을 입증하는 일[102]이다. 마찬가지로 들뢰즈의 과제는 일상적인 경험 이면의 초월론적 장의 실재성을 입증하는 일과 우리가 초월론적 장에 접속하고 이를 통한 경험이 가능하다는 것을 입증하는 일이다. 들뢰즈는 일상적인 경험의 근거로 미래가 필요하다는 점을 보이면서, 초월론적 장이 실재한다는 것을 보인다. 그는 현재에서 과거로, 과거에서 미래로 나아가면서 우리의 일상적인 경험 속에 미래라는 시간이 근거로서 존재한다는 것을 입증한다. 우리는 시간적인 존재이다. 따라서 우리는 현재·과거·미래라는 시간성과 관계한다. 그렇기에 우리는 미래라는 시간의 역량과 맞닿아 있다. 우리는 역행적인 분석의 과정을 구체적으로 확인할 것이다.

---

102) 플라톤의 『파르메니데스』 130a-135c 참조. 파르메니데스는 소크라테스에게 두 가지 난관을 제시한다. 첫 번째는 이데아가 경험적인 사물들과 명확히 구별되는 방식으로 존재하지 않는다는 것이다. 이 경우 이데아의 세계(초월론적 장)의 존재는 의심받을 수밖에 없다. 두 번째 인간은 이데아를 알 수 없다는 것이다. 이 경우에 인간은 이데아로부터 차단된다. 경험적인 사물과 명확히 구분되는 이데아를 통한 앎을 최고의 가치로 강조하는 소크라테스는 두 가지 난관은 해결해야 하는 과제로 다가온다. "소크라테스 다음과 같은 것들은 어떻소? 머리털이나 진흙이나 먼지나 그 밖에 더없이 무가치하고 하찮은 것처럼 가소로워 보이는 것들 말이오. 그대는 그런 것들 하나하나에도 우리가 손으로 만질 수 있는 것과 다른 별도의 형상이 존재한다고 말해야 할지 말아야 할지 난처한가요?"(130c) / "서로 상대적인 이 절대 형상들이 고유한 본성을 갖는 것은 자신들과 관련해서이지 우리에게 속하는 것들과 관련해서가 아니오. (……) 그렇다면 우리는 어떤 형상도 알 수 없소. 우리는 지식 자체에 관여하지 못하니까."(133d-134c)

현재

경험적인 시간은 능동적인 종합을 통해 구성된다. 그러나 능동적인 종합은 근거로 수동적인 종합을 요구한다. 첫 번째 수동적 종합은 생생한 현재, 살아 있는 현재의 종합이다. 들뢰즈는 『차이와 반복』 2장 4절에서 프로이트의 이론과의 연관 속에서 살아있는 현재를 논의한다. 들뢰즈는 수동적 주체 안에서 어떻게 시간이 종합되는지를 설명한다. 수동적 주체는 애벌레 주체들이다. 애벌레 주체는 우리와 무관한 객체가 아니다. 수동적 주체는 원칙적으로 시간 속에서 살아가는 우리들 안에 있는 미시 자아들이다. 수동적 주체의 종합으로 인해 우리는 현재라는 시간을 지닌다.

살아있는 현재는 애벌레 주체의 수축을 통해 구성된다. 애벌레 주체는 대상을 응시하면서 묶는다. 애벌레 주체는 묶기를 통해 현재를 구성한다. 묶기는 습관과 관련한다. 하비투스는 어떤 묶기 liaison이며 진정한 재생의 종합이다.[103] 묶기와 관련되는 자아는 "수동적이고 부분적이며 애벌레 같은 자아, 응시하고 수축하는 자아"이며 "이 국소적 자아들을 통해 비로소 이드에 고유한 시간, 살아 있는 현재의 시간이 구성"(DR, 222)된다.

응시는 묶기를 만들어낸다. 그리고 묶긴 것은 다시 응시된다. 하

---

103) DR 222

지만 애벌레-자아는 같은 것을 두 번 응시할 수는 없다. 응시에 묶이는 대상들에 차이를 만들어 내기 때문이다. 응시는 묶어진 것들을 같은 것으로 내버려 두지 않는다. 응시는 대상들을 변화시킨다. 따라서 같은 대상이 두 번 응시 될 수 없다. 따라서 각각의 현재는 고유성을 지니는 순간들이다.

살아있는 현재의 불충분성

응시하고 묶으면서 각각의 현재인 순간들이 구성된다. 현재들은 우리의 경험적인 시간의 기초적인 구성요소이다. 경험적 시간은 선형적인 시간이다. 경험적인 현재는 경험적인 과거와 미래와 이어진다. 따라서 응시와 묶기에 따라 구성된 현재들의 연속으로 우리의 일상적인 경험이 설명 가능하다. 그러나 응시와 묶기만으로는 진정한 시작에 대해 말할 수 없다. 왜냐하면 현재들은 고유성을 지니기에 자기 안에 연속성의 근거를 갖고 있지 못하기 때문이다. 우리는 더 깊게 들어가야만 한다. 응시와 묶기가 가지는 한계는 왜 현재가 이행할 수 있는지 설명하지 못한다는 점이다. 어떤 순간은 시간에 따라 다른 위상을 갖는다. 예를 들어 '9월 9일'에 '9월 10일'은 미래이고 '9월 10일'에 '9월 10일'은 현재이며 '9월 11일'에 '9월 10'일은 과거이다. 어떻게 같은 순간이 과거·현재·미래라는 시간성을 동시에 지닐 수 있는가? 보통 우리는 시간을 통과하는 동일한 주체를 가정한다. 예를 들어 '9월 9일'에서 출발하는 경험적인 주체 A는 시간이 흘러감에 따라 '9월 10일'을 미래-현재-과거로 인식한다. 이때 경험적인 주체는 모든 시간에 동일하게 남아있다는 점에서 초시간적이다. 시간에 관계없이 변하지 않는 동일한 주체가 있어야만 같은 순간을 과거-현재-미래라고 다르게 파악할 수 있다.

그러나 시간에 종속되지 않은 초시간적인 주체가 존재하는가? '9월 9일의 A'와 '9월 10일의 A' 그리고 '9월 11일의 A'는 동일한가? 아니면 '9월 9일의 A'와 '9월 10일의 A'는 '9월 11일의 A'는 각각의 현재에 속한 다른 주체들인가? 각각의 A는 동일하지 않으며 시간의 다른 단면에 속한다. 같은 애벌레 주체가 여러 현재들을 주파하는 것이 아니다. 다만 순간순간에 자신의 최대의 수축에 이른 애벌레 주체들이 있을 뿐이다. 따라서 애벌레 주체들은 각각의 고유한 현재만을 갖고 있다. 그렇기에 이행이 문제가 된다. 어떻게 각각의 순간만을 갖고 있는 주체들이 시간의 연속된 계열을 형성할 수 있는가?

과거

과거는 각기 다른 현재들이 연결될 수 있는 근거를 제공한다. 각기 다른 현재의 순간들은 서로 고유하다. 따라서 스스로는 서로 연결되어야 할 이유를 지니지 않는다. 따라서 연속적인 현재는 과거가 이들의 접속을 미리 보증했기 때문에 나타난다. 현재는 수축하면서 고유한 현재를 지니게 된다. 그런데 현재는 무엇을 수축하는가? 현재는 과거를 수축한다. 무수한 현재들이 수축하는 것은 동일한 과거이다. 우리는 앞서 모나드론을 통해서 동일한 세계를 표현하는 모나드들을 보았다. 현재가 모나드라면 과거는 세계이다. 현재는 각기 다른 방식으로 수축하면서 상이한 관점들을 표현하지만 수축되는 것은 동일한 세계이다. 왜냐하면 우리의 지각들은 원칙상 같은 세계를 표현하기 때문이다. 각기 다른 관점들인 현재들은 과거라는 동일한 전체를 반복함으로써 발생한다.[104] 과거라는 시간은 우리가 수축하는 동일한 전체이다. 서로 연결되는 순간들이 구성되기 위해서는 순간들은 동일한 전체를 반복해야 한다. 순간들이 각기 다른 실체들을 반복한다면 순간들은 결코 같은 시간 속에서 종합될 수 없을 것이다.

우리는 동일한 과거를 수축하는 여러 현재들 앞에 서 있다. 다시 말해 우리는 서로 같은 시간성 내에 있는 현재들을 지니고 있다. 그러나 이 상태는 우리의 시간을 설명하기에 충분한가? 같은 과거를 수축하는 일은 수많은 현재들을 같은 지평 위에 놓는다. 그러나 과거는 각각의 현재들을 동일한 것으로 놓아둘 뿐이다. 현재란

---

104) DR, 198. "정신적 반복은 공존하는 상이한 수준들에서 일어나는 전체의 반복이다.(라이프니츠가 말한 것처럼 "완전함의 정도를 제외하고는 언제 어디서나 똑같은 사태)"

과거를 수축하는 애벌레 자아이다. 현재와 과거만 가지고서는 이 애벌레 자아, 그리고 애벌레 자아들인 우리에게는 아무런 변화도 있을 수 없다. 그저 주어진 원환에 따라 같은 삶을 반복할 뿐이다. 앞서서 우리는 들뢰즈적 동기가 차이를 만들어 내는 일에, 동일하게 머무는 일보다 높은 가치에 부여하는 것이라고 확인했다. 그러나 과거는 "현재들의 재현을 순환적이거나 무한하게 만들 뿐이다."[105] 들뢰즈는 과거 안에서 같은 것의 순환을 부정하는 원리를 찾고자 한다. 예를 들어서 플라톤의 상기는 '이전'과 '이후'라는 구별을 만들어 낸다. 현재의 앎은 동일한 태고의 이데아에 대한 앎이지만 상기는 앎에 순서를 부여한다. 우리의 영혼은 A를 알았다가 망각하고 다시 A를 상기한다.[106] A에 대한 현재의 앎은 내용에 있어서는 같지만 순서에 있어서는 다르다. 이 경우 현재는 동일하게 남아있지 않는다. 현재는 첫 번째, 두 번째라는, 즉 '이전'과 '이후'라는 순서를 갖게 된다. 플라톤이라면 앎에 순서가 발생하는 이유를 현실적 존재의 불완전함에서 찾을 것이다. 육체는 영혼의 앎을 방해하기에 우리는 망각한다.[107] 또한 플라톤은 이데아에 순서를 도입하지 않을 것이다. 이데아는 영원불멸하고 변하지 않기 때문이

---

105) DR, 207

106) DR, 206-207 참조.

107) 『파이돈』, 65a-67b 참조. "우리가 몸을 지니고 우리의 영혼이 그러한 나쁨과 뒤범벅이 되어 있는 한 우리는 열망하는 것을-우리는 그것을 진리라고 말하지요-결코 얻을 수 없으니까요." (66b)

다.[108] 그러나 들뢰즈는 순서가 발생하는 이유를 미래라는 새로운 시간성 속에서 찾는다. 상기가 나타나는 것은 현실적 존재자의 불충분함 때문이 아니라 미래가 가지는 차이와 반복의 역량 때문이다. 상기는 미래의 효과에 불과하다.[109] 미래는 현재뿐만 아니라 과거에도 순서를 도입한다. 과거 속의 이데아는 더 이상 영원불멸하지 않다. 이데아는 미래의 시간 속에서 끝없이 변형한다. 미래는 현재뿐만 아니라 과거 자체를 변형시킨다.

미래

미래의 시간은 순서를 도입한다. 순서를 도입되면서 차이가 만들어진다. 어떤 것이 '이전'과 '이후'로 나뉠 때 그것은 이전과 이후라는 순서에 따라 차이를 지니게 된다. 미래는 어떤 곳에 순서를 도입하는가? 그곳은 바로 과거 자체이다. 미래는 과거 자체를 부단히 갱신한다. 그리고 이를 통해 과거에 의존하는 현재 역시도 갱신한다. 이러한 미래의 운동은 영원회귀를 통해서 설명된다. "영원회귀는 그 자체만으로도 계열의 세 번째 시간이며, 그런 의미에서 본연

---

108) 『파이돈』, 106d. "최소한 신과 삶의 형상 자체, 그리고 다른 불사하는 것은 무엇이건 결코 소멸하지 않는다고 모두에게 동의될 걸세"
109) DR, 208. "과거의 즉자 존재와 상기 안의 반복은 일종의 '효과' 일 것이다."

의 미래이다"(DR, 212) 영원회귀는 어떻게 과거와 현재를 갱신하는 가? 현재와 과거 속에서 오직 차이만을 반복되게 하면서이다. 첫 번째 시간에는 순수한 과거 자체가 존재할지 몰라도 두 번째 시간 에 돌아오는 것은 그중에서 차이일 뿐이다. "영원회귀가 지닌 힘은 결코 '같음' 일반을 되돌아오게 하는 힘이 아니라 창조하되 선별하 고 추방하는 힘, 생산하되 파괴하는 힘임을 잊지 말아야 한다." (DR, 46) 정확히는 차이를 만드는 힘이 선행해야 과거가 구성될 수 있다고 말해야 할 것이다. 과거 일반이 신에 의해서 그저 주어진 것이 아니라고 한다면 무언가가 과거 일반을, 즉 세계를 발생시켜 야 할 것이기 때문이다. 차이를 만드는 힘이 세계를 발생시킨다면 오직 세계를 기존의 세계와 차이 나게 하면서 일 것이다. 즉 발생 은 세계에 차이를 만들지 않고서는 이루어질 수 없다. 미래는 세계 에 차이를 만드는 창조의 시간이다.

영원회귀와 우리

들뢰즈는 존재의 일의성을 주장한다. 모든 존재는 같은 원리를 따르면서 같은 의미를 지니게 된다. 이때 원리란 차이를 만드는 과 정이다. 모든 존재는 차이를 만드는 과정에 속한다. 다만 각각의 존재자는 얼마나 차이를 만들어 내는지는 같지 않다. 존재의 위계는 차이를 만들어 내는 역량에 나뉜다. 우리는 들뢰즈의 문제가 선별이라는 것을 보았다. 들뢰즈는 차이는 만들어 내는 역량에 근거하여 존재를 선별하려고 시도한다. 우리의 의식은 경험적인 시간에 위치한다. 그러나 우리는 경험적인 시간 위에 있는 것과 동시에 그것의 근거인 현재, 과거, 미래 위에 놓여있다. 따라서 우리는 미래에 접속되어 있다. 미래와의 관련 속에서 우리는 차이를 만들어 내는 역량을 소유한다. 우리는 영원회귀의 과정, 즉 차이를 만드는 과정에 참여할 수 있다. 그렇다면 우리는 어떻게 차이를 만들어 낼 수 있는가?

우리는 반복을 통해서 차이를 만들어 낼 수 있다.[110] 차이를 만들기 위해서는 반복해야 하는데 반복하기 위해서는 과거의 반복과 현재의 반복을 거쳐야 한다.[111] 들뢰즈에 따르면 과거는 자아가 행위를 감당할 수 없는 시간이고 현재는 자아와 행위와 동등하게 되는 시간이다. 우리는 애벌레 주체들이 과거 전체를 수축한다는 것을 보았다. 수축을 통해 주체들은 그들의 현재를 구성한다. 행위를 감당하지 못한다는 것은 현재를 수축해 내지 못한다는 뜻이다.

---

110) 우리는 들뢰즈의 행위와 사건에 관한 해석을 키스 포크너의 『들뢰즈와 시간의 세 가지 종합』 4장 2절 「로젠버그의 드라마의 정적 반복」(p253-276)에서 찾아볼 수 있다. 포크너는 현재·과거·미래의 반복에 따라 "순수사건이 어떻게 우리의 행위에 영향을 주는지, 우리는 어떻게 순수사건을 감당하게 되는지, 결과적으로 순수사건은 어떻게 우리의 행위들을 전복시키는지 제시"한다.(p254)

111) DR, 212, []는 필자. 그러나 오직 "한번은 과거를 구성하는 이[혁명가들의] 양태에 따라 반복하고, 그다음 번에는 변신의 현재 안에서 반복한다는 조건에서만 어떤 새로운 것을 생산" 할 수 있으며 "생산되는 것, 절대적으로 새로운 것 자체도 역시 반복 이외엔 아무것도 아니다."

누군가 그들 고유의 관점을 확실히 만들어내지 못할 때 "그들은 과거 안에서 자기 자신을 살아내고 또 과거 안으로 내던져진다."(DR, 210) 우리에게 주어진 행위들, 즉 삶을 우리 고유의 관점으로 받아들이지 못할 때 우리는 과거에 머문다. 행위와 동등하게 되는 것은 우리의 삶을 고유의 관점으로 수축해 낸다는 뜻이다. 이때 우리는 비로소 행위들, 즉 삶과 동등하게 된다. 예를 들어 과거가 우리의 삶에 주어진 역할이라면 과거 속에 머무는 자는 그저 주어진 역할을 마지못해 수행하는데 머문다면 현재 속에서 우리는 주어진 역할을 적극적으로 자신의 것으로 받아들인다. 그런데 세 번째 시간은 자신을 해체해 버린다. 주어진 역할을 자신의 것으로 받아들였던 자아는 이제 "수천 조각으로 쪼개어 투사"[112]된다. 처음에 우리가 삶을 자신의 것으로 감당할 수 없었다면 우리는 삶을 자신의 것으로 받아들인 후에 우리는 다시 스스로를 분할해야 한다. 우리가 행위에 동등하게 될 때 하나의 관점에 의해 삶을 긍정했다면 새로운 것을 위해 우리는 관점을 복수화해야 한다.

다만『차이와 반복』에서 나타나는 자아의 해체라는 주제는 추상적이고 모호하다. 들뢰즈가 선별의 기준으로 두는 차이와 반복이라는 원리는 비물체적인 층위에 위치한다. 그러나 행위의 기준을 비물체적 장소에 둘 때 우리는 구체적인 지침을 찾기 어렵다. 우리

---

112)   DR, 210

는 자아의 해체라는 극한적인 원리를 확인한다. 그러나 우리는 현실적으로 자아를 가진다. 따라서 자아를 유지하면서도 해체해야 한다는 극한적인 지향은 우리에게 모호하고 신비스러운 직관으로 다가올 뿐이다. 이는 『의미의 논리』에서도 마찬가지인데 들뢰즈가 의미를 명제와 물질 사이의 표면이라는 협소한 장소에 위치시키기 때문이다. 기준이 되는 장소가 협소해진 만큼 표면에 부합하는 삶을 사는 일은 그만큼 더 힘든 과제가 된다. 이제 원리에 부합하는 삶은 전쟁과 죽음과 균열 고통에 비유된다. 『의미의 논리』의 들뢰즈는 우월한 삶을 위해서는 죽지 않는 선에서 자신에게 최대한 균열을 내는 일이 필요한 것처럼 말한다.[113] 우월한 삶을 위해 제시되는 선별 기준은 우리를 벼랑 끝으로 내몬다. 우리는 우리의 물체적이고 자연적 본성을 떠나서야만 선별 기준에 부합할 수 있다. 들뢰즈는 『안티 오이디푸스』에 이르러 돌파구를 찾는다. 『안티 오이디푸스』에서 우리는 더 이상 자신을 극한으로 내몰지 않아도 된다. 우리를 벼랑 끝에 모는 것은 우리가 추구해야 할 원리가 아니라 우리 외부에 있는 사회이다. 따라서 긍정할 수 없는 것은 우리의 내재적 본성이 아니라 우리 밖의 억압과 탄압이다. 우리의 내재

---

113) 들뢰즈, 『의미의 논리』, p272. "지혜와 품위를 충고할 때, 추상적인 사상가에게 무엇이 남을 것인가? 가장자리에 머묾으로써, 언제나 부스케의 상처에 대해, 피츠제럴드와 로리의 알코올 중독에 대해, 니체와 아르토의 광기에 대해 말하는 것? (……) 충분한 균열로 나아가지만 결코 치유될 수 없을 정도로 나아가지는 않는 것? 가는 곳마다, 모든 것은 슬퍼 보인다. 사실, 가장자리에 머물지 않고 어떻게 표면에 남겠는가?" 들뢰즈는 균열을 필연적인 것으로 받아들이고 체념하는 모습을 보인다. 그는 이를 극복하기 위한 방법을 찾지만 『의미의 논리』 내에서는 발견되지 않는다.

적 본성에 대한 긍정으로부터 우리는 구체적인 실천적 원리 역시도 발견할 수 있게 된다. 우리는 욕망에 대한 억압과 탄압으로부터 도주해야 한다. 우리는 『안티 오이디푸스』에 이르러서야 진정한 행위의 원리를 찾는다.

사유

들뢰즈는 시간의 근거를 파고들어 가면서 경험적 시간에서 현재-과거-미래로 나아간다. 현재는 과거 전체의 수축이며 미래는 과거와 현재를 새롭게 하는 시간이다. 그리고 행위의 측면에서 우리는 과거를 수축하여 현재라는 고유한 관점을 지닌 후 이 관점을 복수화하면서 창조의 과정에 참여한다. 그러나 『차이와 반복』에서는 아직 관점의 복수화가 무엇인지 명확히 제시되어 있지 않다. 들뢰즈의 행위 이론은 아직 심화되지 않은 것처럼 보인다.[114] 우리는 자아에 해체에 따른 관점의 복수화라는 추상적인 지향점만을 발견할 뿐이다.

『차이와 반복』의 들뢰즈는 행위보다는 사유에 주목한다. 우리는 새로운 것이 도래하는 미래라는 장을 발견했다. 그러나 일상 속의

---

114) 행위와 사건 이론은 『의미의 논리』에서부터 심화되기 시작한다.

우리는 새로운 것을 창조하지 못하고 있다. 왜냐하면 우리가 자아에 메여 있기 때문이다. 자아라는 형식 속에서 재현적인 사유가 나타난다. 재현적인 사유 속에서 우리는 주어진 형식들을 그저 받아들인다. 재현이란 주어진 것들을 최대한 똑같이 모방하는 일이기 때문이다. 사유가 재현할 때 사유는 미리 주어진 세계를 모사한다. 그러나 들뢰즈는 사유의 본성이 재현이 아니라 창조라고 주장한다. 그러나 일상적 경험에서 우리는 재현에 머문다. 따라서 사유는 창조라는 본성에서 분리된다. 사유는 왜 그 본성으로부터 분리되었는가?

사유의 이미지는 사유를 창조적인 역량으로부터 분리시킨다. 우리는 사유에 대한 잘못된 선입견들을 갖고 있기 때문에 사유의 본성을 재현으로 받아들이며 실제로 재현하는 데 사유를 사용한다.[115] 따라서 우리는 사유의 이미지가 재현을 사유의 역할로 정당화시키고 있다고 추론할 수 있다. 그러나 어떤 방법을 통해서인가?

사유의 이미지에서 "자연적 사유는 사유 주체의 선한 의지와 사유의 올바른 본성이라는 이중적 측면에서 참에 대한 자질을 지니고 있고, 참과 친근한 관계"에 있다고 가정된다.(DR, 293) 참이란 여러 가지 방식으로 이해될 수 있다. 예를 들어 이론적인 측면에서

---

115) 구체적으로 사유의 이미지는 8가지로 제시된다. 그러나 우리는 사유의 이미지가 어떻게 사유를 창조적인 과정으로부터 분리하는지를 살피는 데 목적이 있기 때문에 이를 모두 살펴보지 않을 것이다. 사유의 이미지에 대한 구체적인 분석은 서동교의 『들뢰즈의 「차이와 반복」에서의 초월론적 경험론에 관하여』 3부 「사유의 이미지에 대한 비판」 p89-129 참조.

참이란 객관적인 세계를 올바로 인식하는 일이고 실천적인 측면에서 참이란 객관적인 도덕원리를 실천하는 일이다. 그러나 모든 경우에서 참이 전제하는 바는 객관적이고 고정불변한 무엇인가가 있다는 것이다. 참을 추구한다는 것은 이 객관적이고 고정불변한 무언가를 인식하는 일이다.

그러나 객관적이고 고정불변한 무언가를 인식하는 일에는 창조적인 역량이 개입할 여지가 없다. 왜냐하면 이미 주어진 참된 것은 변형시킬 필요가 없다고 간주되기 때문이다. 오히려 참된 것에 대한 변형은 오류나 월권으로 간주되며 우리가 지양해야 할 부정적인 것으로 제시된다. 따라서 사유의 이미지는 사유뿐만 아니라 세계에 대한 암묵적인 이해도 함축한다. 사유의 이미지에 따르면 참된 세계란 확고하게 결정되어있다. 또한 참을 원하는 우리의 사유는 그러한 진리를 자신의 것으로 만드는 일을 추구한다. 이러한 암묵적인 이해를 갖고 있기 때문에 우리는 사유를 재현하는 일에 사용하는 데 그친다.[116)]

다만 들뢰즈에게 다음과 같은 의문이 부쳐질 수 있다. 우리의 일상적 경험은 재현에 머무는데 사유의 본성이 재현이 아니라면 일상적 경험들은 무엇인가? 들뢰즈는 일상적 경험들이 사유가 아니

---

116) DR, p368 "이 공준들은 재현 안의 같음과 유사성의 이미지를 통해 사유를 압살해버리지만, 이 이미지가 가장 심층적인 수준에서 훼손하는 것은 사유하기의 의미에 있다. 이 이미지는 차이와 반복, 철학적 시작과 재시작이라는 두 가지 역량을 소외시키면서 사유하기의 의미를 왜곡한다."

라 재인이라고 말한다.

> "재인의 활동들이 실제로 존재하고 또 우리의 일상적 삶의
> 커다란 부분을 차지하고 있다는 것은 분명한 사실이다. 가령
> 이것은 책상이다. 이것은 사과이다, 이것은 밀랍 조각이다. 안
> 녕 테아이테토스 등등. 하지만 누가 여기서 사유의 운명이 펼
> 쳐지고 있다고 믿을 수 있겠는가? 재인할 때 우리가 과연 사유
> 하고 있다고 그 누가 믿을 수 있겠는가?"(DR, 302)

칸트의 인식능력이론은 대표적인 재인의 모델을 보여준다. 칸트
는 감성, 상상력, 지성, 이성이라는 인식능력들이 조화롭게 기능하
면서 재인이 일어난다고 주장했다.[117] 그러나 반대로 인식능력이
조화롭게 기능하지 않을 때 재인이 파괴되고 비로소 사유가 일어
난다. 인식능력의 조화가 파괴되는 것은 어떤 폭력적인 힘에 의해
서이다. 감성에 폭력을 일으키는 힘은 어떤 차이들에서 비롯한다.
이 차이들은 순수 차이인 강도이다. 강도에서 비롯한 폭력은 감성
에서 상상력으로 상상력에서 사유로 전달되며 인식능력들의 조화
를 해체한다. 따라서 차이들의 폭력적인 힘을 접할 때 사유는 조

---

117)   PCK, p50-56 참조. "공통감각은 타고난 심리적인 어떤 것이 아니라, 모든 '소통가능성'의 주
관적 조건이다. 공통감각 없이 인식은 소통될 수 없고 보편성을 가질 수도 없다. 이런 의미에
서 칸트는 결코 공통감각이라는 주관적 원리를 포기하지 않을 것이다. 다시 말해 능력들이
선한 본성을 가지고 있다는 이념, 능력들이 서로 일치할 수 있도록 해주고 조화로운 균형을
형성하도록 해주는 건전하고 올바른 본성의 이념을 포기하지 않을 것이다"(p50-51)

화로부터 해방되어 재인하기를 그치고 사유하기 시작한다.

그러나 우리는 이러한 사유가 행위의 관점에서와 마찬가지로 명확하게 제시되어 있지 않다는 것을 확인한다. 우리란 사유란 무엇이 아닌지에 대한 설명들과 원리적인 극한만을 발견할 뿐이다. 사유란 재인이 아니다. 사유란 재현이 아니다. 다만 "사유되어야 할 것이란 또한 사유 불가능자 혹은 비-사유이고" 또한 "'우리가 아직 사유하지 않는다'라는 영속적인 사실이다."(DR, 322)

우리는 들뢰즈의 문제의식이 현실적인 존재자들을 새로운 기준을 통해 선별하는 것이라고 주장했다. 『차이와 반복』 3장에서 사유는 새로운 선별의 기준이 된다. 사유는 창조하기 때문에 우월하고 재인은 단순 되풀이하기 때문에 열등하다. 그런데 우리가 사유라는 기준을 충족시키기 위해 지불해야 하는 대가는 무엇인가? 우리는 사유하기 위해 폭력으로 균열되어야 한다. 우리는 결코 자연적으로는 사유하지 않기에 폭력은 사유를 위해서 필연적이다. 하지만 폭력은 사유의 필연적인 조건인가? 폭력이 사유의 필연적인 조건으로 제시될 때 사유는 우리의 본성에 외재적인 것으로 제시된다. 왜냐하면 외부적인 폭력에 의해서만 사유한다는 것은 우리가 사유하는 본성을 지니고 있지 않다는 뜻이기 때문이다. 따라서 우리는 본성적으로 무능력하며 창조의 역량은 우리의 외부에 있는 것으로 제시된다. 폭력이란 부정적인 것의 해체에 불과하다. 우리가 밝혀야 하는 것은 해체 이후에 오는 긍정적인 사태이다.

『안티 오이디푸스』에서는 모든 것이 뒤집힌다. 들뢰즈의 코페르니쿠스적 혁명은 폭력을 사유의 필수조건이 아니라 사유의 억압기제로 전환하는 일에 있다. 더 이상 우리는 폭력에 의해 수동적인 사유하지 않는다. 창조의 역량은 우리의 안에 있는 것으로 제시된다. 우리는 본성적으로 창조한다. 따라서 폭력은 우리를 사유하게 하는 것이 아니라 우리를 억압한다. 『차이와 반복』에서 역량을 우리의 외부에서 찾았다면 『안티 오이디푸스』에서 역량은 우리의 안에서 찾아진다.

『차이와 반복』의 들뢰즈는 자아라는 부정적인 조건에서 출발해서 해체와 파괴에 중점을 둔다. 들뢰즈는 우리의 내재적인 역량과 과정을 발견하지 못한다. 따라서 기존의 것들을 해체하고 파괴하는데 집중할 뿐이다. 그 대가는 우리 자신 역시도 폭력적으로 해체하는 일이다. 『안티 오이디푸스』의 들뢰즈는 분열자를 통해 우리 안의 실증적인 역량을 발견한다. 따라서 『안티 오이디푸스』는 분열자에 출발해 생산적인 과정에서 그려낸다. 우리의 자연적인 조건을 자아로 이해하는지 분열자로 이해하는가는 결정적인 차이를 지닌다. 『차이와 반복』의 들뢰즈는 우리를 자아로 이해하기에 폭력을 감당하기를 요구한다. 그러나 『안티 오이디푸스』의 들뢰즈는 우리를 분열자로 이해하기에 함께 폭력을 없애가기를 제안한다. 바디우의 비판처럼 『차이와 반복』의 들뢰즈는 "박탈과 금욕을 강요하는 사유의 윤리를 제안"[118]하는지도 모른다. 그러나 『안티 오이디푸스』의 혁명은 박탈과 금욕의 윤리에서 긍정과 생산의 윤리로의 전환을 보여준다. 우리는 『안티 오이디푸스』에 이르러서야 들뢰즈 고유의 실증적인 철학이 시작된다.

B. 발생적 종합: 원리에서 결과로

『차이의 반복』 2장에서 들뢰즈는 시간의 근거를 파헤치면서 최종 근거인 미래에 도달한다. 미래는 새로운 것들을 창조하는 시간으로, 과거와 현재의 근거가 된다. 종합의 방법은 분석을 통해 최대한 빠르게 원리로 나아간다. 그리고 원리에 도달하기 위해 사용한 분석들을 치워버린 후 도달한 원리에서부터 새로운 연역을 시작한다. 시간에 대한 역진적인 분석을 통해 우리는 미래라는 원리의 층위에 도착했다. 그리고 미래라는 시간에 도달하기 위해 이용했던 사다리인 현재와 과거는 차버렸다. 따라서 이어지는 들뢰즈의 과제는 원리로부터 출발해 다시 생산물들에 도달하는 일이다. 들뢰즈

---

118) 알랭 바디우, 『들뢰즈-존재의 함성』, p63. "[들뢰즈의 철학은] 본질적으로 스토아학파의 이론과 꼭 마찬가지로 (그러나 들뢰즈 자신이 스피노자에게 바친 찬양에도 불구하고 스피노자주의와는 완전히 다르게) 일종의 죽음의 철학이다. 왜냐하면 사유라는 사건이 이처럼 나를 선택되도록 놔두는 금욕주의적인 능력(들뢰즈적 형태의 운명)을 가르킨다거나 자동자치의 형태로 인도되게 인도되게 하는 금욕주의적인 능력을 가르킨다고 한다면 (······) 결국 사유라는 사건은 은유화된 죽다를 생명의 내적인 순간으로서 간직하게 되기 때문이다."(p55, []는 추가)

는『차이와 반복』의 4장과 5장에서 원리인 초월론적 장을 확립하고 이로부터 다시 재현으로 나아간다. 그는 4장에서 이념과 관련하여, 5장에서는 강도와 관련하여 발생을 설명한다. 이념적 발생과 강도적 발생은 최종적으로 종합되어 원리로부터 재현적 영역(질·연장·의식에 기반을 둔 일상적 경험)에 이르는 발생을 완결한다. 들뢰즈의 동기인 존재자의 선별과 관련하여 4장과 5장의 역할은 직접적이지 않다. 4장과 5장은 재현의 발생에 관한 기술에 가깝기 때문이다. 따라서 우리는 모든 세부적인 내용들을 살피지는 않을 것이다. 우리는 이념과 강도라는 핵심적인 요소와 두 요소들에서 비롯되는 발생을 탐구할 것이다.

이념

우리는 시간에 대한 분석을 통해 원리의 층위인 초월론적 장에 도달했다. 그러나 초월론적 장이 내재적인 방식으로 해명된 것은 아니다. 초월론적 장의 구성요소는 이념이다. 따라서 우리는 이념이 무엇인지 해명해야 한다. 우리는 이념의 특징을 세 가지로 정리할 수 있다. (1) 이념은 원리적 층위의 실증성 입증해 준다. (2) 이념은 놀이로부터 발생한다. (3) 이념은 현실적인 것의 근거로서 작용한다.

첫 번째로 이념은 원리적 층위의 실증성을 확보해 주어야 한다. 왜냐하면 초월론적인 층위를 질과 연장을 통해서 직접적으로 확인할 수는 없기 때문이다. 따라서 초월론적 장이 허구라는 비판을 받지 않기 위해서는 이념이 실증적인 방식으로 존재한다는 것을 입증해야 한다. 경험적 대상들이 현실적으로 존재한다면 이념은 잠재적으로 존재한다. 이념은 잠재적으로 존재하면서 연장과 질을 지닌 경험적 대상들의 근거가 된다. 이념은 미분적différentiel이다. 이념과 현실적인 존재자의 관계는 수학에서 dx와 x의 관계와 유사하다. 수학에서 dx는 x에 대한 최소의 극한으로 존재한다. 그래프의 한 점 (x,y)가 외연적인 값을 갖지만 dx와 dy는 외연적 값을 갖지 않는다. 그러나 dx와 dy는 상호적 관계 아래에 (x,y)의 기울기, 즉 방향성을 표현할 수 있다. 그리고 dx와 dy의 상호관계는 특정한 방향성을 표현하는 한 점, 즉 특이점을 나타낸다. dx가 외연적으로 존재하지 않고도 x를 발생시키듯이, 이념 역시도 외연적으로 존재하지 않으면서 외연을 발생시킬 수 있다. 따라서 이념은 외연적이지 않으면서도 실증적이다. 들뢰즈는 이념을 수학적으로 설명한다. 그러나 우리는 수학을 하나의 비유로 받아들여야 할 것이다. 우리는 들뢰즈가 콜라주의 기법을 활용하여 자신의 철학을 구성한다는 것을 확인했다. 이런 관점에서 수학 역시도 철학을 위한 콜라주의 재료일 뿐이다.

우리는 들뢰즈가 수학을 이용하여 이념의 실증성을 주장한다는 사실을 확인했다. 이념은 잠재적으로 존재한다. 이념은 연장, 질, 경험적 시간을 갖지 않고도 실증적으로 존재한다. 두 번째 물음은 이념이 어떤 과정을 걸쳐서 발생하는지 이다. 이념은 현실적인 것의 근거이다. 따라서 현실적인 것으로부터 이념이 발생할 수는 없다. 그렇다면 이념은 어디서부터 발생하는가? 들뢰즈는 이념이 던지기들의 결과로부터 따라 나온다고 주장한다. "이념들은 던지기[놀이]들의 결과로 따라 나오는 문제제기적인 조합들이다."(DR, 428) 우리는 이념에서 한 번 더 내려간다. 이념들은 놀이로부터 따라 나온다. 놀이의 역할은 이념들을 배분하는 것이다. 그런데 이 배분은 어떤 주어진 규칙에 따른 배분이 아니라 우연에 따른 배분이다.[119] 따라서 던지기는 창조이다. 이전에 없던 것들을 만들어내기 때문이다. 이로 인해 이념 역시도 항상 새로워 질 수 있다.

들뢰즈가 창조를 우리의 능력이 아니라고 주장한다는 점에 주목해야 한다. 우리가 신적인 능력을 갖추게 될 때조차도 우리는 창조하지 못한다. 왜냐하면 신조차도 던지기에 종속되어있기 때문이다. 그는 창조의 능력이 오직 존재로부터 온다고 말한다.[120] 실천의 관점에서 이는 중요한 함의를 지닌다. 이러한 이해는 우리를 창조의 역량으로부터 분리한다. 우리는 창조에 대해 무능력하다. 들뢰

---

119) DR, 429. "각각의 던지기는 매번 모든 우연을 긍정한다. 동일성을 띤 어떤 불변의 규칙에도 더 이상 종속되어 있지 않다."

120) DR, 431. "문제들의 심장부에는 어떤 자유로운 결정능력이 있고, 우리를 신들의 종족으로 만들어 주는 창조, 던지기가 있다. 그렇지만 이런 것들은 우리의 능력이 아니다. 신들 자체도 아낭케, 다시 말해서 하늘-우연에 종속되어 있다 (……) 명법들은 존재에서 온다."

즈는 역설에 의존할 뿐이다. "오직 무능력만이 최고의 역량으로 고양될 수 있다."(DR, 432) 우리는 앞서서 『차이와 반복』은 '우리'의 내재적인 역량에 관한 실증적인 설명이 결여하고 있다는 것을 확인했다. 우리가 존재의 놀이에 참여할 수 없다는 점은 '우리'가 처한 곤궁을 잘 보여준다. 왜 들뢰즈는 이러한 어려움에 빠지는가? 그가 역설을 존재론적 원리로 삼기 때문이다. 들뢰즈의 역설과 가장 유사한 예시는 라캉의 대상a이다.[121] 그것은 잃어버린 대상으로만 나타난다. 따라서 잃어버린 대상은 찾아야 하는 것으로 나타나지만 결코 찾을 수 없다는 점에서 역설적이다. 『차이와 반복』과 『의미의 논리』에서 들뢰즈가 우리가 추구해야 할 이상적인 기준은 이와 같은 역설에 따라 제시된다. 추구해야만 하지만 추구할 수 없는 것. 그러나 우리는 역설이 결코 순수긍정의 대상이 될 수 없다고 생각해야 하지 않을까? 왜냐하면 역설의 본성에 결핍이 존재하기 때문이다. 금지되었기에 결코 되찾을 수 없는 오이디푸스적 욕망처럼 말이다. 철학 체계에 역설이 핵심적인 원리로 작용하기 때문에 들뢰즈는 순수 긍정을 추구함에도 '우리'를 긍정하는데 어려움을 겪는다.

우리는 놀이의 과정을 통해 이념들이 새로워 질 수 있다는 것을

---

121) 『차이와 반복』과 『의미의 논리』에 나타난 'objet a'적인 원리에 대해서는 고쿠분 고이치로의 『들뢰즈 제대로 읽기』 4장 「구조로부터 기계로」 참조. 고쿠분 고이치로는 『차이와 반복과 『의미의 논리』의 구조에서 『안티 오이디푸스』의 기계로의 이행을 역설적인 원리의 포기로 특징 짓는다. 이는 우리의 해석방향과 일치한다. 다만 우리는 발생과 관련하여 접근하고 있다는 점에서 차이를 지닌다.

발견했다. 이념의 세 번째 특징은 현실적인 것의 근거가 된다는 것이다. 따라서 우리는 이념이 새로워질 수 있기에 현실적인 것들 또한 새로움을 함축하고 있다고 말하고 싶은 유혹을 느낀다. 그러나 문제는 간단하지 않다. 왜냐하면 이념과 현실적인 것은 서로 다른 존재방식을 갖고 있기 때문이다. 이념은 잠재적이고 현실의 존재자들은 현실적이다. 이념과 현실의 존재자들은 어떻게 관계하는가? 우리는 둘 사이의 발생적 관계를 고찰해야 한다. 들뢰즈는 (1) dx가 양화 가능성에 상응하고 (2) dx와 dy의 상호규정이 질화 가능성에 상응하며 (3) 상호규정에 의해 도출된 특이점들이 잠재력에 상응한다고 주장한다. 그리고 이러한 잠재력에 의거해서만 현실적인 것들이 분화를 통해서 발생한다. 분화란 이념적인 선들을 따라서 현실적인 것들이 발생하는 과정이다. 수학적인 비유를 떠나서 이념들이 어떤 구체적인 방식으로 현실적인 것들의 근거가 되는지 설명하기는 쉽지 않다. 따라서 들뢰즈는 수학적인 사례를 넘어서 물리학적, 생물학적, 사회적 이념 등의 더 많은 예들을 든다.[122]

그러나 우리는 구체적인 예들을 검토하기보다는 잠재적인 것을 실증적으로 설명하기 어려운 이유에 주목하고자 한다. 잠재적인 것을 구체적으로 설명하기는 어려운 이유는 경험적인 것과 엄격히 분리된다는 성질 때문이다. 들뢰즈의 이념을 이해하기 위해 앞선

---

122) 『차이와 반복』, p402-406 참조.

철학자들의 이념들을 거칠게 살펴보자. 플라톤은 이념(이데아)과 경험적인 것들의 질적인 유사성을 상정했음에도 불구하고 존재방식의 차이(영원함/변화함) 때문에 이념들을 설명하는데 어려움을 겪는다. 예를 들어서 플라톤의 대화편의 파르메니데스는 우리가 지니는 지식은 변화하는 것들에 관해서인데 이를 통해 영원한 것을 알 수 있겠느냐고 묻는다.[123] 『순수이성비판』의 칸트라면 경험적인 것들(지성의 주도하에 이루어지는 이론적 인식)을 통해서 이념(물자체의 영역)을 설명하기를 포기할 것이다.

들뢰즈의 철학에 설명하기 어려운 이념이라는 개념이 들어서는 이유를 세 가지로 요약할 수 있다. (1) 이념을 설명하기를 포기하지 않는다. (2) 경험적인 것들을 이데아(이념)에 전사하면 안 된다고 주장한다. (3) 현실적인 것들과 이념 간의 유사성을 부정한다. 세 가지 특징에 따라서 들뢰즈의 이념과 경험적인 것 사이에는 상당한 간극이 생기게 된다. 따라서 들뢰즈가 주장하는 이념과 경험적인 것의 대응을 자의적이라고 비판할 수 있다. dx가 양적 가능성에 정확히 대응하고 상호규정이 질적 가능성에 정확히 대응하며 특이점들이 잠재력을 품는다고 주장할 근거가 어디에 있는가? 이념의 층위를 연역하는 일과 이념의 층위의 내재적인 내용을 밝히는 일은 다르다. 단순히 물자체의 영역이 존재한다는 것을 밝히는 일과

---

123) 『파르메니데스』, 133a-134d 참조. "그렇다면 우리는 어떤 형상도 알 수 없소. 우리는 지식 자체에 관여하지 못하니까. (……) 그렇다면 우리는 아름다움 자체도, 좋음 자체도, 우리가 형상 자체라고 여기는 그 어떤 것도 그것이 무엇인지 알 수 없소."(134b-134c)

물자체의 영역이 구체적으로 어떠한지를 규명하는 일이 다르듯이 말이다. 경험적인 것과의 대응을 통해서 이념적인 것들을 설명하는 일은 경험적인 것들을 이념에 전사하는 일과 비슷하지 않은가? 이념적 층위의 세 요소와 현실적 층위의 세 요소를 일대일 대응시키는 것은 경험적인 것을 이념에 전사하는 일로 보인다. 경험적인 것을 이념의 영역에 전사하지 않는다는 들뢰즈 철학의 원칙 내에서 각각의 대응의 적합성을 검토하는 일은 불가능해 보인다. 유사성을 척도로 하지 않고서는 대응의 적합성을 검토할 방안이 없기 때문이다. 들뢰즈 자신도 이념에서 현실로 직접적으로 나아갈 수 없기에 강도라는 개념을 도입하는 것이 아닐까? 4장의 「차이의 이념적 종합」에서 5장의 「감성적인 것의 비대칭적 종합」으로의 이행은 이념과 현실적 존재자들을 바로 맞세워서는 안 된다는 직관을 보여 주는 것으로 보인다.

따라서 우리는 본고에서 이념과 현실적인 것들의 대응이 적합한지 구체적으로 탐구하지는 않을 것이다. 우리에게 중요한 문제는 대응의 적합성보다는 발생적 역학관계이다. 이념과 현실적인 것들 사이의 상응관계를 뒤로 할 때, 우리에게 남는 것은 이념과 현실적인 것 사이의 발생적 관계이다. 발생적 관계는 대응적 관계와는 다른 관점에서 파악되어야 한다. 대응이 경험적인 것의 전사에 불과하다면, 발생은 원리로부터의 연역이기 때문이다. 칸트가 도식을 통해 지성과 감성 사이의 심연을 연결하고, 플라톤이 참여와 분유

등으로 이데아와 현실적인 것의 관계를 제시했다면, 들뢰즈는 강도를 통해서 이념과 현실적인 것 사이에 다리를 놓는다.

강도

강도란 무엇인가? 즉자적 차이이다. 우리는 보통 두 가지 요소 사이에서 차이를 찾는다. 동일하다고 가정된 A가 차이를 찾기 위해서는, A는 자신이 아닌 다른 것을 찾아 자신 밖으로 나가야 한다. A는 B를 발견한 후에야 A와 B 사이에서 차이를 찾는다. 그러나 즉자적 차이는 스스로 차이를 갖는다. 즉자적 차이는 자신의 외부가 아닌 내부에서 차이를 발견한다. 따라서 즉자적 차이는 내재적이다. 차이의 배후에는 다른 차이밖에 없다. 따라서 차이는 동일화될 수 없는 불균등성이다. 차이는 자신이 위치하는 자리에 비-평형을 발생시킨다. 이런 의미에서 강도는 비대칭성 안에 있다. 강도는 잠재적인 이념과 현실적인 것들 사이의 비대칭성 속에서도 발견된다. 강도는 자신의 즉자적인 차이를 소멸시키는 한에서 현실적인 대상인 외연, 연장, 질을 발생시킨다. 강도는 자신을 감추면서야 자신을 전개할 수 있는 역설에 힘입어서 이념과 현실을 연계시킨다.

강도와 이념은 어떻게 구분되는가? 우리는 이념과 현실적인 것

사이의 거리를 보았다. 강도는 둘 사이에서 이 거리를 연결해준다. 따라서 강도는 직접적으로 현실적인 것과 맞닿아 있지만 이념은 강도를 통해서만 현실적인 것과 맞닿아 있다. 이념을 구성하는 놀이들은 순수하게 잠재적일 수 있다. 그러나 강도는 언제나 현실적이어야 한다. 물론 강도의 한 측면은 현실적인 것들 속에서는 자신을 숨기는 모습으로만 존재한다. 스스로를 감추는 것이 일차적인 강도인 깊이이며 감춤에 따라서 펼쳐지는 것이 이차적인 강도인 거리이다. 일차적 강도는 잠재성과 맞닿아 있고 이차적 강도는 현실성과 맞닿아 있다. 일차적 강도는 이념의 미분화와 관련하고 이차적 강도는 분화와 관련한다.[124]

그렇다면 강도는 어떤 방식으로 이념과 현실을 연결하는가? 강도는 이념으로부터 형식을 제공받는다. 강도에 거주하는 것은 개체이다. 개체는 알로 이해될 수 있다. 알은 세계 전체를 의미한다.[125] 우리는 2장의 시간 이론에서 순수 과거가 세계 전체라는 점을 확인했다. 들뢰즈는 과거에 미래를 도입하려고 했다. 즉 세계 전체에 창조를 도입하려고 했다. 그렇다면 개체들은 어떻게 새로움에 관계하는가? 과거는 창조의 역량을 결여하고 있는데 말이다. 그것은 이념들을 따르면서 가능하다. 이념들이 새로울 수 있었던 이

---

124) DR, p537-539 참조. "이차적 강도들은 일차적 강도들의 근본적 속성을 나타내고, 다시 말해서 본성상 변하면서 분할되는 역량을 나타낸다."(538)
125) DR, p526. "개체화 하는 차이나 강도적 차이들의 움직이는 깊이 안에서 읽을 수 있는 것은, 마치 어떤 수정 구슬 안에 놓여 있는 듯한 세계 전체이다."

유는 놀이 덕분이었다. 규칙들을 끊임없이 창조하는 놀이에 의해 이념들은 새로운 미분적 비율들을 갖는다. 놀이에 의해 이념들이 구성되고 이념들이 개체에 구현되면서 개체들은 창조의 역량을 부여받는다.

앞서서 우리는 모나드(개체)가 세계 전체를 표현하는 상이한 관점들이라는 것을 보았다. 일차적 강도가 세계에 대한 무차별적인 관점을 의미한다면 이차적 강도는 세계에 대한 특수한 관점을 의미한다. 우리는 관점과 직관 사이의 연관성을 찾을 수 있다. 무차별적인 관점인 판명-애매한 직관이라면 특수한 관점은 명석-혼잡한 관점이다. 들뢰즈에 의하면 직관은 명석-판명하지 않다.[126] 직관은 명석-혼잡하거나 판명-애매하다. 명석한 직관은 구체적이지만 세계 전체를 흐릿하게 본다면, 판명한 직관은 세계 전체를 조망하지만 구체적이지 못하다. 예를 들어 우리가 구체적인 사물에 집중할 때 배경은 흐릿해지며, 배경에 집중할 때 구체적인 사물들은 구분되지 않는다. 물론 우리의 의식적 경험과는 다르게 직관은 세계 전체를 배경으로 갖는다.[127] 개체는 세계 전체에 대한 판명하고 애매한 관점에서 출발하여 명석하고 혼잡한 관점으로 나아간다. 그러나 명석하고 혼잡한 관점은 재현과 같지 않다. 명석하고 혼잡한

---

126) 들뢰즈적 직관에 관해서는 알랭 바디우의 『들뢰즈-존재의 함성』 p93-105 참조.

127) 들뢰즈의 무의식과 미시지각에 대한 연구로는 김효영의 『들뢰즈의 미시적 무의식 개념에 대하여』 참조

관점은 무의식적으로 세계 전체를 표현한다. 이에 비해 재현은 의식적인 영역에 국한된다. 재현의 영역은 개체화뿐만 아니라 분화 이후에야 온다. "개체화는 분화를 가정하는 것이 아니라 오히려 분화를 유발한다."(DR, 526) 이차적 강도의 개체화와 분화는 어떻게 구분되는가? 개체화가 관점에 관련한다면 분화는 관점 속에 종속된 질과 연장에 관련한다. 질과 연장은 개체의 관점 이후에 구성된다.

분화

부정적인 것들은 분화(=현실화)[128]의 과정 다음에 온다. 분화는 현실적 항들과 실재적 결합관계를 대상으로 하고 있지만 현실화의 운동과 잠재성으로부터 단절되어 있지 않기에 부정적이지 않다.

> "부정적인 것은 미분화의 절차에서도, 분화의 절차에서도 나타나지 않는다는 점이다(……) 두 번째 과정은 이미 분만된 유한한 긍정들의 생산과 일체를 이루며, 이 생산은 이런 장소와 위치들을 점유하는 현실적 항들을 대상으로 하고, 또 이런 비율적 관계와 기능들을 구현하는 실재적 결합관계들을 대상으로 한

---

128) DR, 446. "우리는 이 잠재성이 서로 구별되는 종이나 부분들 안에서 현실화되는 과정을 분화라 부른다."

다. 부정적인 것의 형식들이 현실적 항과 실재적 결합관계들 안에서이다. 하지만 이 때는 이미 그 항과 결합관계들은 자신들이 현실화하고 있는 잠재성으로부터 단절되어 있고, 또 그런 현실화의 운동으로부터 단절되어 있다."(『차이와 반복』, p447)

(1) 우리는 세계 전체가 이념으로부터 잠재성을 얻고 (2) 잠재성을 지닌 세계를 개체가 고유한 관점으로 수축하며 (3) 수축된 관점에 따라 질과 연장들이 분화된다는 것을 보았다. 이 모든 과정이 긍정적이라면 그리고 부정적인 것은 언제 출현하는가? 질과 연장들이 분화되는 과정조차 긍정적이라면 말이다. 부정적인 것은 재현이 발생으로부터 질과 연장을 분리할 때 나타난다. 질과 연장을 그 원천과의 연결 속에서 본다면, 즉 "질들을 순수한 기호[129]들의 상태로 끌어올리고, 연장들 중에서는 오로지 원천적인 깊이와 조합되는 것만을 보존한다면, 이 때는 어떤 훨씬 아름다운 질들, 훨씬 눈부신 색깔들, 훨씬 값진 보석들, 훨씬 진동적인 외연들이 나타나게 될 것이다."(DR, 520)

---

129) DR, 145. "기호는 우리의 감성에 충격을 주어 우리의 자아를 해체하여 초월론적인 경험에 이르게 해주는 것이다. '현상이 기호로서 섬광을 발하고 바깥으로 주름을 펼치는 것은 차이 안에서이다(......) 차이들로 가득한 강렬한 세계, 거기서 질들은 자신의 이유를 발견하고 감성적인 것은 자신의 존재를 발견한다. 그런 강렬한 세계야말로 우월한 경험론의 대상이다."

이념과 강도

우리는 미분화와 분화 과정 사이에서 강도의 개체화 과정을 확인했다. 이념과 현실적인 것의 간격을 메우기 위해서는 강도가 필요하다. 강도는 자신을 소멸시키면서 자신을 전개한다. 따라서 강도는 잠재적인 영역과 현실적인 영역에 모두 맞닿아 있다. 발생은 잠재성에서 현실성으로 나아간다. 따라서 우리는 이념을 배제한 강도라는 요소만으로 구성된 발생체계 역시도 상상해 볼 수 있다. 그러나 들뢰즈는 발생에 미분화와 분화의 과정을 포함시킨다. 어떤 의미에서 강도는 발생의 모든 과정을 설명하기에 불충분한가?

미분화와의 관계 속에서 강도는 미분비rapport différentiel들을 제공받는다. 이념은 놀이에 의해 창조적인 역량을 분배 받으면서 비율적 형식인 미분비를 가진다. 미분비는 강도에게 비율적 형식을 준다. 이를 역으로 생각해보면 강도 자체는 형식을 만들어 낼수 있는 창조적 역량을 결여한다고 간주된다는 점을 알 수 있다. 강도는 역동적인 힘이다. 그러나 강도에 부여되는 운동은 잠재성에서 현실성으로 나아가는 수직적인 운동뿐이다. 강도는 새로운 형식들을 창조할 역량들을 갖지 못하기에 이념에 의존하는 것으로 나타난다. 이는 전통적인 형상-질료 도식을 상기시킨다. 형상-질료 도식의 전제는 질료는 독자적인 종합 능력을 갖지 못하기에, 질료만으로는 구분되지 않는 거대한 뭉텅이 혹은 아무것도 분별할 수 없는 카오스만이 존재할 뿐이라는 것이다. 따라서 형상이 요청된다. 이와 유사하게 강도는 이념에 의존하는 것으로 나타난다. 강도는 오직 주어진 형식들을 전달하기만 하는 운반책으로서만 드러난다. 역량과 형식들을 미분화 과정에서 분화 과정으로 운반한 후에 강도는 자살하듯이 자신을 소멸시키고 숨겨진다. 강도는 자신을 소멸시키면서 미분비들을 분화의 과정으로 전달한다. 미분비들을 통해 질과 연장을 창조하는 역할을 맡는 것은 강도의 개체화 과정이 아니라 분화의 과정이다. 강도는 형상적이지 않은 시공간적인 변별화를 행하는데 그친다.

그러나 왜 발생에 서로 구분되는 강도와 이념이라는 두 요소를 도입해야 하는지는 의문스럽다. 두 요소가 서로 분리되어야할 필연적인 이유가 있는가? 예를 들어 이념이 자기 소멸을 통한 미분비의 전달이라는 강도적 역할을 떠맡던지, 강도가 미분화와 놀이라는 이념적 역할을 떠맡는 체계를 상상해볼 수 있다. 들뢰즈는 강도와 이념에 엄밀한 경계를 놓는다. 들뢰즈는 창조의 놀이를 신적인 것마저 넘어서는 존재에게 투사했다. 그런데 이 존재는 이념적 층위에 아래에 위치한다. 창조는 우리의 일이 아니게 된다. 따라서 강도와 강도 안에 있는 현실적인 존재자들, 즉 '우리'는 창조의 역량에서 소외된다. '우리'는 무능력하기에 존재의 운동에 자신을 맡겨야 한다. 그러나 존재의 운동은 신조차도 다가갈 수 없는 운동이다. 따라서 우리에게는 그 운동이 불가능하다. 따라서 들뢰즈는 실현불가능하지만 실현해야만 하는 역설을 원리로 제시할 뿐이다. 이러한 지향점은 실천에 있어서 우리를 어떤 벼랑으로 몰아붙인다. 우리는 역설을 실현하기 위한 어떤 능동적인 방법도 발견할 수 없다. 따라서 우리는 금욕주의와 무기력에 빠진다. 우리의 지향점은 잃어버린 대상, 즉 본성상 결코 달성할 수 없는 무언가로 제시될 뿐이다. 이러한 사태는 들뢰즈가 벗어나려고 했던 사유의 오이디푸스와 신학 아닐까? 우리가 도달해야할 곳을 결코 도달할 수 없는 잃어버린 낙원으로 제시하는 일. 우리를 스스로 무능력하게 하고 무기력한 좌절에 빠뜨리는 일.

물론 우리는 『차이와 반복』의 강도 안에서도 종합의 가능성을 발견할 수 있다. 개체는 세계 전체 위에 있으며 개체화를 통해서 스스로 자신 고유의 관점들을 설립해 나갈 수 있다. 이러한 과정에 미분화의 비율들이 전제되어야만 하는가? 미분화가 없이는 강도들이 아무것도 형성하지 못한다고 생각해야 하는 이유는 없어 보인다. 강도적인 영원회귀는 강도에 내재적인 종합원리를 보여준다. 영원회귀 안에서의 선별을 통해 항상 무언가가 창조된다. 영원회귀는 창조적 역량을 결여하고 있지 않다. 또한 우리는 영원회귀를 통한 형식의 창조 역시도 상상해 볼 수 있다. 영원회귀는 우리와 무관한 신과 존재의 놀이가 아니다. 영원회귀는 우리와 함께 한다. 영원회귀는 강도 안에 있으며 현실적 존재자인 '우리'도 강도 안에 있기 때문이다. 『안티 오이디푸스』의 들뢰즈는 물체 속에 종합을 부여하면서 역량과 '우리'의 분리라는 난관을 극복해 나간다. 물질 속의 기계들은 연결하고 등록하고 소비하면서 내재적으로 종합한다. 우리는 더 이상 창조를 위해 역설과 잃어버린 장소라는 초월적인 원리를 필요로 하지 않는다. '우리'는 내재적으로 차이를 만들줄 안다. 욕망들은 스스로 자신의 과정을 진행해 나간다. 우리가 부모라는 잃어버린 기원을 찾는 오이디푸스적인 아이로 전락하지 않는 한 말이다. 다만 이러한 전환에 이르기 전에 들뢰즈는 극단적인 추락을 거친다. 『의미의 논리』의 들뢰즈는 물질을 격하하고 비물체적 표면을 드높인다. 그러나 표면은 오이디푸스의 승리를 외친다. 동적발생은 우리가 오이디푸스를 거쳐야만 표면을 설립할 수 있다는 것을 보여준다. 그러나 우리는 표면을 거부할 수 없다. 왜냐하면 심층의 물체에 대한 두려움이 우리를 압도하기 때문이다. 우리는 표면과 심층 사이의 양자택일 앞에 놓인다. 『안티 오이디푸스』로 나아가기에 앞서서 우리는 『의미의 논리』를 살필 것이다.

2장
의미의 논리

구도

우리는 『차이와 반복』에서 잠재적인 것과 현실적인 것의 이분 구도가 나타나는 것을 보았다. 재현적인 경험의 영역과 그것의 근거인 초월론적 장. 우리는 시간의 근거를 물어가면서 재현에서 출발해 근거인 초월론적 장을 연역했다. 초월론적 장의 구성요소는 이념이다. 이념과 강도를 거쳐 우리는 다시 질과 연장으로 이루어진 경험적 세계의 발생을 밝혔다. 『차이와 반복』의 이분 구도와 달리 『의미의 논리』에서는 삼분 구도가 나타난다. 재현적 세계인 높이가 있고. 의미의 장소인 표면이 있으며. 물질적 카오스인 심층이 있다. 『의미의 논리』에서 중심이 되는 장소는 표면이다. 표면은 물질적인 심층과 비물질적인 재현-의식적 세계의 사이의 경계선이다.

우리의 의식은 언어를 통한 의미작용들을 갖는다. 우리는 의식 속에서 어떤 것을 지시하고, 머릿속에 떠올리며, 다른 사물들과 관계 짓는다. 예를 들어서 우리는 눈앞의 책을 가리키면서 마음속에 책의 이미지를 그려낼 수 있다. 그리고 '책이 책상 위에 있다'나 '책은 공부를 위해 필요하다'와 같이 책을 다른 사물과 관계 지을 수 있다. 지시·현시·기호작용의 활동들은 명제적인 층위에 위치한다. 그러나 이 활동들이 가능한 근거는 어디에 있는가? 『의미의 논리』에서 들뢰즈는 모든 것들이 뒤섞여 버리기에 서로 구분되지 않는 심층 속의 카오스에서 출발한다. 어떻게 카오스 속에 빠지지 않고 의미작용은 가질 수 있는가? 카오스로부터 의미작용을 분리해 줄 표면이 존재하기 때문이다. 표면은 모든 의미작용을 가능하게 해주는 의미의 장소이다. 경험적인 의미작용들은 자신 안에 자신의 근거를 지니지 못한다. 따라서 더 낮은 층위에서 자신의 근거를 발견해야 한다. 우리는 동일한 사태를 경험적인 시간의 근거를 찾아 초월론적인 층위로 나아가는 『차이와 반복』 2장의 역행적인 분석에서 발견했다. 역행적인 분석을 통해 『차이와 반복』에서는 이념들이 거주하는 초월론적 장이 발견된다면 『의미의 논리』에서는 의미의 표면이 발견된다.

『의미의 논리』에서는 두 가지 발생이 기술된다. 두 발생은 정적 발생과 동적 발생이다. 우리는 의미작용에서 출발해 역행적인 분석을 통해 의미의 표면을 발견한다. 정적 발생은 표면에서 재현으로 나아간다. 표면의 특이성들은 발생 과정을 통해서 객관적인 세계와 이에 상응하는 명제들을 발생시킨다. 정적 발생은 표면에서 출발한다. 그러나 표면 자체가 어떻게 구성되는가는 다른 문제이다. 정적 발생이 표면의 자기발생을 규명하지는 않기 때문이다. 따라서 우리는 표면 자체의 발생을 설명해야 한다. 들뢰즈는 동적 발생 과정에서 물체적 심층으로부터 표면의 건립을 추적한다. 동적 발생은 심층에서 표면으로 나아간다. 표면의 아래에는 물체적 심층이 있다. 물체적 심층 속에서는 물체들의 맹목적인 능동과 수동만이 존재한다. 따라서 아무것도 분별 가능하지 않다. 동적 발생은 물질로부터 표면의 발생을 설명한다. 형성된 표면은 의식작용의 세계와 심층의 세계를 분리해주면서 의미의 근거가 된다.

『차이와 반복』과 『의미의 논리』의 구도상의 차이

『차이와 반복』의 이분 구도와 『의미의 논리』의 삼분 구도의 어떤 차이를 갖는가? 우리는 두 구도 사이의 차이를 확인하기 위해서는 우선 두 구도 사이의 유사성을 규명해야 한다. 재현적 세계는 『차이와 반복』과 『의미의 논리』에서 공통적으로 모두 분석의 출발점이자 발생의 최종결과이다. 『차이와 반복』에서는 재현적 경험에서 이념으로 나아간 후 다시 이념에서 재현적 세계의 발생을 설명한다.

마찬가지로 『의미의 논리』는 재현적 의미작용에서 표면으로 나아간 후 다시 표면에서 정적 발생을 통해 재현-명제적 세계로 돌아온다. 『차이와 반복』의 이념은 『의미의 논리』의 표면에 상응한다. 이념의 미분화 과정과 표면의 정적 발생은 재현적 세계의 근거가 된다. 이념과 표면 모두 비물질적이다. 두 저서에서 상이한 위치를 갖는 것은 물질이다. 『차이와 반복』과 『의미의 논리』에서 물질적 위상을 갖는 요소는 각각 강도와 심층이다. 강도는 이념과 재현을 연결해 준다. 따라서 강도는 이념과 재현 사이에 있다. 그러나 심층은 표면과 높이 사이에 있지 않다. 심층은 표면 아래에 위치한다.

물질적 요소의 위치 변화는 무엇을 의미하는가? 이념은 강도를 통해서만 재현을 발생시킬 수 있다. 그러나 표면은 심층을 통하지 않고도 재현을 발생시킨다. 물론 어떤 의미에서 심층도 재현의 근거가 된다. 표면은 높이와 심층 사이에서만 존재할 수 있기 때문이다. 심층이 없다면 표면도 존재할 수 없기에 표면의 정적 발생에 심층이 전제되는 것은 사실이다. 그러나 강도가 자신의 소멸과 전개라는 비대칭적 종합을 통해 재현의 발생에 적극적인 역할을 맡는 데 비해, 심층은 정적 발생의 소극적인 근거일 뿐이다. 표면의 독립성은 심층을 배제한다. 따라서 표면의 과정에 심층은 외재적이다. 강도와 이념은 서로 협력하면서 재현을 발생시킨다. 그러나 심층은 오히려 표면을 위협하는 것으로 제시된다. 조 휴즈는 동적 발생을 잠재적인 주체가 심층에서 탈출하는 과정으로 이해할 수 있다고 주장한다.[130] 심층에 거주하는 잠재적인 주체는 심층의 무의미하고 공격적인 카오스로부터 탈출하여 표면을 건립한 후에야 비로소 의미의 장소에 도착한다. 심층과 표면은 대립한다. 동적 발생은 물체로부터 비물체적인 표면의 구축, 심층으로부터 탈출이라는 주제를 갖는다.

강도와 심층의 차이는 물체의 위상변화를 드러낸다. 강도는 즉자적 차이다. 강도는 비대칭적인 종합을 통해서 질과 연장을 발생시키면서 자신 안에 차이를 봉인한다. 따라서 질과 연장 속에 있는 물질적인 존재자는 그 안에 차이를 간직하고 있다. 봉인된 차이는 물질 속에 영원회귀의 역량을 보증한다. 따라서 물질은 차이를 만들어 내는 운동에 참여한다. 이념으로부터 미분화의 역량을 제공받는다는 조건 아래서 강도는 현실 안에서 일어나는 차이의 운동의 주인공이다. 그러나 심층에서 물질은 모든 긍정적인 역량을 박탈당한다. 심층은 무의미하고 공격적이다. 따라서 심층은 주체가 탈출해야 하는 부정적인 장소이다. 물질의 능동과 수동이라는 힘의 작용은 무언가를 생산하기보다는 주체를 괴롭힐 뿐이다. 더 이상 물질은 우리에게 창조의 역량을 가져다주지 않는다. 오히려 물질은 '우리'와 대립하는 것으로 나타난다. 선별은 '우리'가 추구해야 할 기준을 제시한다. 플라톤적 기준이 이데아라면 『차이와 반복』

---

130)　조 휴즈의 『Deleuze and the Genesis of Representation』 p27-32 참조.

의 기준은 이념과 강도이며 『의미의 논리』의 기준은 표면이다. 『의미에 논리』에서 물질은 더 이상 추구되지 않는다. 우리는 물질로부터 벗어나서 표면에 부합할 수 있도록 노력해야 한다. 물질은 표면을 향해 벗어나야 하는 장소라는 부정적인 가치만을 지닐 뿐이다.

그러나 물질을 벗어나 표면으로 가는 데는 대가가 따른다. 표면으로 가기 위해 우리는 오이디푸스화 되어야 한다. 표면의 발생은 오이디푸스적 이야기이다. 주체가 표면으로 나아가기 위해서는 잃어버린 대상을 내면화한 후에 오이디푸스적인 부모의 이미지를 확립해야 하며 거세되어야 한다. 물론 들뢰즈는 독특한 방식으로 정신분석학적 개념들을 사용한다. 따라서 일반적인 정신분석 이론과 들뢰즈의 동적 발생이 차이를 갖는 것은 사실이다. 그러나 들뢰즈가 정신분석학의 요소를 받아들인다는 점이 더 중요하다. 핵심적인 요소는 역설이다. 역설은 잃어버린 대상이라는 표현을 통해 이해할 수 있다. 역설은 부재하는 대상을 추구하는 운동을 발생시킨다. 잃어버린 대상은 끊임없이 현실의 우리가 무언가가 잃어버렸기에 결핍되어 있다고 주장한다. 이러한 잃어버린 대상이 동적 발생의 핵심원리로 제시된다.[131] 주체는 심층으로부터 벗어나기 위해

---

131) 우리는 뒤에서 이에 대해 구체적으로 살펴볼 것이다. 따라서 여기서는 간략히 제시하도록 하겠다. 첫 번째로 우리는 아버지를 잃어버린 대상으로 발견하면서 상층의 우울증적 위치를 설립한다. 두 번째로 팔루스는 부분적 표면의 접속의 역할을 담당한다. 이때 팔루스는 부재하는 대상이라는 특성을 바탕으로 한다. 세 번째로 거세는 물리적 표면과 비물체적 표면으로의 변환이 있다. 이는 거세를 통해 이루어지는데 거세란 잃어버린 대상을 다른 대상으로 승화한다는 것을 원리로 한다.

잃어버린 대상을 내면화할 것을 요구받는다. 주체는 물체 속에서 어떤 결핍을 발견하고 그 결핍을 승화시킬 때 표면에 도달할 수 있다. 역설적인 과정을 통해 도달한 표면 자체도 역설적인 장소이다. 우리는 의식과 물질 속에서 표면을 결코 발견할 수 없다. 그럼에도 표면은 발견되어야만 한다. 강도는 자신을 소멸하는 과정 속에서도 깊은 곳에 차이를 봉인한다. 따라서 '우리'는 낮은 수준의 강도에 위치할 때에도 더 깊은 곳에서 순수 강도와 접속되어 있다. 그러나 심층은 결핍이라는 원리만을 보여준다. 『의미의 논리』에서 물질은 더 이상 '우리'의 선별기준으로 추구되지 않는다. 『차이와 반복』에서 재현의 세계만이 부정된다면, 『의미의 논리』에서는 재현적 세계와 함께 물질적 세계도 부정된다. 따라서 '우리'의 선별기준은 점점 더 까다로워진다. 표면은 재현뿐만 아니라 물질도 거부한다. 표면은 재현과 물질 사이의 잃어버린 장소가 되어 버린다. 오로지 표면은 균열로 제시될 뿐이다. 따라서 '우리' 역시도 균열되면서만 표면을 따를 수 있다. 균열의 추구는 고통과 죽음의 추구라는 금욕주의적인 양상을 띠게 된다. 표면은 물체를 부정했기에 '우리' 역시도 육체를 부정하기를 요구받는다. 표면이라는 기준은 우리에게 고행을 요구한다. 다음과 같은 구절이 고행의 성격을 잘 보여준다.

"지혜와 품위를 추구할 때, 추상적인 사상가에게 무엇이 남을 것인가? 가장자리에 머묾으로써 언제나 부스케의 상처에

대해, 피츠제널드와 로리의 알코올 중독에 대해, 니체와 아르

토의 광기에 대해 말하는 것? 이 한담들의 전문가가 되는 것?

단지 충격을 받은 사람들이 너무 추락하지 않기만을 바라는

것? 의연금을 모으고 특별호를 제작하는 것? 그렇지 않다면,

스스로 거기에 나아가 약간을 보고, 약간 알코올 중독자가, 약

간 미친 사람이, 소심한 자살 충동자가, 적당한 전사가 되는 것

(충분히 균열로 나아가지만 결코 치유될 수 없을 정도로 나아가지는 않

는 것)? 가는 곳마다, 모든 것은 슬퍼 보인다. 사실, 가장자리에

머물지 않고 어떻게 표면에 남겠는가? 표면을, 그리고 언어와

삶을 포함해 표면의 모든 조직화를 구함으로써, 어떻게 구제받

을 것인가? 어떻게 이 정치학, 이 완전한 게릴라에 도달할 것인

가(여전히 스토아주의를 받아들임으로써)?"(『의미의 논리』, p272)

왜 표면은 균열로 나타나는가? 의식뿐만 아니라 물체로부터 단

절하면서 협소한 장소만을 지니게 되었기 때문이다. 『차이와 반복』

이 비물체적인 이념과 물체적인 강도를 통해 우리의 윤리적인 기

준을 제시했다면 『의미의 논리』는 물체의 역량을 박탈하고 비물체

적인 표면만을 기준으로 제시한다. 그러나 육체를 가진 우리에게

비물체적인 표면은 극한으로 다가온다. 육체적이지만 극한에 이르

기까지 비물체적인 것을 추구해야 한다는 역설은 우리에게 파괴와

균열을 가져온다. 들뢰즈는 표면 속에서의 구제를 묻는다. 그러나

우리는 『의미의 논리』에서 구제를 발견할 수 없다. 들뢰즈는 알코올과 약물이라는 자기파괴적인 해결책만을 제시할 뿐이다. 그조차도 해결책들은 잠시 스쳐가면서 제시될 뿐이다. 들뢰즈는 물질적인 의존을 피하면서도 그와 같은 효과를 볼 희망만을 찾는다.[132] 그러나 희망을 표하는데 불과할 뿐 구체적인 방안은 제시되지 않는다. 사실상 『의미의 논리』에서 문제는 해결되지 않는다. 비물체적인 표면 속에서 우리를 구제받을 수 없어 보인다.

해결책은 무엇인가? 들뢰즈는 재현을 떠나서 비물체적인 층위(이념·표면)와 물체적인 층위(강도·심층)를 발견했다. 그러나 물체적인 층위를 버리고 비물체적인 표면만을 추구한 길에서는 실천적인 파국을 맞이했다. 따라서 다음은 물체적인 길을 모색할 차례 아닐까? 『의미의 논리』의 들뢰즈가 비물체적인 요소(표면)에서 우리의 기준을 제시[133]하고자 했다면 『안티 오이디푸스』의 들뢰즈는 물체적인 요소(욕망)에서 우리의 기준을 제시하고자 한다.

왜 『의미의 논리』의 들뢰즈는 물체적인 심층보다는 비물체적인 표면을 택했을까? 이는 물체가 종합의 능력을 결여한다는 직관에

---

132) LS, 277. "우리는 약물이나 술의 효과들(이것들의 '계시')이, 만일 이 물질들의 사용을 결정하는 사회적 소외의 기법들이 혁명적인 탐구를 통해서 전복된다면, 이 사용과는 독립적으로 세계의 표면에서 그 자체로서 다시 체험되고 다시 복구될 수 있으리라는 희망을 버릴 수 없다."

133) LS, 276, []괄호는 필자 추가. "왜 건강으로 만족할 수 없는가? 라고, 왜 [표면의] 균열이 필요한가? 라고 묻는다면, 아마도 균열에 의해서만 그 가장자리들 위에서 사유할 수 있기 때문이라고, 인류의 역사에서 선하고 위대했던 모든 것은 스스로를 파괴할 준비가 되어 있는 사람들에게서, 균열에 의해서 나오고 들어가기 때문이라고, 우리가 제공받는 것은 건강보다는 죽음이기 때문이라고 대답해야 할 것이다."

서 기인한다. 『의미의 논리』에서 들뢰즈는 아직 물질의 고유한 종합을 발견하지 못했다. 그렇기에 그는 심층이 표면을 부서트리는 것을 두려워한다.[134] 『의미의 논리』 고유의 공포는 물체가 올라와서 모든 것을 부서뜨려 버려 아무것도 구별 불가능하게 되는 일이다. 『차이와 반복』의 들뢰즈는 강도가 형식들을 종합하는 능력을 결여한다고 생각한다. 따라서 강도는 형식들을 비물체적 이념의 미분화로부터 제공받아야 한다. 『의미의 논리』의 들뢰즈는 물체 속에서 카오스만을 본다. 따라서 심층은 역설이라는 비물체적인 요소를 종합을 원리로 가져야 한다. 『안티 오이디푸스』의 과제는 물체의 독자적인 종합을 제시하는 일이다. 그러나 『안티 오이디푸스』로 나아가기에 앞서서 우리는 『의미의 논리』의 발생들을 좀 더 자세히 검토할 것이다.

---

134) LS, 167. "표면만큼 연약한 것은 없다. 이차적인 조직화는 제버워키만큼이나 강력한 한 괴물에 의해, 즉 무의미에 의해 즉 모습도 없고, 바닥도 없는, 그리고 앞에서 의미에 여전히 내재하는 두 모양새들로 보았던 것들과는 다른 무의미에 의해서 위협 당하고 있는 것은 아닌가? 위협이 처음부터 드러나지는 않는다. 그러나 몇 발자국만 나아가면 균열이 커졌다는 것, 표면의 모든 조직화가 이미 사라졌으며 무서운 일차적 질서 안에서 흔들리고 있다는 것을 알게 된다. 무의미는 더 이상 의미를 제공하지 않으며, 모든 것을 먹어치운다." LS 229, "표면이 파열과 흠에 의해 찢어질 때, 물체들은 그들의 심층으로 다시 떨어지며, 모든 것은 익명적 맥동 내에 다시 떨어진다. 그리고 여기에서 말들 자체는 이제 물체의 정동 작용들로 그치게 된다."

A. 역행적인 분석: 의미작용에서 의미로

의미작용의 불충분성

들뢰즈는 『의미의 논리』에서 의미작용으로부터 의미의 층위를 추적한다. 우리가 일상에서 명제적인 형식을 통해 의미에 접근한다. 따라서 들뢰즈는 명제에 대한 분석에서부터 논의를 출발한다. 그리고 명제에 대한 분석을 통해 더 근본적인 의미의 층위로 나아간다. 우리는 명제·의미작용에서 근거인 의미의 층위로 향하는 역행적인 분석을 발견할 수 있다.

들뢰즈는 "명제가 세 가지 상이한 관계를 내포"(LS, 62)한다고 말한다. 세 관계는 지시désignation, 현시manifestation, 기호작용 signification이다. 첫째로 지시는 "명제와 사태 사이의 관계"로서 "사물들, 사물들의 혼합물들, 질들, 양들, 관계들"(LS, 62)을 지칭함으로써 사태들을 개별화 시킨다. 두 번째로 현시는 "명제와 그것을 말하고 표현하는 주체를 연결"(LS, 64) 시킨다. 현시작용에 따라 통해서 주체의 욕구와 신념들이 명제적인 형식으로 드러난다. 마지막으로 기호작용은 명제가 보편적인 개념들과 맺는 관계를 드러낸다. 예를 들어서 '검은 고양이가 탁자 위에 있다'라는 명제가 있다면 지시 작용은 객관적으로 검은 고양이가 탁자 위에 있는 사태를 가리킨다. 그리고 현시 작용은 각각의 인간이 검은 고양이를 상상하고 떠올리고 욕망하는 등의 행위에 관련한다. 그리고 기호 작용은 '검다', '고양이', '탁자', '위', '있다' 등의 개념이 어떤 질서 속에서 체계를 형성하는 것에 관계된다.

그렇다면 우리는 명제의 근거를 지시, 현시, 기호작용이라는 세 가지 관계 속에서 찾을 수 있는가? 세 관계 중에서 다른 관계를 정초하는 기초를 찾아낼 수 있는가? 들뢰즈의 답은 그렇지 않다는 것이다. 세 관계는 서로 순환하기 때문이다. 들뢰즈는 '나'를 정초해 주는 현시 작용이 지시 작용에 근거가 되어야 한다고 말한다. 왜냐하면 인식하는 '나'가 우선 정립되어야만 무엇인가를 지시할 수 있기 때문이다. 현시 작용을 통해서 정립된 '나'는 기호 작용 역시도 가능하게 해준다. 우리가 보편성을 말하기 위해서는 동일성을 보증하는 '나'라는 형식이 우선해야 하기 때문이다. '나'가 동일성을 가지지 않는다면 우리는 어떤 개념도 가질 수 없을 것이다.

하지만 들뢰즈는 다른 측면에서는 현시 작용이 우선하지 않는다고 말한다. 예를 들어서 기호 작용의 측면에서 접근한다면 현시 작용의 상관항인 주체와 지시 작용의 상관항인 사태에 앞서서 랑그가, 다시 말해 기표로서의 개념들이 맺는 체계가 먼저 존재하고 있다. 개념의 질서를 통해서 비로소 주체는 욕구 속에서 의무의 질서를 형성할 수 있게 되고 신념 속에서 추론의 질서를 형성할 수 있게 된다.

또한 다른 측면에서 지시 작용의 우선성 역시도 말할 수 있다. 우리는 개념과 무관한 사태를 지시할 수 있기 때문이다. 따라서 우리는 사태가 그것을 인식하는 주체나 그것들의 개념보다도 앞선다고 주장할 수도 있다. 결국 들뢰즈가 말하고자 하는 바는 명제의 발생적 근거는 세 가지 작용 속에서는 찾을 수 없다는 것이다. 다시 말해서 지시, 현시, 기호 작용은 명제의 세 가지 양태일 뿐이지 명제가 발생하는 원인이 아니다. 그렇다면 명제의 세 가지 양태인 지시·현시·기호 작용은 어디서부터 발생하는가? 이것이 들뢰즈가 『의미의 논리』에서 던지는 발생의 문제이다.

의미의 차원

들뢰즈는 세 가지 차원들을 넘어서 새로운 차원으로 넘어갈 것을 제안한다. 세 가지 명제적 양태들은 순환하기 때문에 명제의 진정한 원인이 될 수 없기 때문이다. 양태의 수준에서 접근해서는 발생의 문제를 해명할 수 없다. 우리는 순환에서 벗어나서 네 번째 차원으로 넘어가야 한다. 의미란 네 번째 차원에 관련한다. 따라서 의미는 지시·현시·기호 작용과 다른 차원에서 말해진다. 의미의 차원은 세 가지 작용에 선행한다. 지시·현시·기호작용을 벗어난 의미란 무엇인가? 들뢰즈에 따르면 "의미는 명제에 있어서 표현된 것"이며 "그것은 사물들의 표면에 존재하는 비물체적인 것이며, 환원 불가능한 복합적 존재이며, 명제 속에 내속하거나 존속하는 순수한 사건"(LS, 74)이다. 놀랍게도 들뢰즈는 "의미와 관련해 우리는 그것이 존재한다고 말할 수조차" 없다고 주장한다. 왜냐하면 "그것은 사물들 속에도 정신 속에 존재하는 것도 아니며, 나아가 물리적 존재인 것도 정신적 존재인 것도 아니기"(LS, 75) 때문이다. 물리적인 존재란 명제에 상응하는 물리적 사태를 의미하며 정신적인 존재란 우리의 마음속에 일어나는 표상들을 의미한다. 의미는 이 두 존재로 환원되지 않는다. 의미는 객관과 주관으로 환원할 수 없다. 따라서 의미에 대해 말하는 것이 가능하기나 한 지 물을 수 있다. 객관과 주관에서 찾을 수 없다면, 또 물리적 사태와 정신적 표상 속에서 찾을 수 없다면 의미에 대해 우리는 무엇을 말할 수 있는가?

들뢰즈가 의미의 층위를 요구하는 이유는 지시·현시·기호 작용이 이루는 원환은 명제의 최종적인 근거가 될 수 없기 때문이다. 따라서 우리는 "명제의 일상적인 차원들(지시, 현시, 기호 작용)이 우리를 이끌어가는 원환에서 출발해 간접적으로만 의미를 추론"(LS, 75)해야 한다. 우리는 논리적인 차원에서 상위의 근거를 도입해야 한다. 추론의 당위성은 '모든 것에는 원인이 있다'는 충족이유율에서 나온다. 어떤 것의 원인이 된다는 것은 그것의 발생의 근거가 된다는 뜻이다.[135] 지시·현시·기호 작용 역시도 존재하는 작용이

---

135) 제임스 윌리엄스는 『들뢰즈의 차이와 반복 해설과 비판』에서 『차이와 반복』의 들뢰즈의 방법은 라이프니츠와 스피노자의 방법에 관련시킨다. "들뢰즈는 이유율(라이프니츠)에 따라 완전성을 추구하려고 하고, 사물 그 자체에 대한 충만한 이해보다는 주어진 사물의 조건에 대한 충만한 이해에 우선권을 줌으로써(스피노자의 종합의 방법) 이해를 추구하려고 한다."(84) 그는 들뢰즈의 방법을 선험적 연역으로 정의한다. 선험적 연역은 "필요한 조건이 무엇인지를 물으면서 외관의 형태를 연역"(82)하는 논증이다. 우리는 『의미에 논리』에서도 의미작용의 조건들을 물어가는 선험적 연역을 발견한다.

다. 따라서 작용들에 작용들을 발생시키는 원인이 있을 것이다. 따라서 우리는 발생적 관계를 추적하면서 세 작용의 근거가 되는 새로운 층위를 발견할 수 있다. 새로운 차원은 명제의 네 번째 차원, 다시 말해 의미의 층위이다.

의미의 층위

의미의 층위는 우리의 일상적인 경험에서는 체험되지 않는다.[136] 하지만 우리는 선험적 연역[137]transcendental deduction에 따라서 일상적인 경험의 조건을, 다시 말해 재현의 세계의 근거를 추론해 볼 수 있다. 의미는 지시·현시·기호작용에 의거하는 일상적인 경험을 발생시킨다. 우리의 일상적인 경험은 동일성을 가진 '나'라는 인물에 의존하며 재현이라는 형식을 갖는다. 따라서 재현이 어떻게 발생하는지를 추적하면서 우리는 의미의 층위에 접근할 수 있다.

---

136) 특정 조건에서 우리는 의미의 층위까지 내려간다고 주장할 수 있다. 얀 소바나르그는 『들뢰즈, 초월론적 경험론』에서 『차이와 반복』에 대한 독해를 기반으로 초월론적 경험을 제시한다. 초월론적 경험은 우리의 인식능력이 어떤 한계에 부딪혔을 때 발생한다. 한계 속에서 인식능력들 간의 일치는 해체된다. 이에 따라 우리는 재현의 세계보다 아래로 향하며 그 속에서 강도를 직접적으로 체험한다. 위의 지시·현시·기호 작용은 인식능력의 조화 속에서 형성된 우리의 일상적인 경험을 구성한다. 따라서 조화에서 풀려난 경험은 의미의 층위를 직접적으로 경험하는 것이 가능할 것이다.
137) 제임스 윌리엄스에 대한 위의 각주 참조. 필요한 조건들을 물어가는 작업이 선험적 연역이다.

우리는 보통 마음속의 이미지들이 외부의 물체로부터 발생한다고 생각한다. 예를 들어서 '개'의 이미지는 외부의 '개'라는 물체로부터 발생한다고 생각한다. 그러나 들뢰즈의 물체 개념은 마음 속의 이미지와 외부의 물체 사이의 대응을 전제하지 않는다. '개'라는 표상은 다른 표상들과 구분되어 있다. 그러나 '개'의 표상을 불러일으키는 물체는 다른 물체들과 구분되지 않는다. 의식 안에서 '개'의 표상과 '고양이'의 표상은 구분되지만 물체의 수준에서는 구분되어 있지 않다. 물체 자체가 표상적인 구분을 따르지 않는다면 의식 속의 표상적 구분의 왜 생기는가? 이러한 문제에 따라 들뢰즈는 심층의 물체에서 재현적인 경험이 발생하게 되는 과정을 설명해야 한다. 재현적(표상적) 경험의 발생은 칸트의 『순수이성비판』의 감성론과 분석론의 주제를 이룬다. 따라서 들뢰즈와 칸트를 비교하는 일을 통해 들뢰즈의 철학은 명료화시킬 수 있을 것이다. 따라서 본고는 들뢰즈의 정적 발생과 동적 발생을 살피기에 들뢰즈와 칸트를 넓은 관점에서 비교해보려고 한다.

칸트와 들뢰즈-재현의 발생

『의미의 논리』에서 들뢰즈는 발생을 두 가지로 구분한다. 동적 발생은 심층에서의 물체들의 능동과 수동으로부터 출발한다. 심층은 분화되지 않은 심연이다. 따라서 구분이 행해지지 않은 거대한 덩어리이다. 모든 재현들은 이로부터 출발한다. 그러나 동적 발생만으로는 충분하지 않다. 동적 발생은 왜 재현들이 특정한 형식으로만 나타나는지를 설명해주지 못하기 때문이다. 따라서 형식들을 말하기 정적 발생이 요구된다.

우리는 들뢰즈의 발생들을 칸트적 구도와 비교할 수 있다. 심층은 물자체의 영역과 유사하다. 그러나 들뢰즈는 심층을 설명하려고 하는데 비해서 『순수이성비판』의 칸트는 물자체의 영역을 미지의 것으로 남겨둔다. 따라서 심층과 물자체의 영역을 직접적으로 비교하는 일은 불가능하다. 재현의 발생이라는 측면에서 정적 발생과 칸트의 직관-범주는 비교될 수 있다. 정적 발생과 직관-범주 모두 왜 표상(재현)이 우리에게 특정방식으로만 나타나는가에 대한 설명이기 때문이다.

칸트에서 감성적 직관의 형식, 지성의 범주의 형식, 초월론적인 통각은 물자체의 촉발이 특정한 방식으로 나타나는 원인이다. 물자체의 세계와 재현적 세계 사이에 칸트는 인식능력들의 형식을 위치시킨다. 위상학적으로 볼 때 들뢰즈의 표면은 칸트의 인식능력들의 형식에 상응한다. 들뢰즈의 표면과 칸트의 형식들은 물체와 재현 사이에 놓인 원리이다. 들뢰즈는 경험의 근거가 되는 초월론적 장이라는 칸트적인 구도를 받아들인다. 그러나 들뢰즈는 칸트가 초월론적 장의 선험적 형식을 우리의 일상적인 경험으로부터 유추한다는 점을 비판한다.[138] 칸트는 정상적이고 일상적인 경험에서 세계가 나타나는 방식이 경험의 유일한 형식이라고 보았다. 따라서 칸트는 그 형식으로부터 주관의 범주를 설정한다. 칸트에 의하면 우리의 인식은 공통감에 의해서 필연적으로 알맞게(선하게-bon sens) 주어진다. 그러나 들뢰즈는 우리의 일상적인 경험이 인식의 유일하고 필연적인 형식이 아니라고 주장한다. 칸트는 일반적인 경험으로부터 선험적인 구조를 추적한다. 따라서 선험적인 범주의 정당성은 우리의 일상적인 경험에 있다. 일상적인 경험을 잘 설명해준다는 점에서 선험적인 범주는 정당화된다. 그러나 들뢰즈는 경험으로부터 선험적 구조를 유추한 칸트를 비판한다. 따라서 들뢰즈는 경험이 아닌 다른 원리를 근거로 자신의 초월론적 장을 정당화해야 한다. 들뢰즈는 우리의 일반적인 경험의 형식을 필연적이라고 받아들이지 않는다. 그러므로 이 형식이 어떤 방식으로 발생하게 되었는지 밝혀야 한다. 초월론적인 장은 어디로부터 생산되는가? 분화되지 않은 심층에서 초월론적인 장인 표면이 생산된다. 이 과정이 동적 발생이다. 칸트가 물자체의 영역과 인식능력들의 형식을 분리했다면, 들뢰즈의 물체와 표면은 발생적 관계를 맺는다.

칸트에 대한 들뢰즈의 비판이 칸트가 초월론적인 장의 발생을 설

---

138) LS, 186. "칸트와 후설은 상식/공통 감각의 형식을 탈피하지 못한 것이다. (……) '시원적인/본원적인' 것으로서 제시된 사유의 이미지 안에서 단지 경험적일 뿐인 실행을 선험적인 차원으로 상승시키는데 만족했던 것이 아닐까?"

명하지 않는다는 점에만 있는 것은 아니다. 초월론적 장의 과정 자체에 대해서도 들뢰즈는 칸트와 의견을 달리한다. 칸트는 시공간의 형식을 통해 촉발을 받아들이는 감성적 직관과 "시공 속에서 부분들을 산출할 수 있게 하는 포착"과 "후행하는 부분들에 도달함에 따라 선행하는 부분들을 재생할 수 있게 해주는 재생"이라는 상상력의 활동 그리고 "지성의 범주를 통한 대상의 재인식 및 주체의 자기인식"을 초월론적 장의 원리로 제시한다.[139] 그러나 들뢰즈는 칸트의 설명이 가설적이라고 비판한다. 칸트의 과정들은 인식능력들의 일치를 전제한다. 우리의 일반적인 경험은 인식능력들이 조화롭게 기능할 때에 발생한다. 그러나 감성, 지성, 상상력이라는 능력은 서로 다른 본성은 갖는다. 따라서 인식능력들이 조화롭게 기능하는 이유는 설명 돼야한다.

칸트는 공통감각이 능력들의 일치를 보장한다고 주장한다. 공통감각은 인식능력들의 "모든 소통가능성의 주관적 조건"이며 이것 없이는 인식능력들이 "소통될 수 없고 보편성을 가질 수도"(PCK, 50) 없다. 어떤 근거로 공통감각은 능력들의 소통을 보장하는가? 공통감각은 "능력들이 선한 본성을 가지고 있다는 이념, 능력들이 서로 일치할 수 있도록 해주고, 조화로운 균형을 형성하도록 해주는 건전하고 올바른 본성의 이념"(PCK, 51)을 갖기 때문에 능력들

---

139) PCK, p37-39

의 일치를 보장할 수 있다. 그러나 들뢰즈는 능력들이 서로 선한 본성을 가지고 조화롭게 기능한다는 것은 단순 가정이라고 비판한다. 도대체 능력들이 조화를 이루려는 성향을 갖는다고 우리가 믿어야 할 이유가 무엇인가?

들뢰즈는 능력들이 본성적으로 조화를 이루는 이유를 해명하려고 시도하지 않는다. 오히려 들뢰즈는 어떻게 본성적으로는 조화를 이루지 않는 인식능력들이 비록 완벽한 조화 속에서는 아닐지라도 같이 일하게 되는지 묻는다. 우리는 『칸트의 비판철학』에서 인식능력들의 소통에 대한 보편적인 근거는 발견하지 못한다. 우리는 인식능력들이 소통하는 하나의 특수한 사례만을 발견한다. 들뢰즈는 칸트의 숭고에서 가정된 공통감각이 아닌 발생한 공통감각을 발견한다.[140] 상상력이 광대함 혹은 강력함 앞에서 한계에 부딪힐 때 상상력은 스스로의 힘으로는 사태를 해결하지 못하고 이성에게 이 사태를 넘긴다. 이를 통해 폭력이 전달된다. 폭력의 전달로 인해 두 인식능력은 소통하게 된다.[141]

숭고의 경험은 인식능력들 간의 소통이 어떻게 발생되는지를 보여준다. 그러나 숭고의 경험은 하나의 사례일 뿐이다. 숭고가 아닌 다른 경험들도 이와 같은 폭력의 전달로 인해 일어나는지는 밝혀

---

140) PCK, p101 참조.
141) 『차이와 반복』 3장 역시도 폭력의 전달의 사례를 보여준다. 들뢰즈는 플라톤 철학에서 어떻게 감성에서 상상력으로 상상력에서 지성으로 폭력이 전달되는지를 설명한다.

지지 않는다. 들뢰즈는 『칸트의 비판철학』에서 발생된 공통감각의 한 사례를 제시할 뿐 경험 일반에서 어떻게 공통감각이 발생하는 지 규명하지는 않는다. 우리는 경험 일반에 대한 발생이라는 보편적인 수준의 문제로 나아가야 한다.

B. 정적 발생

정적 발생의 구도

정적 발생은 두 가지로 나타난다. 첫 번째는 존재론적 발생이고 두 번째는 논리적 발생이다.[142] 존재론적 발생은 객관적인 세계를 발생시키고 논리적 발생은 명제들을 발생시킨다. 존재론적 발생은 초월론적 표면이 어떻게 경험 일반의 근거가 되는지 밝힌다. 본고의 관심은 경험 일반의 근거를 살피는 일이기 때문에 우리는 존재론적 발생만을 살필 것이다. 칸트의 초월론적 장의 요소들은 감성의 형식과 지성의 범주들, 그리고 둘의 조화이다. 칸트에서 감성과 지성은 경험 일반을 가능하게 한다. 『의미의 논리』의 초월론적 장은 어떤 요소를 갖는가? 초월론적 표면의 요소는 특이성들이다.

---

142) LS, 220. "논리학적 발생에서 존재론적 발생으로 가는 과정에 평행 관계는 존재하지 않는다. 차라리 각종 탈구들과 혼신을 포함하는 관계가 존재한다고 해야 한다."

특이성은 인칭과 개체에 앞선다. 특이성은 개체와 인칭을 발생시킨다. 그리고 특이성들은 개체와 인칭을 거쳐서 우리의 경험 일반을 발생시킨다.

특이성들은 자아 혹은 의식으로부터 추적될 수 없다. 들뢰즈는 칸트의 방식을 거부한다. 그는 "칸트의 방식에 따라 초월론적 장에 '나'라는 인칭적 형태를, 통각의 종합적 통일성을 부여"하지 않는다. 들뢰즈는 현상과 경험을 정초하는 것이 '나'라는 인칭Personne의 주관적 원리 속에 있지 않다고 주장한다. 특이성을 '나' 혹은 의식의 형식을 통해 접근해서는 안 된다. 반대로 인칭이 어떻게 특이성을 통해 발생하는지 밝혀야 한다.

경험을 인칭이 아닌 개체를 통해 파악할 수도 있다. 개체의 경험이란 개체의 무한한 분석적 술어와 같다. 따라서 세계에서 우리가 겪는 사건의 총체가 개체의 경험이 될 것이다. 그러나 특이성은 개체에 앞선다. 개체는 세계를 표현한다. 인칭이 우리의 주관을 대변한다면 개체는 객관적인 세계를 대변한다. 개체는 세계를 자신의 관점으로 표현한다. 표현은 개체의 특수한 관점뿐만 아니라 세계 전체를 표현한다. 따라서 개체는 무한한 분석적 본질을 갖는다.[143] 그러나 특이성은 전-개체적이다. 특이성은 세계와 그 세계를 표현하는 개체들을 발생시킨다.

---

143) LS, p200 참조.

모든 것은 '나'와 관련되거나 세계와 관련되는 것처럼 보이기도 한다. 따라서 누군가는 개체와 인칭 밖에서 우리는 아무것도 발견할 수 없다고 주장한다. 특이성 개념의 반대자들이 "인칭과 개체의 바깥으로 나올 경우, 당신은 아무것도 구분해내지 못할 것이다."(LS, 201)라고 비판할 때 어떤 답변이 가능한가? 우리는 정적 발생을 통해 이를 답변할 수 있다. 정적 발생은 전-개체적이고 비-인칭적인 특이성에서 개체와 인칭이 발생하는 과정을 보여준다.

개체

정적 발생의 첫 단계는 개체이다. 전-개체적 특이성으로부터 개체가 발생한다. 개체는 오로지 세계와의 관계 속에서만 존재할 수 있다. 왜냐하면 세계를 특정한 관점으로 표현하는 것이 개체이기 때문이다.[144] 따라서 개체가 발생하는 것과 세계가 발생하는 것은 동일한 사태이다.

세계는 어떻게 발생하는가? 세계는 선별된 특이점들이 수렴하면서 발생한다. 세계가 형성되면서 세계를 표현하는 개체들도 발생한

---

144) 들뢰즈의 개체 개념은 라이프니츠의 개체 개념과 관련한다. "라이프니츠의 다음 지적은 옳다. 각각의 모나드들은 다른 신체들과 자신의 신체 사이에 성립하는 관계에 따라 하나의 세계를 표현하며, 자기 신체의 부분들 사이에 성립하는 관계에 따라 이 관계 자체를 표현한다. 그래서 개체는 늘 수렴의 원환으로서의 세계 안에 존재하며, 하나의 세계는 그를 점유하거나 채우는 개체들 주위에서만 형성되고 사고될 수 있다."(LS, 205)

다. 들뢰즈는 특이점이 수렴하는 것과 에너지가 높은 수준에서 낮은 층위로 하락하는 것이 같은 사태라고 말한다.[145] 이에 따라 우리는 특이점들의 수렴이 『차이와 반복』의 강도의 종합에 상응한다는 점을 발견한다. 강도는 가장 높은 에너지에 상태에서 낮은 에너지의 상태로 전락하면서 현실화한다. 이 현실화 과정은 개체화 과정이라고 말해진다. 따라서 에너지의 전락이라는 형식과 개체라는 결과에서 특이점들의 수렴과 강도의 종합은 일치한다.

그런데 앞서 우리는 정적 발생은 비물체적이고, 강도의 종합은 물체적이라고 주장했다. 개체화 과정을 근거로 정적 발생 역시도 물체적이라고 말해야 할까? 본고는 『의미의 논리』의 개체화가 비물체적인 과정에 종속된 것으로 나타나기 때문에 정적 발생은 여전히 비물체적이라고 주장한다. 『차이와 반복』의 개체화는 모든 물체를 긍정하는 데 비해서 『의미의 논리』의 개체화는 심층의 물체들을 배제한다. 『차이와 반복』의 강도는 가장 높은 곳부터 낮은 곳까지 긍정한다. 물체는 수준의 차이를 갖지만 모두 긍정의 대상이 된다. 그런데 『의미의 논리』의 들뢰즈는 개체화 수준의 물체와 심층의 물체를 구별한다.[146] 『의미의 논리』에서 심층의 물체는 『차이와 반복』의 강도와 다른 위상을 갖는다. 강도가 즉자적 차이라면 심

---

145) LS, 206. "하나의 특이성이 보통점들의 한 선분 위에서 뻗어 나가는 것과 한 포텐셜 에너르기가 현실화되고 가장 낮은 층위로 하락하는 것은 동일한 방식에 의해서이기 때문이다."

146) LS, 227 "우리가 물체들과 그들의 혼합물들이 의미를 생산한다고 말할 때, 이는 개체화 때문이 아니다(개체화는 의미를 전제한다)."

층의 물체는 분화되지 않은 심연이다. 『의미의 논리』의 심층은 강도적이지 않다. 심층의 물체는 우리가 벗어나야 할 부정적인 것으로 제시된다. 결국 『의미의 논리』의 개체화는 더 이상 모든 물체를 긍정하지 않는다. 『의미의 논리』에서 개체화는 비물체적인 과정에 종속되어 있다. 개체화는 물체를 긍정하기보다는 수동적으로 비물체적인 표면의 법칙을 따른다. 따라서 『의미의 논리』의 개체화가 진정으로 물체적이라고 보기는 어렵다.

다시 정적 발생의 과정으로 돌아오자. 세계는 특이성의 수렴에 의해 발생한다. 특이성의 수렴은 어떤 법칙에 의해 일어나는가? 수렴의 규칙은 공가능성이다. 공가능성은 여러 특이성들 중에 어떤 특이성이 선별되어 세계를 구성할지 결정한다. 공가능성이라는 규칙에 따라 어떤 모나드들의 계열은 다른 모나드들의 계열과 같이 세계를 구성할 수 없게 된다. 예를 들어 아담이 죄를 짓는 세계와 아담이 죄를 짓지 않는 세계는 공가능하지 않다. 하지만 공가능성의 개념이 모순의 개념으로 환원되지는 않는다.[147] 공가능성의 개념이 모순의 개념보다 앞서기 때문이다. 공가능성의 개념에서 모순의 개념이 파생되는 것이다. 특이성들의 선별과 세계의 구성에서 모순은 실재적인 역할을 하지 않는다. 우리는 특이성들의 선별을

---

147) LS, p208 참조.

통해 만들어진 결과 속에서 모순이라는 규칙을 발견할 뿐이다.[148]

공가능성에 의한 특이성들의 수렴에 의해 현실적인 세계가 발생한다. 특이성들은 세계 내에서 사건이나 동사로 나타난다. 그러나 사건이나 동사는 개체에 선행한다. 들뢰즈는 '푸르러지다'verdoyer와 '죄를 짓다'pécher라는 특이성들을 예로 든다. "'푸르러지다'는 하나의 특이성-사건을 가리키며, 이 특이성-사건의 이웃 관계를 통해 나무가 구성된다. 또는 '죄를 짓다'는 하나의 특이성-사건을 가리키며, 이 특이성-사건의 이웃 관계를 통해 아담이 구성된다."[149] 나무와 아담이라는 개체는 '푸르러지다'와 '죄를 짓다'라는 특이성 뒤에 온다. 정적 발생의 첫 번째 단계는 특이성들의 수렴으로 발생하는 세계와 개체이다.

개체에서 자아로

우리는 개체의 발생을 확인했다. 그러나 개체가 우리의 경험을

---

148) 들뢰즈는 모순이나 부정을 실재적인 원리에서 배제한다. 들뢰즈는 모순보다는 차이를 부정보다는 긍정을 발생의 실재적인 원리로 본다. 따라서 세계의 구성의 원리는 하나를 선택하고 그에 반대되는 것을 배제하는 모순이 아니다. 오히려 세계의 우연적인 구성이 먼저 있으며 이 구성은 필연적인 배제가 아니라 우연적인 선별에 의해서 이루어진다. 다만 우연적인 선별로부터 모순이라는 필연적인 원리가 발생할 수 있는지 의문을 가질 수 있다. 들뢰즈는 모순율을 필연적인 것으로 받아들이지 않고 다만 우연의 산물로 보는 것일까? 들뢰즈는 모순율이 필연적이지 않다고 말하는 지점까지 나아가는 것으로 보인다. 적어도 현실적인 세계를 발생시키는 특이성들이 거주하는 표면에서는 모순율이 존재하지 않는다. 들뢰즈는 표면의 규칙은 모순율이 아니라 공가능성이라고 말한다.

149) LS, p209 참조.

모두 설명해 주는가? 개체는 객관적인 사태들에 관계한다. 『차이와 반복』의 발생은 객관적인 질과 연장의 발생을 설명해 주는데 그쳤다. 그러나 우리는 객관적인 사태들에 마주하는 주체적인 자아를 갖고 있다. 『의미의 논리』의 정적 발생은 자아의 발생을 설명하는 데까지 나아간다. 자아는 어떻게 발생하는가? "인식하는 주체로서의 자아는 공가능하지 않은 세계들 안에서, 발산하는 계열들을 가로질러 어떤 것이 동일화될 때 나타난다."(LS, 211) 개체는 하나의 공가능한 세계 안에 존재한다. 그러나 주체는 공가능하지 않은 수많은 세계들과 관계 맺는다.

주체가 어떻게 다수의 세계와 관계하는지 묻기에 앞서 어떻게 다수의 세계가 존재할 수 있는지 물어야 한다. 다수의 세계들은 특이점들이 발산하기 때문에 가능하다. 우리는 특이점들의 수렴을 통해서 한 세계가 구성된다는 것을 보았다. 그러나 공가능한 특이점들의 조합은 하나가 아니다. 특이점들은 발산하면서 다른 방식으로 조합된다. 발산은 복수의 세계의 발생을 가능하게 한다. 무엇이 발산을 불러오는가? 우발점이 특이점들을 발산시킨다. 우발점은 특이성들을 재분배한다.[150] 하나의 수렴하는 세계가 재분배되

---

150) LS, 129, 강조 필자. "만일 각 계열에 상응하는 특이성들의 배열이 문제들의 여러 장을 형성한다면, 계열들을 돌아다니면서 그들로 하여금 공명하고 소통하고 가지칠 수 있도록 해주는, 또 동시에 모든 재파악과 변형에, **모든 재분배에 명령을 내리는 심급-X**를 어떻게 특정지을 것인가? 이 요소/심급은 한 물음의 장소로 정의되어야 한다. 문제는 계열들에 상응하는 특이점들에 의해 규정되지만, 물음은 빈 칸이나 움직이는 요소에 응하는 **우발점**에 의해 규정된다."

면서 다수의 발산하는 세계들이 발생한다. 그런데 우발점은 어떤 원리로 세계들을 운동하게 하는가? 우발점은 세계들에 항구적인 비평형 상태를 만들어 내면서 운동을 만든다. 우발점은 라캉의 역설적인 요소에 상응한다. 역설적인 요소는 빈 칸, 잃어버린 대상, objet a등으로 말해진다. 역설적인 요소는 잃어버린 대상이다. 그러나 잃어버린 대상은 우리가 언젠가 그것을 잃어버렸다는 형식 외에는 아무 내용도 가지고 있지 않다. 따라서 역설적인 대상은 잃어버렸다는 점에서 부재를 초래하며 반대로 찾아내야 할 무언가를 제공한다는 점에서 과잉을 초래한다. 결핍과 과잉에 의해서 구조적인 불균형이 초래된다. 따라서 이 구조 내에서 아무것도 영원한 동일성을 향유할 수 없다. 모든 것은 그것들이 잃어버린 것을 향해서 움직인다. 초래되는 불균형에 의해 특이점들 역시도 하나의 세계로 수렴하는 것으로 그칠 수 없다. 왜냐하면 역설적인 요소가 초래하는 비평형은 특이점들의 조합이 완결될 수 없도록 하기 때문이다. 특이점들을 끊임없이 재분배되며 이를 통해 복수의 세계가 만들어진다.

우리는 우발점에 의해 특이성들이 재분배되면서 복수의 세계들이 발생한다는 것을 보았다. 다음 문제는 자아가 어떻게 발생하는 가이다. 자아는 대상=x를 사고하면서 발생한다.[151] 대상=x는 복수

---

151) 대상=x를 사고하는 일이 어떻게 가능한지는 명확히 설명되어 있지 않다. 다만 우리는 '우리' 가 역설적인 우발점의 역량에 접속되어 있기 때문이라고 추론해 볼 수 있다. 그런 맥락에서 『의미의 논리』에서 역설은 우리의 본성에 관계한다.

의 세계에 공통적인 인칭들을 의미한다.[152] 복수의 세계들에 공통된 존재를 사고하면서 개체는 자신을 뛰어넘는다. "이 대상=x는 그것을 사고하는 자아가 현세계의 개체들을 초월하는 것과 동시에 개별화된 세계들을 초월하며, 스스로 정초하는 주체라는 새로운 가치에 마주 서 세계에 새로운 가치를 부여한다."(LS, 212) 자아는 이제 한 세계가 아니라 복수의 세계 앞에 서 있다. 자아는 이제 가능성이라는 범주를 가질 수 있다. 인칭들은 여러 세계를 변수로 취하기 때문이다. 어떤 세계에 존재하는 개체인 아담은 필연적으로 죄를 짓는다. 그러나 여러 세계를 변수를 취하는 인칭 아담은 죄를 짓을 수도 있고 짓지 않을 수도 있다. 따라서 '모호한 아담'이라는 인칭에 붙는 술어는 분석적이지 않고 종합적이다. 종합적 술어는 개별적인 세계의 아담의 특성이 아닌 인칭 그 자체의 가능성들을 표현한다.

일반 개념

우리는 두 가지 발생을 살펴보았다. 첫 번째로 특이성이 수렴하면서 개별적인 세계와 세계에 속한 개체들이 발생한다. 두 번째로

---

152) LS, 214. "그래서 여러 세계에 공통된 '모호한 아담'이, 즉 방랑자, 노마드, 아담=x가 존재한다. 하나의 섹스투스=x, 팡=x. 결국, 모든 세계들에 공통된 어떤 것=x. 모든 대상=x는 "인칭들"이다."

우발점이 특이성들을 재분배하면서 다수의 세계와 다수의 세계에 공통된 인칭들이 발생한다. 또한 인칭들을 사고하면서 자아가 발생한다. 그런데 들뢰즈는 인칭 자체는 구체적인 인칭들이 아닌 인칭=x라는 형식을 의미할 뿐이라고 말한다.[153] 따라서 우리가 구체적인 인칭들에 대해 말하기 위해서는 일반 개념이 발생해야 한다. 일반 개념은 인칭과 개체에, 공통감각과 양식이 적용되면서 나타난다. 공통감각은 동일화의 원리이며, 양식은 고정된 분배의 원리이다. 자아는 공통감각에 의해 자기 동일성을 얻으며, 세계는 양식의 고정된 분배 기준을 따라 배치된다. 재현적 주체는 고정적으로 분배된 세계 앞에서 일반개념을 발견한다.

정적 발생의 의의

정적 발생은 『차이와 반복』의 발생과 유사하다. 두 발생 모두 원리로부터 재현적 층위의 발생을 다룬다. 『차이와 반복』의 발생은 이념으로부터, 정적 발생은 특이성으로부터 재현적 경험을 발생시킨다. 그러나 정적 발생은 가능성이라는 범주의 발생을 다룬다는 점에서 『차이와 반복』보다 더 나아간다.

---

153)   LS, 217. "사실 인칭-이는 곧 [조이스적 의미에서의] 율리시즈이다.-은 엄밀하게 말해 그 누구도 아니다. 그것은 이 비인칭적인 선험적장으로부터 생산되는 형식이다."

『차이와 반복』에서 재현적 세계를 정초하는 원리는 분화이다. 분화에서는 질과 연장의 발생이 설명될 뿐이다. 따라서 분화는 우리가 일상적인 경험에서 갖는 가능성이라는 범주가 어떻게 발생하는지 설명하지 못한다. 우리는 경험 속에서 질과 연장을 가진 사물을 표면 그대로만 받아들이지 않는다. 우리는 사물을 가능적인 것으로 파악한다. 예를 들어 우리는 '어쩌면 고양이가 좀 더 작았을 수도 있었겠군.'이라고 생각한다. 정적 발생은 특이성들의 발산을 가능성 범주의 근거로 제시한다. 만약 특이성들이 수렴하기만 하여 하나의 세계만이 존재한다면 우리는 가능성이란 범주를 경험하지 않았을 것이다. 가능성은 이 세계와는 다르게 존재했을 세계들을 전제하기 때문이다. 일반개념의 성립 또한 가능성 범주에 의거한다. 우리는 사물이 다르게 존재할 가능성을 고려하면서 하나의 일반 개념을 확립하기 때문이다. 예를 들어 우리는 빨간색 펜이 파란색 펜이었을 수도 있다는 가능성을 고려하면서, 펜을 하나의 일반개념으로 빨간색과 파란색을 일반 개념의 속성으로 이해한다.

우발점은 특이성들의 발산의 원인이다. 우발점은 특이성들을 재분배하면서 여러 세계들을 발생시킨다. 따라서 우발점은 가능성 범주의 원천적인 근거이다. 물론 질과 연장이 미분비를 닮지 않았듯이, 가능성이 우발성을 닮지 않았다는 전제 내에서 말이다. 우발점이 다수의 세계를 발생시키는 일은 『차이와 반복』에서 미래가 과거 전체(세계)를 새롭게 하는 일에 상응할 것이다. 따라서 우리는

『차이와 반복』의 관점에서 과거 전체가 미래에 의해 새로워지는 사태를 가능성 범주의 근거로 제시할 수 있을 것이다. 그러나 『차이와 반복』에서는 잠재성과 가능성의 대립이 강조될 뿐 잠재적 층위가 어떻게 가능성 범주를 발생시켰는지에 대한 명시적인 설명은 나타나지 않는다.[154] 따라서 우리는 정적 발생이 가능성 범주의 발생을 밝힌다는 점에서 『차이의 반복』의 발생보다 발전했다고 판단할 수 있다.

가능성 범주를 통해 볼 수 있듯이 우리의 경험은 질과 연장뿐만 아니라 우리의 언어 체계와 인식 범주에도 관련한다. 따라서 발생은 언어 체계와 인식 범주의 발생 역시도 해명해야 한다. 들뢰즈는 논리학적 발생에서 명제의 발생에 대해 탐구한다. 따라서 논리학적 발생에서 언어 체계와 인식 범주의 발생과 관련된 설명을 기대할 수 있을 것이다. 그러나 본고는 논리학적 발생을 다루지 않을 것이며 추후 연구과제로 남겨놓겠다.

---

154) DR, p455-460 참조. "모든 것에서 피해야 할 유일한 위험은 잠재적인 것과 가능한 것을 혼동하는 데 있다."(455)

C. 동적 발생

동적 발생의 구도

우리 정적 발생에서 특이성으로부터 개체, 인칭, 일반 개념의 발생을 살펴보았다. 특이성들은 표면에 속한다. 그런데 표면 자체는 어디서 유래하는가? 우발점은 특이성들의 분배 원리일 뿐이다. 특이성들을 분배하는 일과 표면 자체를 생산하는 일은 다른 문제이다. 들뢰즈는 표면이 물체로부터 생산된다고 말한다. 표면 자체가 물체로부터 생산되는 것은 정적 발생과 전혀 다른 발생인 동적 발생을 통해서이다. 정적 발생이 비물체적인 표면에서 출발한다면 동적 발생은 물체적인 심층에서 출발한다.

물론 정적 발생의 개체화가 물체적이라는 점을 의문시할 수 있다. 예를 들어서 『차이와 반복』에서 역시 개체화의 작인인 강도는 물체적이라고 묘사된다. 그러나 우리는 『의미의 논리』의 들뢰즈가 비물체적인 역량을 강조하기 위해 개체화의 역할을 축소했다는 것을 보았다. 개체화 과정은 우발점에 의한 특이성들의 수렴·발산 과정에 종속된다. 역설의 원리를 담고 있는 우발점은 정적 발생에서 결정적인 위치를 점한다.

역설적인 요소는 정적 발생뿐만 아니라 동적 발생에서도 중요한 역할을 맡는다. 우리는 상층의 좋은 대상, 팔루스에 의한 표면의 접속, 거세 콤플렉스에서 이를 발견할 수 있다. 동적 발생의 주된 문제는 "표면 자체는 어떻게 생산"되고 "비물체적 사건은 물체들의 상태들로부터 어떻게 결과"하는지 설명하는 것이다.[155] 심층은 전적으로 미규정되어 있다. 심층에는 오로지 힘들의 운동, 즉 힘들의 수동과 능동만이 존재한다. 표면은 심층의 물체들과 높은 곳의 명제들 사이의 구분을 가능하게 한다. 표면이 유지될 때에만 정적 발생을 통해 개체와 인칭이 그리고 명제 수준의 의미작용이 발생이 가능하다.

들뢰즈는 갓 태어난 아이를 심층에 위치시킨다. 따라서 동적 발생 과정은 아이가 언어를 획득하는 과정과 병렬적으로 제시된다. 처음에 아이는 부분대상과 기관 없는 몸만이 존재하는 무의미한 심층 속에서 공격받고 상처 입는다. 그러나 좋은 대상을 내면화하고 물리적 표면을 구축하며 오이디푸스적인 좌절을 겪으면서 의미의 표면에 도달한다.

우리는 심층에서는 아무런 의미도 발생할 수 없으며 주체는 오이디푸스를 거쳐야만 심층의 카오스에서 벗어날 수 있다는 들뢰즈적 직관을 확인할 수 있다. 이러한 직관의 기초에는 카오스에 대한 공포가 자리하고 있다.[156] 또한 심층뿐만 아니라 높은 곳의 재현적 층위에서도 우리는 진정한 의미를 걸러낼 수 없다. 왜냐하면 재현

---

155) LS, 313

156) 『의미의 논리』의 「계열13:분열증과 어린 소녀」 참조. "표면의 이러한 좌절에서, 말 전체는 그 의미를 상실한다. (……)그것은 어떤 경우든 그 의미를, 즉 신체의 능동 및 수동과 구분되는 비물체적인 효과, 그 고유한 현실적 효과화와 구분되는 비물체적인 사건을 모으거나 표현할 수 있는 능력을 상실한다."(172)

은 의미가 아니라 의미의 결과만을 보여주기 때문이다. 따라서 높이는 의미가 그 본연의 특이성들을 잃어버린 진부한 곳이다.[157] 진정으로 의미를 찾기 위해서는 우리는 심층과 높이 사이의 표면으로 나아가야 한다. 그러나 심층의 위협과 높이의 진부함에서 벗어날 수 있는 장소는 표면뿐인가? 『안티 오이디푸스』에서라면 '우리'를 위한 장소로 오이디푸스적 표면이 아닌 물체적인 심층을 제시할 것이다. 다만 이를 살피기에 앞서 우리는 동적 발생을 탐구할 것이다.

동적 발생의 애매성

우리는 들뢰즈가 동적 발생을 통해 표면의 발생을 설명하려고 목적한다는 것을 확인했다. 그러나 들뢰즈는 동적 발생에 관한 텍스트[158]에서 표면의 발생에 대해 설명하기보다는 주로 갓 태어난 아이가 어떤 과정을 통해 언어를 가질 수 있는지를 설명한다. 따라서 들뢰즈는 언어의 근거인 표면 자체가 어떻게 발생하는가와 다른 이야기를 하고 있다. 본고는 언어를 몰랐던 아이가 언어적인 능

---

157) 『의미의 논리』의 「계열 18:세 가지 철학자의 상」 참조. "높이는 고유하게 플라톤적인 오리엔트이다. (.....) 관념론은 플라톤 철학과 함께 탄생한 병이며, 플라톤적인 상승 및 하강과 더불어 철학 자체의 편집-우울증적인 형식이 태어났다. 편집증이 플라톤을 촉발하여 이끌었다. 변증법은 이데아들의 도피이다."(230-231)

158) 『의미의 논리』, 계열27-계열34

력을 얻게 되는 것과 언어 자체가 가능해지는 것은 다른 문제라고 주장한다. 왜냐하면 아이가 언어적인 능력을 얻는 것은 경험적인 사실의 차원이지만 언어 자체가 존재하게 되는 것은 원리적인 차원의 문제이기 때문이다. 예를 들어서 우리는 태어났을 때 덧셈을 잘하지 못한다. 그러나 성장하면서 덧셈을 할 줄 알게 된다. 이때 우리가 덧셈 자체를 발생시켰다고 말할 수 있는가? 덧셈의 자체는 우리와 별개로 존재했지만 우리가 덧셈의 원리를 알게 되었다고 말하는 것이 바람직해 보인다. 우리가 덧셈을 배우는 것은 경험적 사실의 차원이지만 덧셈 자체는 수학적인 원리에 속한다. 마찬가지로 아이가 표면을 형성하면서 언어적인 능력을 얻는 것은 표면 자체가 발생하는 존재론적 원리가 아니다. 아이가 표면을 형성하는 일은 경험적인 사실일 뿐이다. 따라서 한 아이에서 출발해서 표면이 어떻게 형성되는지를 추적하는 일을 통해서는 존재론적으로 표면 자체가 어떻게 발생하는지 제대로 설명해 주지 못한다.

동적 발생은 경험적인 과정을 추적할 뿐이다. 따라서 우리는 발생이라는 단어가 적절하지 못하다고 판단할 수 있다. 발생은 원리로부터 결과로 나아가는 수직적인 과정을 해명해야지 결과 간의 수평적인 상호 관계를 밝히는 데 국한되어서는 안 된다. 예를 들어서 정적 발생은 특이성이란 원리로부터 우리의 일상적인 세계의 발생까지 나아간다. 우리의 일상적인 세계 내에서 어제의 일이 오늘의 일에 어떤 영향을 주었는지 밝히는 일은 인과성에 관련되지 발생에 관련하지 않는다. 왜냐하면 어제의 일과 오늘의 일의 발생적 근거는 두 현재 사이가 아니라 더 깊은 층위의 특이성에서 시작하는 정적 발생에 있기 때문이다. 동적 발생은 태어난 시점에서 언어를 알지 못했던 아이가 특정 시점에 언어를 알게 되는 과정을 담고 있다. 그런데 두 시점은 경험적인 시간 속에 있다. 처음 태어난 아이는 소음과 목소리를 구분하지 못하는데 어느 순간에 목소리를 구분하고, 목소리의 구성요소를 파악하며, 사고를 할 줄 알게 된다는 것이 동적 발생의 이야기이다. 물론 과정에 대한 들뢰즈의 해석은 독창적이다. 그럼에도 불구하고 우리에게 동적 발생에 관한 서술이 실망스럽게 다가오는 이유는 무엇인가?

들뢰즈 자신이 반대했던 경험적인 것을 원리적인 층위에 전사하는 일을 스스로 행하고 있기 때문이다. 물론 어떤 학문이건 경험적인 것을 사용할 수밖에 없다. 그러나 종합의 방법은 최대한 빠르게 원리로 상승한 후에 원리로부터 결과들을 도출해 낸다.『차이와 반복』에서는 초월론적인 장이라는 원리로 상승해서 그로부터 재현을 연역해 해 냈다. 마찬가지로 정적 발생에서 특이성이라는 원리로부터 세계의 발생을 연역해 냈다. 그런데 동적 발생은 어디서 출발하는가? 갓 태어난 아이로부터 출발한다. 그리고 원리의 영역으로 상승하기보다는 아이가 발전하는 경험적 과정을 그대로 추적해 나간다. 따라서 우리는 과정들을 관통하는 발생적인 원리를 확인하기보다는 각각의 과정마다 특수한 원리가 적용되는 것을 본다. 왜 이런 결과가 나오는 것일까? 동적 발생이 정신분석학적 과정에 대한 들뢰즈적 재해석에 불과하기 때문이다. 정신분석학은 아이가 어떻게 무의미한 심층 속에서 성감대를 만들고 통합하며 오이디푸스 콤플렉스와 거세를 거쳐 온전한 자아를 갖춘 성인이 되는지 설명한다. 동적 발생에서 들뢰즈는 정신분석학이 제시한 순서를 따른다. 따라서 들뢰즈는 정신분석학적 과정을 재해석할 뿐이다. 들뢰즈의 작업은 정신분석학적 연구에서 가치를 지닐지도 모른다. 그러나 들뢰즈가 세우고자 했던 원리로부터 결과로 나아가는 철학적 방법에 동적 발생은 들어맞지 않는다.

우리는 표면의 특이성들은 전개체적이고 비인칭적이라는 것을 보았다. 전개체적이고 비인칭적인 특이성들은 정적 발생을 통해서 개체와 인칭들을 생산한다. 특정한 주체가 발생하는 것은 발생의 마지막에 이르러서이다. 인칭들이 상식과 공통감에 따라 분배된 후에야 우리는 특정한 주체를 말할 수 있다. 그러나 동적 발생은 특정한 주체로부터 출발한다. 물론 갓 태어난 아이는 성인과 같은 공통감과 양식을 갖지 않는다고 주장할 수 있다. 그러나 아이가 성인이 되는 경험적인 과정이 특이성으로부터 재현적인 주체가 생산되는 과정과 같을 수는 없다. 정적 발생은 원리적인 층위에서 출발하는 데 비해 경험적인 변화는 결과들 사이의 인과관계에 불과하기 때문이다. 특정한 주체는 정적 발생의 결과에 포함된다. 표면은 주체를 발생시킨다. 그런데 동적 발생은 주체로부터 표면이 발생한다고 주장한다. 이는 결과로부터 원인이 발생하고, 다시 원인으로부터 결과가 발생한다고 주장하는 셈이다. 그러나 결과로부터 원인이 발생한다는 주장은 부당하다.

결과로부터 가능한 일은 원인으로 거슬러 올라가는 일이다. 예를 들어 『차이와 반복』 2장에서는 경험적인 시간으로부터 근거인 미래까지 거슬러 올라가는 역행적인 분석이 나타난다. 마찬가지로 『의미의 논리』의 초반부에서도 의미작용으로부터 근거인 의미의 층위를 추론해 나가는 역행적인 분석이 나타난다. 『의미의 논리』의 윤리학 역시도 우리가 어떻게 재현적인 층위에서 벗어나 의미의 표면에 머물 수 있는지 밝히고 있다. 종합의 방법에 따르자면 발생의 결과인 특정한 주체로부터 출발할 때 행할 수 있는 분석은 그 주체가 어떻게 원리에 접속될 수 있는지 밝히는 일이다.

『의미의 논리』에서 동적 발생이 갖는 애매함은 목적을 달성하기 위한 잘못된 수단을 택하면서 온다. 동적 발생의 목적은 심층으로부터 표면의 발생을 원리적인 층위에서 밝히는 일이었다. 그러나 표면 자체의 발생을 한 아이가 심층에서 표면으로 나아가는 경험적 과정을 통해 설명하면서 목적은 달성되지 못한다. 경험적인 것을 원리적 층위에 위치시키면서 원인과 결과 간의 관계가 꼬여버린다. 이는 부적절한 결과를 초래한다. 예를 들어서 물체가 이분화되어 버린다. 물체는 심층의 물체와 개체화의 물체로 나뉜다. 세계 안에 속한 아이는 표면으로부터 개체화 과정을 통해 발생해야 한다. 그러나 동시에 아이는 심층에 속하며 표면 자체의 발생의 근거가 된다고 말해진다. 이 경우에 아이는 표면으로부터 발생된 결과인 동시에 표면 발생의 원인이 되는데 이는 부당하다. 따라서 아이가 언어를 얻게 되는 경험적 과정을 심층으로부터 표면 자체가 발생하는 이야기로 읽기보다는 아이가 어떻게 표면에 접속될 수 있는지에 대한 이야기로 읽는 것이 바람직해 보인다. 아이는 표면을 생산하지 않는다. 다만 표면에 접속될 뿐이다.

우리가 동적 발생이 심층에서 표면 자체를 생산하는 과정이라는 주장에 반대할 때 동적 발생을 어떤 방식으로 읽어야 할까? 단순히 동적 발생을 오류로 취급하고 넘어가야 할까? 아니면 동적 발생으로부터 생산적인 무언가를 얻어내야 할까? 동적 발생과 전체 구도는 일치하지 않을 수 있다. 그러나 동적 발생 자체는 전체 구도와 분리해서 볼 수 있는 독자적인 과정을 담고 있다. 동적 발생은 아이가 언어를 어떻게 습득하는 과정에 대한 새로운 해석을 보여준다. 또한 동적 발생에 대한 텍스트는 정신분석학과 오이디푸스 과정에 대한 들뢰즈적 재해석을 나타낸다. 우리는 낱낱의 과정을 세세하게 다루기보다는 동적 발생 과정을 전체를 간략히 조망하고 특정한 문제들을 지적하고자 한다.

심층: 부분대상들과 기관 없는 신체[159]

동적 발생은 갓 태어난 아이에서 출발한다. 갓 태어난 아이는 무엇과 마주하는가? 아이는 좋은 대상과 나쁜 대상 앞에 서 있다. 아이는 자신에게 좋은 것과 나쁜 것으로 세계를 구분한다. 좋은 대상은 완결성을 갖추었으나 나쁜 대상은 동일성을 결여하고 있다.

나쁜 대상은 심층에 속한다. 심층은 부분대상들과 기관 없는 몸의 세계이다. 부분대상이란 완전한 대상을 이루지 못한 대상이다. 부분대상들은 시뮬라크르라는 특성을 갖는다. 시뮬라크르는 확립된 정체성을 갖추지 못하고 계속해서 그 지위와 위치를 바꾼다. 아이는 동일성을 갖추지 못한 대상이 자신에게 안전할지 확신할 수 없다. 따라서 아이는 부분대상에서 위협을 느낀다. 부분대상은 아이에게 나쁜 대상으로 다가온다.

심층에서 부분적 대상과 대립하는 것은 부분 없는 유기체인 기관들 없는 신체이다. 기관 없는 신체에는 아무런 투입-투출, 다시 말해 운동성이 없으며 그런 의미에서 완전하다. 심층의 본원적인 대립은 부분 대상들과 기관 없는 신체 사이에서 일어난다.[160] 그러

---

159) 기관 없는 신체는 corps sans organes의 번역어이다. 본고에서는 맥락에서 따라 기관 없는 신체와 기관 없는 몸이라는 두 가지 번역어를 사용하였다.

160) LS, 317. "대립하는 것은 두 심층, 즉 텅 빈 심층(여기에서 조각들이 선회하고 폭발한다)과 충만한 심층, 그리고 두 혼합물, 즉 단단하고 변질되는 파편들의 혼합물과 액체적이고 완전한, 부분들도 변질도 없는 혼합물(왜냐하면 이 혼합물은 녹이고 용접하는 특징을 지니므로, 피 가운데의 모든 뼈)이다." 텅 빈 심층과 단단하고 변질되는 혼합물을 부분 대상들을 의미한다. 그리고 충만한 심층과 액체적이고 변질되지 않는 혼합물은 기관 없는 신체를 의미한다.

나 부분 대상들과 기관 없는 신체는 무의미하다는 특징을 공통적으로 갖는다. 부분 대상들이 완전히 파편화되었기 때문에 의미를 구성하지 못한다. 기관 없는 몸은 스스로 아무것도 분리해 내지 못하는 덩어리이기 때문에 의미를 분절해내지 못한다.[161]

다만 유아는 이러한 무의미에 상태에 만족하지 않으며 완전한 대상을 재구성하고자 한다. 유아는 부분대상의 위협으로부터 벗어나 좋은 대상으로 나아가고자 한다. 좋은 대상은 부분대상들로부터 힘을 기관 없는 신체로부터 형식을 제공받는다. 좋은 대상을 통해 유아는 상층으로 나아간다. 심층이 동일성이 배제된 부분대상들과 기관 없는 신체의 세계였다면 상층에서는 재구성된 완전한 대상을 통해서 동일성이 나타난다. 언어와 관련해서 보자면 심층은 무의미한 소음이다. 상층에서 유아는 소음과 목소리를 구분할 수 있게 된다. 물론 그 목소리의 내용을 채우지는 못하지만 말이다.

---

161) 우리는 『차이와 반복』 1장의 도입부에서 동일한 형태의 두 무의미를 발견할 수 있다. 우리는 두 가지 형태의 무의미가 들뢰즈의 근본 직관을 구성한다고 추론할 수 있다. "무차별성은 두 측면을 지닌다. 한쪽에서 보면 그것은 분화되지 않은 심연, 규정되지 않은 동물이다. 그 안에서는 모든 것이 용해되어 있다. 다른 한쪽에서 보면 그것은 또한 흰 무, 다시 고요해진 표면이다. 여기서는 떨어져 나간 사지, 목 없는 머리, 어깨 없는 팔, 이마 없는 눈 등처럼 서로 연결되지 않은 규정들이 떠다니고 있다." (DR, 85) 기관 없는 신체가 분화되지 않은 심연이라면 부분 대상은 연결되지 않은 규정일 것이다.

상층: 좋은 대상

좋은 대상은 심층이 아닌 상층에 속한다. 아이는 좋은 대상과 나쁜 대상 앞에 서 있다. 좋은 대상은 유아에게 초자아로 기능한다. 좋은 대상은 유아가 어느 대상 자신을 동일시하느냐에 따라 사랑을 주거나 미움을 준다. 유아의 자아는 좋은 대상과 자신을 동일시하는 동시에 나쁜 대상과도 자신을 동일시한다. 그런데 부분대상은 좋은 대상과 투쟁한다. 따라서 좋은 대상은 자신과 동일시하는 유아에게는 사랑을 주지만 나쁜 대상과 동일시하는 유아에게는 미움을 준다. 그런데 유아는 사랑과 미움을 되찾은 것으로 확인한다. 유아가 받은 사랑과 미움은 예전에 잃어버렸던 것이기에 되찾아야 했던 것으로 나타난다. 왜냐하면 심층에 좋은 대상은 부재하기 때문이다. 좋은 대상은 심층이 아닌 상층에 위치한다. 따라서 상층의 대상은 심층에 부재라는 형식을 통해서만 나타날 수 있다. 우리는 여기서 좋은 대상이 잃어버린 대상이라는 특성을 갖는 것을 발견한다. 상층의 좋은 대상은 심층의 유아에게 끊임없는 부재를, 따라서 욕구불만을 일으킨다.

언어형성의 첫 번째 단계는 상층의 좋은 대상이다.[162] 좋은 대상은 심층의 소음으로부터 하나의 목소리를 추출해 낸다. 이 목소리

---

162) LS, 323

는 잃어버린 대상을 지시한다. 잃어버린 대상은 부재하는 대상을 지향한다는 형식만을 지닌다. 따라서 목소리에는 아직 내용이 없다. 그러나 우울증적 위치는 소음, 다시 말해 무의미에는 대립한다. 우울증적 위치의 목소리는 무의미는 아니다. 하지만 구체적인 의미는 가지지 못하며 오직 동일시라는 형식만을 가진다.

부분대상의 두 종합:

『의미의 논리』의 종합과 『안티 오이디푸스』의 종합

우리는 『의미의 논리』와 『안티 오이디푸스』에서 부분대상과 기관 없는 몸이 어떻게 관계하는지 비교하면서, 두 저서의 차이를 드러 낼 수 있다. 두 저서 모두 물체적인 두 요소로 부분대상(=욕망 기계)[163]와 기관 없는 신체를 제시한다는 점에서는 공통적이다.

첫 번째 차이는 부분대상들이 독자적인 종합능력을 갖고 있는지 에 관련한다. 『안티 오이디푸스』의 부분대상들은 연결 종합을 갖는 다. 이에 비해 『의미의 논리』의 부분대상들은 종합의 능력을 갖지 못한다. 『안티 오이디푸스』의 욕망 기계는 서로 연결하고 절단하면

---

163) 안티 오이디푸스의 욕망 기계들은 부분대상들과 같은 위상을 지닌다. "욕망 기계들은 규칙 또는 연합 체제에 따르는 이항 기계이다. (……) 이항 계열은 모든 방향에서 선형이다. 연속된 흐름들과 본질적으로 파편적이면서도 파편화된 부분대상들의 짝짓기를 욕망은 끊임없이 실 행한다."(AO, 28-29)

서 지속적으로 흐름을 만들어 낸다. "모든 [부분]〈대상〉은 흐름의 연속성을 전제하며, 모든 흐름은 대상의 파편화를 전제한다."(AO, 29, []는 필자) 이에 비해『의미의 논리』의 부분대상들은 단순 파편 화하고 있을 뿐 연속적인 흐름을 만들어 내지 못한다.

두 번째 차이는 계열에 관련한다.『의미의 논리』에서 "심층 자체 는 계열화되지 못한다."(LS, 366) 심층은 "파열되고 파열하게 만드는 공통의 속성에 의해서만 서로 연결되는 부분적 대상들의 시퀀스 séquence"(366, 261)를 지닐 뿐이다. 이에 반해『안티 오이디푸스』 의 욕망 기계들은 이항 계열la série binaire을 지닌다.

『의미의 논리』에서 들뢰즈는 한 계열을 이루기 위해서는 그 배후 에 두 계열 간의 차이가 있어야 한다고 주장한다. "달리 말한다면 계열 구조는 적어도 두 계열의 동시성 내에서만 필연적으로 현실 화된다. 오직 유형이나 등급에 있어서만 구분되는 등질적인 항들 로 형성된 모든 단일한 계열은 반드시 두 이질적인 계열을 포함하 게 된다."[164] 이질적인 두 계열의 대표적인 예는 기표의 계열과 기 의의 계열이다. 두 계열은 빈 칸에 의해, 즉 기표의 과잉과 기의의 결핍에 의해 작동하면서 언어의 계열을 형성한다.

우리는 왜 들뢰즈가『의미의 논리』에서 부분대상들의 계열을 생 각할 수 없었는지 추론할 수 있다. 왜냐하면 부분대상들은 빈 칸

---

164) LS, 99.『의미의 논리』, 「계열6:계열화」 참조.

을 갖지 않기에 그 배후에 이질적인 계열을 지니지 않기 때문이다. 따라서 부분 대상들은 두 계열로 나뉠 수 없는 동질적인 위상을 지닌 항들로 이루어져 있으며 계열을 형성할 수 없다.

이와 달리 『안티 오이디푸스』의 들뢰즈는 부분 대상들의 계열이 존재한다고 주장한다. 이는 그가 부분대상에 빈 칸을 도입했기 때문이 아니다. 오히려 빈 칸 없는 종합을 고안해 냈기 때문이다. 욕망은 종합을 위해 빈 칸, 즉 결핍을 필요로 하지 않는다. 욕망은 그 자체로 연결하고 절단하는 본성을 갖춘다. 『의미의 논리』의 종합은 과잉과 결핍을 요구한다. 그러나 『안티 오이디푸스』의 욕망의 종합은 생산이다. 생산은 종합을 위해 역설적인 요소에 기대지 않는다. 따라서 더 이상 물체 속에 결핍이 도입되지 않는다.

물체 속에 종합의 능력이 부여되면서 부분대상과 기관 없는 신체의 관계가 변화한다. 여기서 우리는 세 번째 차이를 발견할 수 있다. 『의미의 논리』에서 부분대상과 기관 없는 신체는 제3의 요소인 좋은 대상 위에서 종합된다. 『의미의 논리』에서 한 계열이 발생하기 위해서는 두 이질적인 계열이 필요하다. 그러나 물체적인 부분대상들과 기관 없는 신체 각각은 역설적인 요소를 지니지 않기 때문에 동질적이다. 따라서 그 배후에 이질적인 계열을 지니지 않는 부분대상과 기관 없는 신체는 독자적인 종합의 능력을 결여한다. 따라서 종합을 위해 좋은 대상이라는 제3의 요소가 도입되어야만 한다. 두 요소는 제3의 대상인 좋은 대상 위에서 종합된다.

그런데 부분대상들과 기관 없는 신체가 종합 이전의 최초의 요소라는 점은 문제를 야기한다. 앞서서 우리는 계열을 위해서는 두 이질적인 계열이 요구된다는 들뢰즈의 선언을 보았다. 그런데 부분대상들과 기관 없는 신체가 상호간에 계열을 형성한다면, 그 계열은 배후에 계열을 지니지 않는 것처럼 보인다. 왜냐하면 부분대상들과 기관 없는 신체 각각은 계열이 아니기 때문이다. 그렇다면 최초의 계열은 그 배후에 계열을 지니지 못하는 것인가? 이러한 문제는 최초의 계열은 무엇인가라는 문제로 우리를 향하게 한다. 이와 관련하여 우리는 『차이와 반복』의 어조로 다음과 같은 물을 수 있다: 차이 뒤에 차이만이 존재한다면 최초의 차이는 무엇인가? 『차이와 반복』에서 즉자적인 차이로 제시되는 것은 강도다. 강도는 즉자적 불균등성이다. 우리는 『의미의 논리』에서 구조적 불균등성을 초래하는 것이 역설적인 요소=잃어버린 대상=빈 칸= 대상a=우발점이라는 것을 보았다. 『차이와 반복』의 어두운 전조précurseur sombre 역시도 이러한 특성을 갖는다. 어두운 전조는 모든 체계의 공통적인 빈 칸이다. "모든 체계는 저마다 어두운 전조를 포함하고 있고, 인접해 있는 계열들은 이 전조를 통해 비로소 소통하게 된다."[165] 우리는 결국 종합의 핵심은 부분대상들이나 기관 없는 신체가 아니라 불균형을 초래하는 역설적인 요소나 어두운 전

---

165) DR, 268

조라는 점을 발견할 수 있다. 그러나 문제는 어두운 전조나 빈 칸은 결코 물체적일 수 없다는 것이다. 물체적인 것들은 저마다의 고유하고 현행적인 힘과 역량을 갖는데 어두운 전조나 빈 칸은 모든 물체들에 공통된 형식(결핍과 과잉이라는 형식)으로 나타나야 되기 때문이다. 『차이와 반복』과 『의미의 논리』에서 원리는 비물체적인 곳에 위치한다.[166] 따라서 『의미의 논리』의 종합은 물체적인 부분 대상이나 기관 없는 신체로부터 출발할 수 없다. 원리는 물체 안에 있지 않다. 차라리 원리는 비물체적인 표면에 미리 존재하고 있다. 결핍과 과잉에 의한 소통이라는 우발점의 원리 말이다.

『안티 오이디푸스』에서 부분대상들은 좋은 대상을 거치지 않고 곧바로 기관 없는 신체 위에 종합된다. 부분 대상들, 즉 욕망 기계들은 기관 없는 신체 위에 등록된다. 그런데 우리는 빈 칸에 의한 소통이라는 종합의 원리를 포기할 때 다른 종합의 원리는 제시해야 한다는 문제에 부딪힌다. 본성상 다른 두 가지 이질적인 항들이 서로 밀쳐내는 것은 우리의 직관에 일치한다. 반대로 우리는 본성상 이질적인 항들이 외부의 다른 강제가 없이 스스로 섞이지 않는다고 생각한다. 욕망 기계와 기관 없는 신체는 서로 다른 본성을 지닌다. 따라서 욕망 기계와 기관 없는 신체가 서로를 밀쳐낸

---

166) 『차이와 반복』에서는 즉자적 불균등이라는 차이의 원리와 함께 영원회귀의 반복이라는 원리도 나타난다. 영원회귀는 결핍에 의해 작동하지 않는다. 영원회귀는 과잉에 의해 주어진 물질들을 창조하고 파괴하면서 선별한다. 영원회귀는 구조적이지 않다. 영원회귀의 선별은 앞선 두 계열 사이(예를 들어서 앞선 두 가지 순환)에서 이루어지는 것이 아니다. 오히려 영원회귀는 현행적인 존재자들을 미래를 위해서 선별하자고 한다.

다고 생각하는 것이 자연스럽다.[167] 좋은 대상은 결핍으로 기능하면서 서로 상반되는 부분대상들과 기관 없는 신체들 사이의 종합의 이유를 부여한다. 부분대상들과 기관 없는 신체는 공통적으로 역설적인 요소를 지니기에 종합될 수 있다는 것이다. 들뢰즈가『의미의 논리』에서 빈 칸이라는 역설적인 요소에 기댄 이유는 이질적인 항들 간의 소통에 근거를 부여하기 위해서였을 것이다.

기관 없는 신체가 이질적인 본성을 지닌 욕망 기계를 끌어당긴다는 것은 자연스럽지 않다. 따라서『의미의 논리』의 들뢰즈는 빈 칸을 이질적인 계열 사이의 종합 원리로 제시했다. 빈 칸을 포기할 경우 끌어당김은 다른 원리를 필요로 한다.『의미의 논리』의 원리를 부정했을 때 들뢰즈는 새로운 원리를 제시해야만 한다.『안티 오이디푸스』의 들뢰즈는 기관 없는 신체가 신적인 에너지에 의해서 욕망 기계를 끌어당긴다고 주장한다. 어떤 것이 자신과 대립하는 것을 본성적으로 끌어당긴다는 것은 우리의 직관에 부합하지

---

167) 우리는 이질적인 항들은 본성적으로는 종합되지 않는다는 공리를 들뢰즈적인 사유의 이미지라고 비판할 수도 있다. 그러나 우리는 그의 직관을 비판하기보다는 받아들이고자 한다. 다만 우리는 서양 철학사 도처에서 이질적인 요소들의 본성적인 분리라는 테마를 발견할 수 있다. 예를 들어 서로 상반되는 이데아는 섞이지 않는다고 주장한 플라톤이나 서로 다른 실체들은 섞이지 않는다고 주장한 스피노자가 있다. 플라톤은 상반되는 이데아가 다가올 때 이데아는 섞이지 않고 소멸하거나 도피한다고 주장한다(『파이돈』, 96a-107b 참조). 스피노자는 "서로 다른 속성을 소유하는 실체는 서로 간에 공통되는 어떤 것도 갖지 않는다."고 주장한다.(『에티카』, 정리2) 따라서 스피노자에 의하면 서로 다른 속성들이 소통하기 위해서는 한 실체 내에 있어야 한다. 종합을 위해서는 한 실체 안에 있다는 공통점이 필요하다. 우리는 들뢰즈가 이질적인 항들의 종합을 위해서는 어떤 매개 혹은 공통된 원리가 필요하다고 전제한다는 것을 발견할 수 있다. 그가 제시한 원리는 어두운 전조 혹은 역설적인 요소인 빈 칸, 잃어버린 대상 등이다. 그러나 동양적 사유의 이미지에서도 이질적인 요소들 간의 배척은 자연스러운가? 예를 들어서 한국인이 우리에게 음과 양이 섞이는 것은 자연스럽게 느껴지지 않는가? 본고에서는 이를 다룰 능력이 없다. 따라서 추후 연구과제로 남겨두도록 하겠다.

않는다. 이런 맥락에서 들뢰즈가 기관 없는 신체의 끌어당김을 기적 기계라고 부른 이유는 그가 이질적인 항들 간의 내재적인 종합에 합리적인 이유를 제시할 수 없었기 때문이라고 추론할 수 있다. 제3항을 도입하지 않고 물체 내재적으로 이질적인 두 항이 종합되는 것은 기적적인 일이다. 들뢰즈는 이 모순에 대해 "블랙 유머가 떠맡는 일은 모순들을 해결하는 것이 아니라, 모순들이 없는 듯이 모순들이 전혀 없었던 듯이 만드는 것"이라는 모호한 말로 답할 뿐이다.[168] 하지만 철학에서 기적이라는 원리에 기대는 것이야말로 블랙 코미디 아닐까? 우리는 들뢰즈가 기적에 의존하기보다는 새로운 종합 원리를 발견했다고 생각해야 하지 않을까?

본고는 『안티 오이디푸스』에서 역설을 대신하여 욕망의 생산이라는 원리가 나타난다고 주장한다. 기관 없는 신체가 욕망 기계를 끌어당길 때 등록의 생산이 일어난다. 욕망 기계들의 연결과 절단이 생산의 생산이라면 기관 없는 신체 위에 욕망 기계들이 등록되는 일은 등록의 생산이다. 기관 없는 신체 위에 등록된 욕망 기계 위에서 다시 소비의 생산이 일어난다. 더 나아가 반생산마저도 생산이다. 『안티 오이디푸스』를 지배하는 존재론적 원리는 생산이다. 모든 것은 욕망의 생산 과정 속에 있다.

그러나 생산 역시도 욕망 기계와 기관 없는 신체 간의 긴장에 대

---

168) AO, 38

한 완벽한 답변은 되지 못하는 것이 아닐까? "기관 없는 충만한 몸은 반생산에 속한다."[169] 그런데 어떻게 반생산은 생산에 속할 수 있는가? 다만 기적에 의거해서? 이러한 긴장은 『안티 오이디푸스』전반에 걸쳐 나타난다. 예를 들어서 우리는 욕망이 본성적으로 흐르기를 욕망하는 동시에 억압과 탄압이 욕망할 수 있는지 물을 수 있다. 또한 들뢰즈는 욕망을 탄압하는 국가가 외부에서 온다고 말하는데 이는 욕망의 외부가 존재한다는 것을 의미하는지 물을 수도 있다. 어떻게 욕망을 모든 것의 원리로 만들면서 억압과 국가와 같은 욕망의 외부를 설정할 수 있다는 말인가? 우리가 역설에 기대지 않는다면 말이다.

본고는 아직 그에 대한 충분한 답을 갖고 있지 못하며 이는 추후 연구과제로 남겨두겠다. 다만 우리는 역설이 아닌 욕망을 원리로 설정했을 때 얻을 수 있는 실천적인 이점들을 발견할 수 있다.[170] 역설을 원리로 삼을 때 우리는 결핍이, 즉 우리가 닿아야 하지만 닿을 수 없는 어떤 잃어버린 대상이 '우리'에게 본성적이라고 이해하게 된다. 또한 역설이라는 선별 기준을 충족시키기 위해서

---

169) AO, 33

170) 우리는 지젝의 『신체 없는 기관』에서 『안티 오이디푸스』의 분열자와 『의미의 논리』의 마조히스트라는 '우리'에게 제시될 수 있는 두 가지 선별 기준에 대한 탁월한 비유를 발견할 수 있다. "다수적인 정념들의 흐름 속으로 아무런 유보 없이 스스로를 내던지는 분열자라는 형상, 그리고 꼼꼼하게 무대화된 연기를 통해 동일한 불모적 몸짓을 계속해서 반복하는 장소인 그림자 극장을 고수하는 마조히스트라는 형상의 대비보다 더 강한 대비를 실로 상상할 수 있는가?"(p68) 그러나 본고와는 다르게 지젝은 실천의 측면에서 『안티 오이디푸스』보다 『의미의 논리』를 높게 평가한다.

'우리'는 물체적인 것에서 벗어나 표면의 역설을 '우리' 안에 실현해야 한다. 그러나 이는 표면의 균열을 따르는 죽음과 고통의 과정이다.

이에 비해 생산을 존재의 원리와 '우리'의 선별 기준으로 받아들일 때 우리가 해야 하는 일은 단지 자연스러운 욕망을 흐르게 하는 것이다. 우리는 도처에 우리의 욕망들을 연결해야 한다. 이는 우리의 물체적인 본성과 대립하지 않는다. 우리의 신체 역시도 욕망 기계들의 구성체이다. 따라서 우리는 신체들을 최대한 많은 다른 기계들에 접속시키면서 흐름들을 생산하면 된다. 이러한 과정에서 물체적인 것들은 긍정된다. 부정되는 것은 신체가 아니라 신체의 흐름이 흘러가지 못하도록 막는 정신적인 억압 기제인 오이디푸스와 탄압기제인 국가와 사회의 법이나 규율 등이다. 우리가 해야 할 일은 우리의 욕망 기계들을 억압과 탄압으로부터 자유롭게 하는 일이다. 욕망은 '우리'에게 우호적이다.

이론적인 측면을 떠난 실천적인 측면에서 역설로부터 생산으로의 전환은 명백한 이점을 지닌다. 우리는 들뢰즈가 생산을 원리로 채용할 때 이론적인 정합성보다는 실천에 더 큰 가치를 두고 있었을 것이라고 추론해 볼 수 있다. 들뢰즈에게 중요했던 것은 개념의 창조라는 철학적 행위와 창조적 사유의 장을 열어주는 실천이지 이론적인 정합성의 추구는 아니지 않았을까? 우리는 『안티 오이디푸스』를 살피면서 이러한 점에 대해 좀 더 구체적으로 다루어 볼 것이다. 그러나 이에 앞서서 좋은 대상 이후의 동적 발생 과정에 대해 다루고자 한다.

표면의 발생

우리는 좋은 대상 이후의 동적 발생 과정을 향해 나아갈 것이다. 동적 발생은 원리로부터 결과를 도출하는 방식이 아니라 관찰된 경험적 사실들을 해석하는 방식에 따라 설명된다. 따라서 원리로부터 결과가 발생하는 과정을 일관된 관점에서 정리할 수 없다. 따라서 우리는 각각의 발생 과정을 정리하고 이와 관련한 연구자들을 주석들을 참고하면서 동적 발생에 관한 문제를 다루고자 한다. 우리는 각 과정들을 간략히 서술한 후에 부분적 표면과 물리적 표면에서 형이상학적 표면으로의 승화와 관련하여 서동욱과 키스 포크너의 텍스트를 살펴보면서 논의를 심화시킬 것이다.

다만 우리는 언어의 형성에 대해서 구체적으로 다루지는 않을 것이다. 왜냐하면 언어의 발생에 관한 들뢰즈의 설명이 불충분하다고 생각하기 때문이다. 동적 발생 과정의 순서는 정신분석학이 제시하는 유아가 성인이 되어가는 과정을 따른다. 그런데 언어의 발생은 정신분석학의 주된 주제가 아니다. 들뢰즈는 주체의 발생 과정과 언어가 발생하는 과정을 연결시키려고 한다. 하지만 두 과정 사이의 연결은 명확한 근거를 지니지 않는다. 예를 들어 들뢰즈는 "음소들을 성감대에, 형태소들을 팔루스적 단계에, 의미소들을 오이디푸스의 진화와 거세 콤플렉스"[171]에 연결시킨다. 들뢰즈는 르클레르의 책을 근거로 들며 한 페이지 정도의 설명을 제시한다. 그러나 그 설명만으로는 언어와 오이디푸스 과정 간의 연결이 가지는 관계가 명확하게 입증되지 않는다. 물론 이를 바탕으로 들뢰즈의 언어이론을 주제로 삼아 논의를 심화 할 수 있을 것이다. 다만 본고에서는 언어이론을 다루지 않을 것이다. 언어이론보다는 우리는 심층으로부터 표면으로의 이행과정에 주목할 것이다.

구체적인 논의에 들어가기에 앞서 표면의 발생 과정을 간략히 요약해 보자. 상층의 좋은 대상에서 아직 표면은 형성되지 않았다. 표면의 발생은 좋은 대상에 의해서 이루어진다. 좋은 대상은 부분적 표면을 가능하게 하며 부분적 표면은 팔루스의 이미지에 의해 접속되어 물리적인 표면을 형성한다. 물리적인 표면은 심층과 상층의 특성에 따라 부모의 이미지를 갖는다. 이미지에 따르면 심층의 어머니는 상처 받았고 상층의 아버지는 부재한다. 아이는 팔루스의 이미지를 통해 어머니를 치유하고 아버지를 다시 소환하려는 의도는 갖는다. 이러한 의도가 오이디푸스 콤플렉스이다. 그러나 아이의 좋은 의도는 좋지 않은 결과를 가져온다. 이 결과에 따라

---

171) 『의미의 논리』, p375

아이는 팔루스적 힘에서 거세된다. 그러나 거세는 새로운 결과를 낳는다. 거세는 물리적 표면에서 형이상학적 표면으로의 이행을 가능하게 한다.

표면의 원리: 이미지

동적 발생의 과정은 아이가 소음으로부터 의미의 표면으로 올라가는 이야기이다. 좋은 대상을 통해 아이는 심층의 무의미한 소음들로부터 목소리를 추출할 수 있게 된다. 비록 아이는 그 내용을 알 수는 없지만 사람들의 목소리가 다른 소음으로부터 구별된다는 것을 알게 된다.

그러나 우리가 표면에 도달하기 위해서는 목소리에서 더 나아가야 한다. 의미를 위해서는 표면이 형성되어야 한다. 우리는 앞서서 심층의 부분대상들과 기관 없는 신체, 그리고 상층의 좋은 대상을 발견했다. 부분대상들과 기관 없는 신체라는 이질적인 요소들은 좋은 대상을 발생시킨다. 이를 통해 우리는 다시 심층과 상층이라는 두 가지 이질적인 층위를 얻는다. 심층과 상층의 종합은 무엇을 발생시키는가? 바로 부분적 표면들이다. 부분적 표면들은 심층에 대한 상층의 반작용에서 기인한다. 상층은 심층의 충동들을 다른 층위에 위치하도록 한다. 우리가 주목해야 하는 것은 심층과 상층이라는 이질적인 층위들의 종합으로 인해 다른 본성을 갖는 표면의 계열이 발생했다는 사실이다.

표면의 원리는 이미지이다. 심층의 부분대상들의 세계에서 오직 보존충동, 즉 생존에 대한 추구만이 우세했다면 표면에서 아이는 보존충동으로부터 새로운 추구 대상인 이미지를 분리해 낸다. 프로이트에 따르면 "처음엔 성감대의 만족이 음식물 욕구를 만족시키는 것과 함께 동반되는 일"이었다. 그러나 "성적 행위는 처음에는 생존에 기여하는 기능에 의존하고 있지만, 후에는 이것으로부터 독립하게 된다." 예를 들어서 부분대상의 층위에서 아이가 음식물을 추구했다면 표면의 층위에서 아이는 음식물이 아니라 빠는 행위의 이미지를 추구하게 된다. 왜냐하면 "아이는 생애 첫 번째 그리고 생존에 가장 중요한 활동으로써 엄마 젖(또는 그 대체물을 바는 것)을 빠는 것을 통해 이미 이러한 즐거움에 친숙해 졌을 것"이기 때문이다.[172]

유아는 이미지를 통해 표면에 내재적인 과정과 법칙을 설립한다. 따라서 표면은 유아가 심층의 보존충동과 파괴적인 충동으로부터 해방될 때 구성된다. 표면은 성감대를 통해 새로운 이미지를 제공하면서 충동들을 다른 층위에 정향시킨다. 보존충동은 유아가 생존하기 위한 양분을 찾는 것을 뜻한다. 파괴충동은 부분대상의 세

---

172) 지크문트 프로이트, 『성에 관한 세 편의 해석』, p103.

계들의 파편화와 관련한다. 부분대상 세계들은 동일성이 없기 때문에 유아는 대상들과 함께 계속해서 파괴되고 파괴한다. 유아는 성감대에서 새로운 대상을 발견하면서 보존충동과 파괴적인 충동으로부터 해방된다. 이미지를 통해 보존충동과 파괴충동에서 이중적으로 해방된 표면을 구성하는 에너르기인 리비도가 구성된다. 이미지들은 아이 외부의 부분대상들이 아니라 그를 통해 아이가 얻어낸 것이다.[173] 심층과 상층이 유아의 신체에 외적이라면 이미지들을 통해 유아는 자신의 신체 내부에 하나의 지대들을 만든다.

부분적 표면

부분적 표면은 유아의 전-생식적 성감대와 관련한다. 나중에 팔루스에 의해 유아의 성감대는 통합된다. 그러나 부분적 성감대는 아직 통합되지 않았다. 예를 들어 팔루스적 접속 이전에 입의 쾌락과 항문의 쾌락은 별개이다. 부분적 표면은 "나르시스즘적 소에고에 의해 특성화되어야"하며 "성적 조직화에 관련하여 자기만족적"이다.[174] 부분적 표면의 자기만족적인 성격에 대한 들뢰즈의 설명

---

173) 프로이트, 같은 책, p121, []는 필자 추가. "[전 생식기적 체제의] 성 활동은 음식물 섭취 활동과 분리되고 자신의 신체를 대상으로 삼음으로써, 타인이란 대상을 포기한 것으로 볼 수 있다."

174) LS, 328-329.

은 압축적이다. 따라서 들뢰즈의 텍스트만으로는 이해하기에는 어려움이 따른다. 서동욱은 부분적 표면에 관해 훌륭한 연구를 남겼다. 따라서 우리는 서동욱의 텍스트를 참조하면서 부분적 표면에 대한 논의를 진행하도록 하겠다.

서동욱은 들뢰즈의 욕망하는 기계와 라캉의 부분 충동을 대응시킨다.[175] 우리는 서동욱이 이해하는 라캉의 부분 충동이 『의미의 논리』의 부분적 표면과 정확히 상응한다는 것을 발견할 수 있다. 부분 충동과 부분적 표면 모두 성감대에 관련한다. "라캉이 제시하는 바에 따르면 네 가지 성감대가 있으며, 이에 상응하는 서로 구별되는 네 가지 충동이 있다. 〈입-구순충동〉, 〈항문-항문 충동〉, 〈눈-시각적 충동〉, 〈귀-청각적 충동〉이 그것이다."[176] 그러나 우리의 논의에서 중요한 것은 각각의 충동들을 분석하는 일이 아니다. 중요한 것은 부분 충동들이 어떻게 작동하는지 아는 일이다. 우선 부분적 표면의 단계에서 성감대들은 아직 통합되지 않았으며 자기만족적이다. 기관들은 자신들을 목적으로 삼는다. 따라서 "진정한 즐거움의 원천은 기관 자체이므로 충동은 대상a의 주위를 돌아 다시 기관으로 돌아간다."[177] 대상a는 어떤 개념에 상응하는가? 서동

---

175) 서동욱, 『들뢰즈의 철학』, p155-167 참조.
176) 서동욱, 같은 책, p157.
177) 서동욱, 같은 책, p159.

욱은 대상a가 부분대상에 상응한다고 주장[178]하나, 우리는 대상a에 상응하는 개념이 좋은 대상이라는 것을 알고 있다. 왜냐하면 잃어버린 대상이라는 대상a의 특징은 시뮬라르크의 원리를 따르는 부분대상의 특징이 아니라 좋은 대상의 특징이기 때문이다. 『의미의 논리』의 부분 대상은 독자적으로는 자기 회귀적인 과정을 가질 수 없다. 왜냐하면 기관은 자기회귀적인 과정을 수행하기 위해서 좋은 대상이라는 반환점을 필요로 하기 때문이다. 우리는 이제 부분적인 표면이 어떤 과정을 통해 발생하는지 알 수 있다. 기관 없는 신체와 부분대상들로 이루어진 기관들에서 좋은 대상을 향해 충동들을 발사하고 되돌아오는 과정을 통해 자기만족적인 쾌감이 발생하면서 성감대, 즉 부분적 표면이 발생한다.

서동욱은 이러한 라캉의 부분충동과 들뢰즈의 욕망하는 기계가 유사하다고 주장한다. 왜냐하면 부분충동은 대상a를 돌아오기는 하지만 결국 과정 자체를 목적하기 때문이다. "충동이 하는 일이란 그 자신을 충동으로 계속 생산하는 것이므로, 여기서 '작동(충동이 하는 일 혹은 충동의 생산)'은 자기 생산 혹은 자기 '형성'과 구별되지 않는다." 따라서 "이러한 생산하는 충동의 본성은 들뢰즈의 욕망하는 기계의 본성과 동일하다."[179] 물론 서동욱은 대상a가 가지고 있

---

178) 서동욱, 같은 책, p157. "대상 a는 통일적인 유기체를 구성하는 신체 부위들이 아니라, 부분충동에 대응하는 파편적 조각이므로 〈부분 대상〉이라고 불린다."
179) 서동욱, 같은 책, p166.

는 결핍이라는 본성에 들뢰즈가 반대한다는 것을 안다. 그러나 그는 부분 충동은 대상a를 목적하는 것이 아니라 자기 자신을 목적하며 단지 되돌아오기 위한 준거점으로 대상a를 이용한다는 점에서 결핍과 무관하다고 주장한다. 하지만 우리는 욕망하는 기계가 작동하기 위해서 대상a가 필요하지 않다는 것을 보았다. 욕망이 작동하기 위해서는 부분대상들과 기관 없는 신체로 충분하다. 즉 『안티 오이디푸스』에서는 욕망의 종합을 위해 대상a가 요구되지 않는다. 물론 부분적 표면의 과정은 자기만족적이다. 하지만 진정한 긍정을 위해서는 잃어버린 대상이라는 요소를 종합에서 제외해야 한다. 『안티 오이디푸스』에서 더 이상 잃어버린 대상은 종합에 참여하지 않는다. 따라서 라캉의 부분 충동과 들뢰즈의 욕망 기계는 자기 충족적이라는 공통점에서도 불구하고 종합의 방식에서는 차이점을 갖는다.

부분적 표면들의 접속-물리적 표면

아이는 부분적인 표면에서 멈춰 서지 않는다. 아이는 부분적인 성감대에 머물지 않고, 총제적인 물리적 표면을 형성해 내며 이를 기반으로 형이상학적 표면을 형성해 낸다. 첫 번째 문제는 부분적 표면들, 다시 말해 각각의 성감대들이 어떻게 연결되어 총체적인 표면을 성립시킬 수 있는가이다. 부분적인 표면들을 연결시키는 것은 바로 팔루스의 힘이다. 아이는 팔루스의 이미지를 사용해서 부분적인 표면을 연결한다. 팔루스는 부분적인 표면들을 수렴시켜 총체적인 표면을 설립한다. 연결 이후에는 아이의 페니스가 성감대의 중심이 된다.

"표면들의 팔루스적 접속"은 "부모 이미지들에 근거하는 오이디푸스적 표면 구축들을 필연적으로 동반"(LS, 368)한다. 부모의 이미지는 심층과 상층의 이미지를 담고 있다. 아이는 심층과 상층의 부정적인 특성들을 통해 부모 이미지를 만들어낸다. 심층과 관련하여 어머니는 상처 입었고 상층과 관련하여 아버지는 무한히 후퇴한다. 이에 따라 부모의 이미지는 두 가지 위협을 보여준다. 부분 대상들의 세계는 아이와 어머니를 상처 주며 상층의 세계는 무한히 후퇴한다. 오이디푸스는 이러한 위협을 막으려는 두 가지 의도에 의해서 설명된다. 오이디푸스적인 의도는 더 이상 심층의 페니스가 어머니의 몸에 상처를 주지 않도록 막으며, 상층의 페니스가 후퇴하여 심층으로 돌아가지 않도록 저지하는 것이다. 아이는 그가 가진 팔루스적 역량을 가지고 이를 행하려고 한다. 그것은 "어머니의 몸 자체에 표면을 다시 만들고 물러난 아버지를 다시 오게 만드는 것으로 간주된다."[180] 오이디푸스는 심층의 괴물을 몰아내

---

180) LS, 334

고 상층의 권력자들과 연대하려고 한다.[181)]

물리적 표면과 형이상학적 표면

물리적 표면에서 형이상학적 표면으로의 이행은 두 가지 방식으로 설명된다. 첫 번째는 오이디푸스적 의도와 결과 사이의 차이이고 두 번째는 전-생식적 계열과 생식적 계열 사이의 이접과 공명이다. 첫 번째 설명은 의도의 실패가 이행을 초래한다는 것이다. 우리는 아이가 어머니를 치유하고 아버지와 연대하려는 좋은 의도를 지니는 것을 보았다. 하지만 이 좋은 의도에 비해서 결과는 좋지 못하다. 의도된 행위는 표면을 치유하고 소환하는 것이다. 그러나 의도된 행위로부터 발생하는 결과는 의도와 다르다. 왜냐하면 아이는 페니스를 통해 표면을 접속했는데 어머니에게 페니스는 본성적으로 부재한다는 것과 아버지를 소환하기 위해서는 후퇴라는 아버지의 본질을 배반해야 한다는 것을 깨닫기 때문이다. 결국 오이디푸스는 아버지를 죽이고, 어머니를 거세하고, 자신 역시도 죽고 만다. 어린 아이는 자신의 페니스로부터 거세된다. 그는 이제 성적 에너지에서 단절된다. 아이는 형이상학적인 영역으로 이행한다. 의

---

181)　LS, 340

도와 결과의 차이가 물리적 표면과 형이상학적 표면의 차이를 발생시킨다. 물리적 표면이 아직 물체적이라면 형이상학적 표면은 순수 사건의 영역이다. 아이가 심층적 원인에서 벗어나 형이상학적인 표면에 도달하기 위해서는 오이디푸스화 과정과 거세를 거쳐야 한다.[182] 우리는 동적 발생이 오이디푸스에 의해 지배되고 있다는 것을 확인할 수 있다.

두 번째 설명은 성적인 두 계열인, 전-생식적 계열과 오이디푸스 계열이 공명하면서 형이상학적 표면을 발생시킨다는 것이다.[183] 전-생식기는 "성기 영역이 아직 우선적인 역할을 하지 못하는 성생활 체제"[184]를 의미한다. 이때 쾌감은 부분적인 성감대에 의해 얻어진다. 이에 반해 생식적 계열의 "성 충동은 이제 생식 기능에 종속"되며, 따라서 "성감대는 성기 영역의 우위권 아래 종속된다."[185] 전-생식적 계열과 생식적 계열 사이의 차이에 의해 두 계열은 진동(공명)하며 이에 따라 강제된 운동을 일어난다. 그리고 강제된 운동이 형이상학적 표면을 발생시킨다.

키스 포크너는 두 계열의 공명과 관련하여 『의미의 논리』의 들뢰즈에게서 반-오이디푸스적인 입장을 읽어낸다. 따라서 동적 발생

---

182) LS, 349
183) LS, 390. "성적인 두 계열의 공명 운동은 강제적 운동을 유도한다. 그리고 이 강제적 운동을 신체의 심연으로 파고듦으로써, 또 정신적 표면으로 스스로를 엶으로써, 또 두 새로운 계열이 태어나게 함으로써 삶의 기초와 테두리를 넘어서버린다."
184) 프로이트, 『성에 관한 세 편의 해석』, p121
185) 프로이트, 같은 책, p133

과 오이디푸스를 연관시키는 우리의 입장에, 키스 포크너는 "들뢰즈는 『의미의 논리』에서 이미 반-오이디푸스적 입장을 정식화하고 있다"며 반박할 것이다. 그가 제시하는 근거는 들뢰즈가 "무의식의 중심에 놓여 있는 '핵심적인 콤플렉스'를 전복"한다는 것이다. 이러한 주장은 공명에 관한 그의 해석에 근거를 둔다. 포크너에 따르면 "공명이 콤플렉스를 발생시키는 방식, 그에 대한 치유가 기억으로부터가 아니라, 세 번째 종합에 속하는 '탈성화'라는 급진적인 승화로부터 일어나는 방식"[186]에 의거하여 들뢰즈는 반-오이디푸스적 입장을 정식화한다.

포크너의 주장을 반박하기 위해서는 우선 그의 논의를 따라가 볼 필요가 있다. 포크너에 의하면 들뢰즈의 반-오이디푸스적 입장은 프로이트의 오이디푸스 이론에 반대한다. 프로이트와 들뢰즈는 '치유의 방법'과 '승화의 유형'에서 구분된다는 것이다.

치유의 방법은 오이디푸스 콤플렉스의 해소와 관련한다. 프로이트는 유아의 기억이 억압되면서 콤플렉스가 발생한다고 주장한다. 따라서 프로이트는 무의식 속에 억압된 기억을 다시 꺼 내와서 재인식하면서 콤플렉스가 해소될 수 있다고 주장한다. 이에 반해 들뢰즈는 재인식을 거부한다. "재인은 아무런 중요성을 갖지 못한다. 우리가 오이디푸스 콤플렉스를 단념할 수 있으려면 우리는 먼저

---

186) 키스.W.포크너, 『들뢰즈와 시간의 세 가지 종합』, p112-113

퇴행해야 한다. 그리고 전-성기적 계열과 전이의 계열 사이에 공명을 수립해야 한다."[187] 들뢰즈는 경험적 과거에 대한 재인으로는 치유가 일어나지 않는다고 주장한다. 들뢰즈는 순수 과거의 체험을 거쳐서, 강요된 운동을 유발하고, 이접적 종합을 거칠 때 콤플렉스가 해결된다고 주장한다. 따라서 우리는 경험적 과거를 재인하기보다는 순수 과거를 체험해야 한다. 순수 과거는 비자발적인 기억에 의해 체험되며 현재와 공명을 일으키며 강요된 운동을 유발한다. 그러나 들뢰즈에게 강요된 운동은 치유의 최종 단계가 아니다. 왜냐하면 "이 최초의 운동은 충족되지 못한 요구의 불만족에서 솟아오르는 미움을 야기"[188]하기 때문이다. 따라서 들뢰즈는 강요된 운동에서 이접적 종합으로 이행해야 한다고 주장한다.

이접적 종합을 살펴보기에 앞서서 우리는 치유의 방법에 관한 키스너의 주장을 검토하고자 한다. 키스너가 제시하는 들뢰즈와 프로이트의 첫 번째 차이는 치유를 위한 방식의 차이이다. 프로이트는 경험적 과거에 대한 재인식을, 들뢰즈는 순수과거에 대한 비자발적 기억을 제시한다. 물론 재인과 비자발적인 기억 사이의 차이는 크다. 재인은 능동적인데 비해서 비자발적인 기억은 수동적이다. 그러나 비자발적인 기억은 반-오이디푸스적 입장을 정립하고 있는가? 우리는 이에 동의하지 않는다. 비자발적인 기억의 대상은 기억해야하지

---

187) 같은 책, p115-116.
188) 같은 책, p117

만 기억할 수 없는 대상이다. 따라서 비자발적인 기억은 라캉의 잃어버린 대상의 형식을 따른다. 순수 과거는 어떤 부재를 통해서만 나타날 수 있는 대상이다. 프로이트의 경험적 과거나 순수 과거 모두, 우리가 상실했지만 되찾아야만 하는 무엇을 나타낸다.

우리는 『안티 오이디푸스』에서 나타난 반-오이디푸스적 정립의 핵심을 부재와 결핍을 배제하는 종합의 원리로 이해한다. 욕망 기계는 아무런 결핍도 원리로 삼지 않는다. 욕망 기계는 아무것도 잃어버리지 않았다 그렇기에 욕망 기계는 자신 안에 내재적인 종합의 원리를 갖는다. 따라서 비자발적인 기억이 어떤 부재를 상정하는 이상 반-오이디푸스적 입장을 정립했다고 보기는 힘들다. 물론 키스너 역시도 비자발적인 기억은 콤플렉스의 최종적인 해소가 아니라고 주장한다. 오히려 비자발적인 기억은 강요된 운동과 공명의 원인에 불과하다. 따라서 키스너는 반-오이디푸스적 정립은 공명에 의한 이접적인 종합에서 최종적인 근거를 찾아야 한다고 주장할 것이다. 우리는 재인과 비자발적인 기억의 차이가 반-오이디푸스적 정립으로 이어지지 못한다는 것을 확인했다. 다음으로는 우리는 공명에 따른 '승화의 유형'의 차이가 반-오이디푸스적 정립을 의미하는지 검토할 것이다.

승화는 프로이트의 개념이다. 승화에 의해 아이는 성적 에너지를 지성적 에너지로 바꾼다. 포크너는 프로이트의 『문명과 불만』을 통해 승화 개념을 이해한다.

"프로이트는 승화가 '지성적 작업'에서 쾌락을 발견함으로써 '지성적 목적들을 그것들이 외부 세계로부터의 불만족에 충돌할 수 없는 방식으로' 방향전환 시킨다고 본다. 이때의 지성적 작업을 통해 발견하는 쾌락이란 '예술가가 창조에서, 자신의 환상들을 실체화하는 데서 얻는 기쁨, 혹은 문제를 풀거나 진리를 발견하는 과학자의 기쁨'과 같은 것들이다."(키스 포크너, 『들뢰즈와 시간의 종합』, p120-121, ''는 프로이트의 『문명과 불만』 재인용)

프로이트에 의하면 오이디푸스 콤플렉스는 완전히 치유될 수 없다. 따라서 불만족을 해소하기 위해서는 욕망을 승화하여 지성 속에서 새로운 쾌락을 찾아야 한다. 이러한 성적 대상에서 지성적 대상으로의 이행이 프로이트의 승화의 핵심이다. 그렇다면 프로이트의 승화와 들뢰즈의 승화는 어떤 차이점을 갖는가? 프로이트적인 승화가 가지는 문제점은 승화가 제시하는 가치가 기존의 사회의 가치에 부합한다는 점이다. "프로이트는 승화의 사회적 효용성 때문에, 그것이 문화의 지속을 보장한다고는 이유로, 지배본능과 더불어 그것이 창조를 고무한다는 점에서 승화를 지지한다."[189] 프로이트가 승화를 긍정적으로 평가하는 이유는 승화를 통해 쾌락, 즉 욕망들이 적절히 관리될 수 있기 때문이다. 이런 점에서 승화는 오

---

189) 같은 책, p123

이디푸스 콤플렉스와 타협하고 있다. 승화는 오이디푸스 콤플렉스를 다음 세대로 유지하기 때문이다. 이에 따라 오이디푸스와 콤플렉스와 승화라는 과정은 계속 반복한다.

키스너는 "단순한 승화 대신에 들뢰즈는 도착이라는보다 급진적인 탈성화를 제안"[190]한다고 주장한다. 도착은 사이에 있다는 점에서 표면과 위상을 같이 한다. 표면이 높이와 심층 사이에 있다면 도착은 신경증과 정신이상 사이에 있다. "프로이트에 의하면 첫 번째[신경증]가 현실에 기여하는 반면, 두 번째[정신이상]는 이드의 본능에 기여한다. (……) 도착자는 이 두 가지 행위를 동시에 수행하고, 그럼으로써 두 면 위에서 작동한다."[191] 프로이트가 심층에서 재현으로 나아간다면, 들뢰즈는 심층과 재현 사이에서 머문다. 들뢰즈는 승화를 통해 현실과 사회의 재현적인 요구들에 순응하기보다는, 도착을 통해 현실과 심층 사이의 새로운 장소인 표면에 머물기를 원한다. 표면 속에서 재현과 심층에 구분되는 새로운 사고가 출현한다.

승화를 통해 도달하는 재현적 영역과, 도착을 통해 도달하는 표면 사이의 차이를 발견한 키스너의 분석은 탁월하다. 다만 우리는 『안티 오이디푸스』의 주인공이 표면의 도착자가 아니라 심층의 분열자라는 사실에 주목해야 한다. 오이디푸스는 현실에 순응하는

---

190) 같은 책, p124.
191) 같은 책, p127-128

신경증자로 남을 것인지 심층에 떨어져 아무것도 구분하지 못하는 분열자가 될 것인지 양자택일의 문제를 제시한다.[192] 『의미의 논리』에서 들뢰즈는 둘 사이의 표면이라는 도주로를 택한다. 그러나 표면에 '우리'를 위한 자리가 마련되어 있는가? 우리는 표면이 협소한 장소로 제시되어 있다는 것을 보았다. 재현적 세계에서도 물질적 심층에서도 우리는 표면을 찾을 수 없다. 따라서 표면은 원칙적으로 잃어버린 장소로 드러난다. 모든 기준은 표면을 따라 제시되지만, 우리는 어디서도 그것을 발견할 수 없다. 따라서 표면에 접속하는 일은 우리에게 파국을 요구한다. 우리는 재현적 세계에 순응해서는 안 되며, 우리의 물체적 실존으로부터도 우리를 분리해야 한다. 따라서 표면을 추구하는 일은, 우리에게 몰락이자 균열일 뿐이다.[193]

『안티 오이디푸스』의 반-오이디푸스적 정립이란 오이디푸스적 구

---

192) 우리는 안티 오이디푸스에서 이중 구속이라는 개념을 발견한다.(AO, p148-155 참조) 이중 구속은 도주로 없는 막다른 골목에 우리를 밀어넣는다. 들뢰즈가 드는 예는 아버지가 자신을 비판하라고 아들을 설득하는 경우이다. 아버지는 표면적으로는 자신을 비판하라고 하지만 실상 비판을 거부하는 제스처를 취한다. 오이디푸스에서 이중구속은 신경증적 동일화와 규범적 내면화 사이에서 일어난다. 그러나 "이쪽이나 저쪽이나 모두 오이디푸스요, 이중의 막다른 골목이다."(AO, 148) 물론 재현-표면과 내면화-동일시 사이에 완전한 일치가 일어나는 것은 아니다. 그러나 규범적 내면화는 사회적 질서를 받아들인다는 점에서 재현적 세계와 공통점을 지닌다. 신경증적 동일시는 표면에 일치하려는 우리의 윤리적 노력과 대응될 수 있다. 이러한 측면에서 우리는 재현과 표면 사이의 양자택일도 이중구속이라고 이해할 수 있을 것이다. 재현이나 표면이나 모두 오이디푸스적 구도를 전제로 할 뿐이다.

193) 재현과 심층으로부터 떠난 제3의 장소가 혹은 신경증과 정신이상으로부터 떠난 제3의 장소가, 떠나온 장소보다 유쾌하리라는 보장은 어디에도 없다. 최인훈의 『광장』에서 주인공 이명준은 남과 북을 떠나 중립국을 택한다. 그러나 이명준의 광장은 점점 더 좁아져 발 디딜 곳조차 없게 된다. 이명준은 결국 중립국을 향하는 배 위에서 바다에 뛰어들어 자살한다. 중립국은 도달해야만 하는 장소지만 결코 도달할 수 없는 장소이다. 이명준의 머릿속에만 있는 장소a이기 때문이다. 『광장』은 대상a의 추구가 가지는 도피적 성격을 가장 잘 보여주는 소설이 아닐까?

도를 재해석하는 일을 뜻하지 않는다. 『안티 오이디푸스』의 "분열분석은 오이디푸스를 해결하겠다고 나서지 않으며, 오이디푸스적 정신분석보다 그것을 더 잘 해결할 수 있다고 자부하지 않는다. 오히려 그것은 무의식을 탈-오이디푸스화해서 진정한 문제들에 도달하려고 한다."[194] 신경증과 분열증의 이중구속이라는 구도를 우리가 받아들일 필요가 있는가? 신경증과 분열증의 사이를 해결책으로 제시하는 일은 오이디푸스적 구도를 받아들인다는 점에서 탈-오이디푸스적이지 못하다. 차라리 안티-오이디푸스의 진정한 정립은 물체적 심층에 대한 격하가 오이디푸스적인 조작이라는 것을 밝히는 일이다. 심층의 복권이 문제인 것이다. 재현을 추구하든 표면을 추구하든, 두 경우 모두 물체적 심층을 피해야만 하는 장소로 간주한다는 공통점을 갖는다. 안티-오이디푸스는 오이디푸스 구도에 대한 재해석에서 정립되지 않는다. 오히려 오이디푸스 구도를 깨뜨릴 때, 즉 물체적 심층을 '우리'를 선별하기 위한 기준으로 격상시킬 때 오이디푸스는 극복된다.

---

194) AO, 151

3장
안티 오이디푸스

『안티 오이디푸스로』로의 이행

우리는 『차이와 반복』과 『의미의 논리』에서 재현적 세계와 미분화된 심층에 대한 거부를 읽어냈다. 들뢰즈는 우리의 선별 기준이 되기에 두 세계 모두 적절치 못하다고 생각한다. 재현적 세계가 거부되는 이유는 그것이 어떠한 창조적 역량도 가지고 있지 못하기 때문이다. 재현적 세계는 다만 모든 발생 과정의 마지막에 오는 결과에 불과하다. 그러나 창조와 새로움은 결과가 아니라 원인이다. 창조와 새로움으로부터 다른 무언가가 발생하는 것이기 때문에 결과 속에서 우리는 창조의 흔적만을 발견할 뿐이다. 재현은 창조의 역량을 지니지 못한다.

미분화된 심층이 거부되는 이유 역시도 창조와 관련하여 생각해 볼 수 있다. 물체적 심층은 힘을 가지고는 있다. 그러나 그 힘은 창조의 역량을 결여한 것으로 나타난다. 물체 속에는 아무런 종합의 원리도 존재하지 않는다. 심층은 순수 카오스로 이해된다. 물체는 종합할 수 없기에, 스스로는 아무것도 창조해 낼 수 없다. 따라서 『차이와 반복』에서는 비물체적인 이념들의 미분비들이, 『의미의 논리』에서는 잃어버린 대상의 역설적인 요소가 물체의 종합을 위한 원리로 요구되었다. 이념과 역설적인 요소는 물체에 내재적이지 않다. 따라서 종합의 원리들은 물체의 밖에서 찾아진다. 『의미의 논리』에서 우리는 무의미한 물체들의 심층으로부터 탈출하기 위해 오이디푸스의 과정을 거쳐야 한다고 말해진다.

그러나 혹시 물체들이 아무것도 분별해 낼 수 없다는 것은 하나의 편견 아닐까? 혹은 조작된 이미지 아닐까? 『안티 오이디푸스』에서는 심층이 분화되지 않았다는 생각은 오이디푸스 콤플렉스에 의해서 조작된 이미지였던 것으로 드러난다. "미분화를 그것이 창조하는 분별들의 이면으로 창조하는 것이 바로 오이디푸스 콤플렉스"인 것이다.[195] 오이디푸스 콤플렉스는 의도적으로 심층의 역량, 즉 무의식의 역량을 격하시킨다. 우리는 어떻게 물체적 역량을 되찾을 수 있는가? 그것은 오이디푸스 비판을 통해서이다. 이를 통해서만 우리는 잊혀진 물체의 역량을 되찾을 수 있다. "우리는 하나

---

195) AO, 146. 오이디푸스는 인물적인 변별과 물체들의 미분화라는 두 가지 조작된 이미지를 만들어 낸다. 인물적인 변별은 우리 안에 존재하는 무의식인 세계 전체를 망각시킨다는 점에서 재현의 층위에 관련할 수 있을 것이다. 그러나 재현에 대한 비판은 『차이와 반복』, 『의미의 논리』, 『안티 오이디푸스』에 공통적이다. 따라서 『안티 오이디푸스』의 특이성은 물체적인 측면에서 찾아진다.

의 혁명이, 이번에는 유물론적 혁명이 오이디푸스 비판을 통해서만 일어날 수 있다고 말해야 한다."[196]

『안티 오이디푸스』의 구도

우리는 『차이와 반복』과 『의미의 논리』의 구도가 현실에서 원리로 나아가는 역행적인 분석과 다시 원리에서 현실로 나아가는 발생으로 나누어져 있다는 것을 확인했다. 우리가 실천적으로 따라야 할 선별 기준은 원리에 따라 제시된다. 예를 들어서 『차이와 반복』에서는 시간에 대한 역행적인 분석을 통해서 초월론적 장을 발견했으며, 초월론적 장의 원리인 차이는 우리에게 차이를 만들어내라는 기준을 제시한다. 또한 『의미의 논리』에서 우리는 명제들의 근거인 표면을 발견하며, 표면은 우리를 표면의 균열에 위치시키기를 요구한다.

『차이와 반복』과 『의미의 논리』에서는 현실적인 것들의 근거를 추적해나가면서 현실로부터 원리에 나아갔다. 현실적인 것들에 대한 분석에서 우리는 현실이 자기 근거를 가지고 있지 못하다는 것을 발견한다. 따라서 더 깊은 층위의 원리가 도입되어야만 한다. 『안

---

196)　AO, 139

티 오이디푸스』에서는 자본주의가 우리의 현실로 제시된다. 우리는 자본주의 사회에 위치하고 있다. 따라서 역행적인 분석은 자본주의 사회에서 형이상학적 원리로 나아가야 한다. 그러나『안티 오이디푸스』에서 역행적인 분석은 명시적으로 나타나지 않는다. 오히려『안티 오이디푸스』는 형이상학적인 원리로부터 시작하는 것처럼 보인다.

형이상학적 원리는 욕망적 생산이다. 이 원리에 따르면 욕망은 끊임없이 연결·등록·소비하면서 새로운 흐름들을 생산해 낸다. 그러나 우리의 역사 속에서 욕망은 억압되고 탄압되어 왔다. 따라서 욕망적 생산과 사회적 생산은 다르게 나타나게 된다. 그렇다면 언제 사회적 생산 속에서 욕망 생산이 실현되는가? 아니 차라리 사회적 생산과 욕망적 생산은 언제 하나가 되는가? 둘이 일치하게 되는 것은 자본주의의 극단인 미래에 이르러서이다. 자본주의가 가진 진정한 역량이 실현될 때 사회적 생산과 욕망적 생산은 일치하게 된다. 들뢰즈가 말하는 보편사란 역사의 시작에는 서로 분리되었던 욕망적 생산과 사회적 생산이 일치하게 되는 과정이다. 우리는 욕망적 생산이라는 원리와 원리가 적용되어온 역사만을 발견한다. 원리는 역사의 끝에 이르러 사회 속에서 실현된다.

욕망적 생산에서 현실로 나아가는 발생은 두 가지로 나누어 볼 수 있다. 첫 번째는 보편적인 욕망적 생산의 과정이다. 욕망은 종합을 통해서 강도적 주체들을 생산한다. 이러한 욕망의 흐름은 모든 존재에 공통된다. 두 번째는 특수한 인간 사회의 발생 과정이다. 두 번째 과정은 욕망이 인간 역사 속에서 현실화된 특정한 형태를 보여준다. 욕망적 생산은 인간 역사에서 원시 영토 사회-전제 군주 사회-자본주의 사회라는 특수한 형식 속에 위치한다. 그러나 인간 사회의 생산 형식과 욕망적 생산의 형식은 일치하지 않는다. 왜냐하면 사회는 욕망적 생산을 억압하고 탄압하기 때문이다. 역사의 끝인 자본주의의 분열증적 극의 승리에 이르러서야 욕망적 생산과 사회적 생산은 하나가 된다. 따라서 두 번째 과정은 시간 속에서 욕망적 생산이 사회적 생산의 탄압과 억압을 물리치게 되는 현실적 역사이다. 첫 번째 과정은 욕망적 생산의 내적인 원리를 보여준다. 두 번째 과정은 욕망적 생산이 사회적 생산 속에 특수한 방식으로 현실화되는 모습을 보여준다.

위의 두 가지 과정 모두 욕망적 생산의 내적 원리와 현실에서 욕망적 생산이 사회적 생산으로 실현되는 양상을 보여주지 현실에서 원리로 역행하는 분석을 보여주지 않는다. 우리는 『안티 오이디푸스』의 어느 부분에서 역행적은 분석을 발견할 수 있을까? 우리는 오이디푸스에 대한 비판에서 사회적 생산으로부터 원초적인 욕망적 생산을 발견하는 역행적인 분석을 발견할 수 있다. 사회적 생산이 본래적이지 않다는 게 밝혀질 때, 우리는 사회적 생산 아래 있는 원리를 발견해야 할 당위성을 얻을 수 있다. 『안티 오이디푸스』에서 역행적인 분석은 사회적 생산이 본래적이지 않다는 것을 보이는 방식으로 이루어진다. 이는 일반적 상식이 가진 오류를 제거하면서 더 깊은 원리로 나아간다는 점에서 『차이와 반복』과 『의미의 논리』의 역행적인 분석과 구조적으로 일치한다.

그렇다면 우리가 역사 속에서 발견하는 사회적 생산은 어떤 의미에서 본래적이지 않은가? 사회적 생산은 본래적인 생산인 욕망적 생산을 억압하고 탄압해 왔다. 사회적 생산은 억압과 탄압에 따른 이차적인 생산일 뿐이다. 사회적 생산에서 억압과 탄압을 걷어냈을 때 우리는 욕망적 생산이라는 생산의 원리를 발견할 수 있게 된다. 그렇다면 현재 우리가 위치한 자본주의 사회에서 억압과 탄압은 어떤 방식으로 나타나는가? 정신분석은 오이디푸스 콤플렉스를 통해서 우리의 무의식을 억압하며 이를 통해 사회의 탄압을 돕는다. 오이디푸스 콤플렉스가 억압과 탄압의 발생 근거는 아니다. 그러나 오이디푸스 콤플렉스는 자본주의 사회에서 나타나는 특수한 억압과 탄압의 방식을 보여준다. 탄압이 의식적이고 명시적인 층위에 관계한다면 억압은 무의식적 층위에 관계한다. 사회는 억압-탄압 작용을 통해 인간들을 사회의 부품으로 만든다. 오이디푸스는 억압의 도구로서 사회가 쉽게 이용할 수 있는 형식의 인간 주체들을 만들어 낸다. 오이디푸스는 인간의 무의식을 변형하여 사회 순응적인 주체로 만든다. 오이디푸스는 현재의 자본주의 사회가 욕망적 생산을 변형시키는 방식을 보여준다. 따라서 반대로 오이디푸스를 비판하면서 우리는 사회적 생산에 의해 억압되고 있는 욕망적 생산의 원형적인 모습을 발견할 수 있게 된다.

결론적으로 우리는 『안티 오이디푸스』를 네 가지 구도로 나눌 수 있다. (1) 역행적인 분석: 오이디푸스 비판을 통해서 욕망적 생산의 원형적인 모습 발견하기. (2) 보편적 원리: 형이상학적 종합이라는 욕망적 생산의 내재적인 원리. (3) 과거에서 현재까지 인간 사회의 발생: 원시시대에서 전제군주 사회를 거쳐 현재의 자본주의 사회가 발생하는 과정. (4) 현재에서 미래로 나아가기 위한 실천적인 방안: 욕망적 생산이 사회에서 원형 그대로 실현될 수 있도록 돕는 실천적인 방안인 분열 분석

『안티 오이디푸스』와 실천

우리는 들뢰즈적 동기가 선별이라고 주장했다. 선별에는 선별을 위한 기준이 필요하다. 선별은 기준에 따라 우리의 가치를 평가한다. 『차이와 반복』에서는 창조가, 『의미의 논리』에서는 표면이 선별 기준으로 제시되었다. 그렇다면 『안티 오이디푸스』의 선별기준으로 어떤 요소를 생각할 수 있는가? 우리는 『안티 오이디푸스』에서 욕망적 생산과 분열자를 발견한다. 욕망적 생산은 분열자들을 발생시킨다. 욕망적 생산은 연결 종합·등록 종합·소비종합을 거쳐 분열적 주체를 생산한다. 따라서 선별 기준에 대해 우리는 다음과

같이 물을 수도 있다: 우리는 욕망적 생산이 되어야 하는가 아니면 분열자가 되어야 하는가? 그러나 우리는 욕망적 생산과 분열자는 생산을 공통으로 갖는다는 점에 주목해야 한다. 연결 종합은 생산의 생산이고, 등록 종합은 등록의 생산이며, 소비 종합은 소비의 생산이기 때문이다. 분열자는 생산의 마지막에 오지만 자신 역시도 모든 생산과정을 다시 만들어 낸다. 따라서 생산이 선별기준으로 제시된다.

우리는 생산해야 한다. 생산하는 자가 생산하지 못하는 자보다 더욱 가치가 있다. 그렇다면 우리는 어떻게 생산할 수 있는가? 욕망의 본성은 생산이다. 따라서 욕망이 탄압되거나 억압되지 않을 때 우리는 자연적으로 생산한다. 그러나 역사 속에서 욕망은 억압되고 탄압되어 왔다. 따라서 탄압과 억압 요인들을 제거할 때 현재의 자본주의 사회에서 이상적인 미래의 자본주의로 사회로 나아갈 수 있다. 왜 『안티 오이디푸스』에서 생산을 위한 방안은 개인적인 수준보다는 사회적인 수준에서 제시되는가? 왜냐하면 '우리'는 이미 생산할 줄 알기 때문에 새로운 지침을 필요로 하지 않기 때문이다. 우리가 생산하지 못하는 이유는 우리가 무언가를 잃어버렸기 때문이 아니라, 우리가 이미 갖고 있는 역량을 사회가 억압하기 때문이다. 우리는 아무것도 잃어버리지 않았기에 되찾을 무언가를 갖고 있지 않다. 따라서 실천적인 지침은 사회적인 수준에서 제시된다. 우리가 해야 할 일은 사회적인 탄압과 억압을 걷어내는 일이다. 개인적인 수준에서 우리는 자연스러운 욕망의 흐름에 몸을 맡기면 될 뿐이다.

'우리'의 본성을 긍정한다는 실천적인 귀결은 물체의 복권이라는 형이상학적인 테마에 상응한다. 『차이의 반복』과 『의미의 논리』에서 '우리'는 자연적으로 주어진 상태에 머물러서는 안 됐다. 왜냐하면 '우리'는 무언가를 되찾아야만 했기 때문이다. 우리는 '사유해야만 하지만 사유할 수 없는 것'을 추구해야 했고, 표면의 균열로 나아가기 위해 우리 안에 균열을 만들어야 했다. 우리는 물체적 실존 속에서 사유 불가능한 사유 와 표면의 균열을 찾을 수 없다. 따라서 우리는 자연적인 본성을 넘어서기를 요구받았다. 사유 불가능한 사유 혹은 표면은 자연에 속하면서도 자연을 넘어서야 한다는 역설적인 위치를 지닌다. 하지만 우리는 역설적인 위치를 언어 속에서나 찾을 수 있을 뿐이지 않은가? 현실을 살아가는 우리에게 역설적인 위치는 추상적인 지향점을 제공해 줄 수는 있지만, 구체적인 방향성을 지시하지는 못한다. 『차이와 반복』의 들뢰즈는 감성의 폭력에 몸을 맡기라고 한다. 마치 존재의 부름을 기다리는 듯이 말이다. 우리가 존재의 흐름에 몸을 맡긴다면 그 존재의 본성을 따라 어떤 구체적인 지점을 경험할 수 있으리라고 믿는 것이다. 다만 역설 앞에서 우리는 '우리'의 실천적인 역량을 부정당했다고 느끼게 된다. 우리는 무력해지고 만다.

물체에 종합을 부여하는 일은 우리의 자연적인 역량을 긍정하는 일이다. 우리는 더 이상 생산하기 위해 우리의 밖으로 나가지 않아도 된다. 『차이와 반복』에서 폭력이 우리를 우월한 지점으로 데려다주기에 우리가 감수해야 할 것이었다면 『안티 오이디푸스』에서 폭력은 우리가 제거해야만 하는 사회의 탄압과 억압이다. 우리는 폭력 의해 우월해지는 것이 아니라 폭력의 제거에 의해 우월해진다. 생산하는 자는 스스로를 폭력 속에 가두면서 무력해지는 자가 아니라 그를 생산하지 못하도록 하는 폭력들을 넘어서는 자이다.

선별기준이 우리에게 내재적인지 초월적인지에 따라 실천은 두 가지 길로 나뉜다. 선별기준이 내재적일 때 우리는 스스로를 긍정하도록 요구받는다. 선별기준이 초월적일 때 우리는 스스로를 넘어서도록 요구받는다. 적어도 우리가 신체를 갖고 있는 한에서 내재적인 선별기준은 물체 속에서 찾아져야 할 것이다. 그러나 비물체적인 기준들이 우리에게 더 높은 지평을 보여주는 것도 사실이다. 그 기준들은 우리가 주어진 조건들을 초월하여 더 멀리 나아갈 수 있을 것만 같은 가능성들을 보여준다. 그러한 가능성들이 단순 신기루인지 아니면 가장 우월한 가치를 위해 우리를 인도하는 빛나는 별인지 알 수는 없다. 예를 들어 우리가 플라톤의 이데아를 따라갈 때 현실적인 육체와 신체에 대한 배반에 마주하는지, 영혼의 정화를 통해 신적인 존재에 가장 가깝게 다가가게 되는지 알 수는 없는 일이다. 다만 우리가 여기서 확인할 수 있는 것은 들뢰즈의 선별 기준이 우리의 물체적 본성에 외재적인 역설적인 요소로부터, 내재적인 욕망적 생산으로 옮겨 왔다는 것이다.

욕망과 사회 사이의 긴장

욕망적 생산은 보편적인 원리인가? 욕망적 생산이 보편적인 원리라고 주장하는 일은 쉽다. 어려운 것은 그러한 주장에 정합적인 체계를 만드는 일이다. 들뢰즈에 따르면 미래에 자본주의의 극단에 도달하면 사회적 생산과 욕망적 생산은 일치하게 된다. 그러나 과거와 현재의 사회적 생산은 욕망적 생산과 일치하지 않는다. 이러한 불일치는 욕망을 억압하고 탄압하지 않고서는 살아남지 못하는 사회의 본성에 의거한다. 따라서 욕망과 사회는 다른 본성을 지닌다. 욕망은 본성적으로 흐른다. 그러나 사회는 존재하기 위해 욕망의 흐름을 통제해야만 한다. 사회는 욕망에 외재적이다. 우리는 욕망과 사회라는 두 요소를 발견한다.

그러나 욕망적 생산은 우주의 보편적인 원리로 제시된다. 그렇다면 욕망적 생산의 내재적 과정 안에 사회 역시도 통합되어야만 한다. 하지만 서로 상반되는 본성을 가진 사회와 욕망이, 욕망 안에서 통합되는 것은 이상해 보인다. 사회는 욕망에 내재적인가 아니면 외재적인가? 우리는 본고에서 욕망적 생산이라는 보편적 원리와 사회의 발생이라는 특수한 역사를 살펴보면서 이를 검토할 것이다.

A. 욕망적 생산-보편적 원리

욕망 기계들과 기관 없는 신체

『안티 오이디푸스』 존재론의 두 요소는 욕망 기계와 기관 없는 신체이다. 두 요소는 욕망적 생산을 이루는 형이상학적인 세 종합의 기초가 된다. 욕망 기계는 독자적으로는 연결 종합을 행하며, 기관 없는 신체와의 관계 속에서 분리 종합과 결합 종합을 행한다. 연결 종합은 생산의 생산이며, 분리 종합은 등록의 생산, 결합 종합은 소비의 생산이다. 연결 종합에서 욕망 기계들은 서로 접속하고 절단하면서 흐름을 만든다. 분리 종합에서 욕망 기계들은 기관 없는 신체 위에 등록되면서 분배된다. 마지막으로 결합 종합에서 기관 없는 신체 위에 분배된 욕망 기계들은 유목적 주체를 생산한다.

각각의 종합들을 구체적으로 살펴보기 전에 욕망 기계와 기관 없는 신체가 무엇인지 알아볼 필요가 있다. 기관 없는 신체는 유기적이지 않은 순수 표면을 뜻한다. 욕망 기계, 즉 분열-흐름들은 기관 없는 신체 위를 흐르는 다양한 흐름들이다. 기관 없는 신체라는 표면과 그 위를 흐르는 욕망 기계들의 흐름이라는 두 가지 요소에 의해 세계의 다른 모든 것들이 발생한다.[197]

욕망의 흐름은 부분대상들에 의해 발생한다. 그러나 부분대상은 흐름들을 만드는 동시에 흐름들을 절단한다. 부분 대상들은 흐름들을 방출하는 동시에 절단하면서 또 다른 흐름들을 만들어낸다. 흐름들의 방출이 생산하기와 관계한다면, 흐름들의 절단은 절단된 흐름이라는 생산물과 관계한다. 중요한 점은 생산하기와 생산물이 동일하다는 점이다. 왜냐하면 부분대상들은 생산하는 동시에 생산되기 때문이다. 따라서 부분대상들의 연결 종합을 특징짓는 것은 계속되는 흐름들의 생산이다.

욕망 기계들의 생산하는 흐름들과 기관 없는 신체의 표면은 어떤 관계를 갖는가? 들뢰즈는 기관 없는 신체에 의한 욕망 기계들의 밀쳐냄이 발생하며 이는 "기관 없는 신체의 욕망 기계에 대한 본원적 억압"이라고 말한다.[198] 욕망 기계의 흐름들은 기관 없는 신체의 표면에 달라붙는데 기관 없는 신체는 이를 떼어내려고 하는 본성을 지닌다. 흐름들은 기관들을 생산하는데 기관 없는 신체는 이

---

197) 흐름에서 생산이 발생한다. 끊임없는 흐름 속에서 절단과 채취를 통해서 새로운 것이 항상 나타난다. "연속된 흐름들과 본질적으로 파편적이면서도 파편화된 부분대상들의 짝짓기를 욕망은 끊임없이 실행한다. (……) 하나의 횡단선 속에서, 어떤 다른 기계와 늘 하나의 연결이 설립된다. 이 횡단선 속에서, 저 처음 기계는 다른 기계의 흐름을 절단하거나, 다른 기계에 의해 자신의 흐름이 절단되는 것을 〈본다.〉"(AO, 29) 이에 반해 기관 없는 몸은 편집증적으로 모든 흐름들을 억제하고 멈추게 하려고 하기 때문에 원칙적으로는 반생산의 심급에 속한다. 그러나 『안티 오이디푸스』의 형이상학이 갖는 특이성은 반생산마저도 생산의 심급 중의 하나로 파악하는 것이다. 생산과 반생산은 원리적으로는 대립하는 것이 아니며 동일한 하나의 생산에 속한다. 문제는 어떻게 생산 속에서 반생산을 받아들일 수 있는가이다.

198) AO, 35

기관들이 자신에 들러붙는 것을 본성적으로 거부한다. 들뢰즈는 기관 없는 몸이 욕망 기계를 밀쳐내는 반작용[199]을 편집증 기계에 관련시킨다. 편집증 기계는 편집증적으로 자신의 순수한 표면을 유지하고자 한다.

끌어당김과 전유

편집증 기계의 밀쳐냄이 기관 없는 신체와 욕망 기계가 맺는 유일한 관계는 아니다. 만약 밀쳐냄만이 존재한다면 기관 없는 신체와 욕망 기계는 서로 분리된 채로 머물 것이다. 그럴 경우 욕망 기계는 순수 흐름으로만 남을 뿐이기에 아무런 분배도 갖지 못하게 될 것이며, 따라서 어떤 고정성도 발생할 수 없을 것이다. 기관 없는 신체는 욕망 기계를 밀쳐내는 동시에 끌어당긴다. 욕망 기계들을 끌어당기면서 기관 없는 신체는 욕망 기계의 생산들을 모두 전유한다. 모든 생산들은 기관 없는 신체 위에 기입되며 그렇기에 몸 위에서 모든 생산이 일어나는 것처럼 보이게 된다. 이러한 끌어당김과 전유의 활동은 기적 기계(machine miraculante)에 의해 일어난다. 그러나 기관 없는 신체가 욕망 기계를 밀쳐내는 동시에 끌어당긴다는 것은 모순되어

---

199) 욕망 기계가 기관 없는 몸에 달라붙는 행위가 선행적이기 때문에 기관 없는 신체의 밀쳐냄에 반작용이라는 표현을 사용하는 것으로 보인다.

보인다. 이러한 모순에 대해 들뢰즈는 다음과 같이 해명한다.

"이 둘[편집증 기계와 기적 기계, 밀쳐냄과 끌어당김]은 공존한다. 그
런데 여기서 블랙 유머가 떠맡는 일은 모순들을 해결하는 것이
아니라, 모순들이 없는 듯이, 모순들이 전혀 없었던 듯이 만드는
것이다. 비생산적이고 소비될 수 없는 것인 기관 없는 몸은 욕망
의 생산의 모든 경과를 등록하는 표면 노릇을 하기에, 욕망 기계
들과 기관 없는 몸을 관련시키는 외견상의 객관적 운동 속에서
전자가 후자에서 나오는 것처럼 보인다. (……) 본질적인 것은 모
든 생산력과 생산기관을 자신에게 귀속하고 이것들에다가 외견
상의 운동을 전달함으로써 준-원인으로 작용하는 마법적 기입
내지 등록 표면의 확립이다."(AO, 38, [])괄호는 필자 추가)

들뢰즈는 『안티 오이디푸스』의 1장에서 밀쳐냄과 끌어당김의 공
존이 모순이 아니라고 주장하는 데 그친다.[200] 그는 블랙 유머에

---

200) 우리는 들뢰즈를 비판하기에 앞서 그가 어떤 이유로 그렇게 주장하는지 검토해 볼 필요가
     있다. 지젝은 자신의 저서 『신체 없는 기관』에서 『의미의 논리』 나타난 준-원인 개념과 『안티
     오이디푸스』 나타난 준-원인 개념을 비교한다. 지젝에 따르면 『의미의 논리』의 준-원인은 라
     캉의 대상 a와 같이 비물질적이고 유령적인 존재자이면서 모든 인과성의 근거가 된다. 그에
     반해 『안티 오이디푸스』의 준-원인은 그 자체가 물질적인 생산의 장소가 된다. 따라서 『의미
     의 논리』에서는 생산에 대한 여백이 남아 있는 반면에 『안티 오이디푸스』에서는 모든 것이
     생산을 통해서 말해진다.(『신체 없는 기관』, p47-52 참조) 따라서 원리상 『안티 오이디푸스』
     의 존재론에서 본성상의 대립은 있을 수 없다. 왜냐하면 모든 존재는 생산에 속하기 때문이
     다. 들뢰즈는 편집증 기계와 기적 기계의 관계를 모순이나 대립으로 설명하는 것에 반대해
     야 한다. 그러나 우리는 『의미의 논리』와 『안티 오이디푸스』 사이의 차이에서 『안티 오이디푸
     스』 내적인 긴장을 식별할 수 있지 않을까? 우리는 이후에 이를 검토할 것이다.

호소할 뿐이다. 우리는 1장에서 명확한 설명을 들을 수 없다. 그러나 우리는 4장에서 이와 다른 설명을 들을 수 있다. 우리는 이후에 1장과 4장의 비교를 통해 들뢰즈가 모순들을 어떻게 다루는지 검토할 것이다.

지금 우리에게 중요한 점은 외견상으로는 기관 없는 신체에서 욕망 기계가 나오는 것처럼 보인다는 것이다. 이를 이해하기 위해 우리는 기관 없는 몸과 욕망 기계들의 결합에 통해 발생한 충만한 몸인 사회체가 무엇인지 살펴보아야 한다. 현실에서 기관 없는 몸과 욕망 기계들은 서로 결합되어 있다. 욕망 기계와의 결합에 의해 기관 없는 몸은 충만한 몸이 된다. 충만한 몸은 사회체이다. 사회체들은 역사 속에서 인간이 이루었던 구체적인 사회들을 의미한다. 들뢰즈는 사회체를 시대에 따라 원시 시대, 전제군주 시대, 자본주의 시대로 분류한다. 시대별로 생산의 원인으로 나타나는 요소는 무엇인가? 각각 토지, 전제군주의 몸, 자본이다.

이제 우리는 외견상 기관 없는 몸에서 생산이 발생하는 것처럼 보인다는 뜻을 이해할 수 있다. 원시시대에는 토지를, 전제군주 시대에는 전제군주를, 자본주의 시대에는 자본을 통해서 생산들이 일어나는 것처럼 보인다. 예를 들어서 우리는 토지가 곡물들을 생산한다고, 왕이 불가사의를 지었다고, 돈이 돈을 낳는다고 말한다. 실제로 곡물들을 생산하고, 불가사의를 짓고, 잉여가치를 만들어 낸 것은 토지, 왕, 자본이 아닌 개별적인 사람들인데도 말이다. 우리는 개별적인 사람의 수준보다 더 미시적인 욕망의 수준에서 사태를 파악할 수 있다. 사람들의 욕망은 각각의 시대마다 다른 요소를 따라 흐른다. 욕망은 원시시대에는 토지를, 전체 군주 사회에서는 왕의 명령을, 자본주의 사회에서는 잉여 가치를 향해 흐른다. 따라서 외견상의 준원인은 각각의 사회에서 욕망의 흐름 어떻게 변형되는지를 보여준다.

그러나 욕망의 본래적인 흐름은 사회체에 종속되지 않는다는 점에 주목해야 한다. 원리상 욕망 기계의 종합은 사회체의 형태와 독립적이다. 욕망이 사회체에서 발생하는 것처럼 외견상 그렇게 보일 뿐이다. 사회체는 이미 존재하는 욕망의 흐름을 변형시킬 뿐이다. 욕망 기계들의 연결 종합은 기관 없는 몸에 독립적이다. 욕망 기계가 생산하는 자유로운 흐름들은 존재의 보편적인 형식이다. 기관 없는 몸의 등록 표면은 원인이 아닌 준-원인으로 불린다. 왜냐하면 기관 없는 몸은 욕망의 진정한 원인이 아니기 때문이다. 그러나 기관 없는 몸은 원인처럼 보이며 이를 통해서만 우리는 진정한 원인에 대해 추론할 수 있게 된다. 준-원인을 통해서만 진정한 원인은 표현된다. 우리는 욕망 그 자체의 흐름들 파악할 수 없다. 욕망이 무언가에 등록되어 나타낼 때에만 우리는 간접적으로 욕망을 확인할 뿐이다.

개념의 변화-욕망 기계·부분대상·기관 없는 몸

『안티 오이디푸스』의 1장[201]과 4장[202]에서 욕망 기계·부분대상·기관 없는 신체라는 개념은 미묘한 변화를 겪는다. 1장에서 욕망 기계는 부분대상들에만 관련한다. 그리고 부분대상들인 욕망 기계는 기관 없는 몸과 대립한다. 비유기적인 기관 없는 몸은 유기체인 욕망 기계들이 자신 위에 들러붙는 것을 거부한다. 욕망 기계가 생산에 관련하는 데 비하여 기관 없는 몸은 비생산에 관련하기 때문이다.[203] 이는 밀쳐냄이라는 작용을 발생시킨다. 그런데 동시에 기관 없는 몸은 욕망 기계들을 끌어당긴다. 따라서 상반되는 본성을 가진 기관 없는 몸이 욕망 기계를 끌어당긴다는 모순이 나타난다. 이에 대한 들뢰즈의 답은 "그것이 어째서 함께 어우러져 작동하는지 묻지 말라"는 것이었다. 그러한 "물음조차도 추상의 산물"이기 때문이다.(AO, 32) 우리는 1장에서 명확한 설명을 발견할 수 없다.

4장에서 욕망 기계와 기관 없는 몸은 다른 방식으로 설명된다. 1장에서 욕망 기계-부분대상과 기관 없는 몸이 대립한다. 그러나 4장에서는 "기관 없는 몸이 부분대상들-기관들의 반대가 전혀 아

---

201) AO, p23-44 참조.
202) AO, p535-549 참조.
203) AO, 35, "편집증 기계의 발생은, 욕망 기계들의 생산의 경과와 기관 없는 몸의 비생산적 멈춤의 대립 속에서, 그 즉시 생겨난다."

니"라고 말해진다. 그 이유는 "기관 없는 몸은 반생산의 무형의 유체로서만이 아니라 흐름의 생산을 전유하는 받침대로서도 생산될 수 있기 때문이다."[204] 1장에서 기관 없는 몸의 반생산이라는 특성이 강조되었다면 4장에서는 흐름을 전유하는 받침대라는 특성이 강조된다. 따라서 1장과 달리 4장에서는 기관 없는 몸이 부분대상과 함께 욕망 기계에 포함된다. "부분대상들과 기관 없는 몸은 분열증적 욕망 기계들의 두 질료적 요소"[205]로 제시된다. 부분대상들과 기관 없는 몸이 동시에 대립하는 것은 유기체이다. 1장에서 부분대상인 기관-기계들은 유기체로 제시되며 기관 없는 몸은 비유기체적인 것으로 제시된다.[206] 그러나 4장에서는 부분대상들 역시도 비유기적이라고 말해진다. 즉 "기관 없는 몸과 부분대상들-기관들은 유기체에 공히 대립된다."[207]

우리는 변화를 세 가지로 요약할 수 있다. (1) 1장에서 부분대상들은 유기적이라고 제시되었으나 4장에서는 비유기적이라고 제시된다. (2) 1장에서 기관 없는 몸의 반생산이라는 특성이 강조되었다면 4장에서는 생산의 받침대라는 특성이 강조된다. (3) 1장에서 욕망 기계는 부분대상만을 자신의 요소로 지니지만 4장에서 부분

---

204) AO, 541
205) AO, 542
206) "욕망 기계들은 우리를 하나의 유기체로 만든다."(AO, 32), "자동 장치들은 정지하고 절합했던 비유기체 덩어리[기관 없는 몸]를 등장시킨다."(AO, 32, []는 필자)
207) AO, 541

대상과 함께 기관 없는 몸 역시도 요소로 지닌다. 종합하자면 우리는 부분대상이 유기적이라는 특성을 버리고 기관 없는 대상이 반생산이라는 특성을 버리면서, 둘의 대립이 무디어 진 것을 확인한다. 4장에서는 부분대상과 기관 없는 신체의 비유기적이며 생산적인 측면이 강조된다. 그리고 욕망 기계 속에서 두 요소는 통합된다.

이러한 변화는 어떤 의미를 지닐까? 첫 번째로 기관 없는 몸의 밀쳐냄은 더 이상 모순적이지 않다. 부분대상과 기관 없는 몸이 대립한다면 둘 사이의 밀쳐냄과 끌어당김이라는 상반되는 과정은 모순처럼 보인다. 그러나 4장에서 밀쳐 냄과 끌어당김은 하나의 욕망 기계의 내재적인 작용들로 이해된다. 왜냐하면 "부분-기관들과 기관 없는 몸은, 분열-분석에 의해 그렇다고 생각되어야 하는 하나의 같은 것, 하나의 같은 다양체"[208]이기 때문이다. "기관 없는 몸은 강도의 이런저런 등급으로 공간을 언제나 채우고 있는 질료이며, 부분대상들은 강도=0에서의 질료에서 출발해 공간 속에서 현실계를 생산하는 이 등급들, 이 강도 부분들이다."[209] 우리는 기관 없는 몸의 밀쳐냄을 강도=0의 추구로 이해할 수 있다. 강도=0과 다른 강도들은 대립하지 않는다. 왜냐하면 강도라는 동일한 지평에 속하기 때문이다. 따라서 밀쳐냄은 대립적인 요소 사이의 작용이

---

208) AO, 542
209) AO, 542

아니라 강도 내재적인 극한의 추구를 의미할 뿐이다. 부분대상과 기관 없는 몸이 강도라는 같은 지평 속에 포함되면서 밀쳐냄은 내재적인 작용으로 이해된다. 따라서 밀쳐냄에서 우리는 아무런 모순도 발견할 수 없게 된다.

두 번째로 유기체적이지 않은 욕망을 도입할 수 있게 된다. 1장에서 욕망 기계는 유기체적이라고 말해졌다. 따라서 욕망 역시도 유기체적이었다. 그러나 4장에서 욕망 기계는 비유기체적 요소들인 부분대상과 기관 없는 몸으로 이루어진 것으로 나타난다. 따라서 기관 없는 몸이 부분대상들을 끌어당겨 등록할 때, 기관 없는 몸에 등록되는 것은 비유기체적인 욕망의 흐름들이다. "욕망은 바로 몸을 지나가고, 기관들을 지나가지, 결코 유기체를 지나가지 않는다."[210]

세 번째로 기관 없는 몸이 죽음을 욕망하지 않게 된다. 1장에서 욕망은 죽음마저도 욕망하는 것으로 제시되었다.[211] 그러나 4장에서 죽음에 대한 욕망은 죽음에 대한 경험으로 변환되어야 할 것으로 나타난다. "문제는 죽음의 모델을 죽음의 경험이라는 전혀 다

---

210) AO, 541

211) AO, 32, []와 강조는 필자. "기관 없는 충만한 몸은 비생산적인 것, 불임인 것, 출산되지 않은 것 소비 불가능한 것이다. 앙토냉 아르토는 그것[기관 없는 몸]이 형태도 모습도 없는 채로 있던 그곳에서, 그것[죽음 본능]을 발견했다. 죽음 본능, 그것이 그 이름이며, 죽음은 모델이 없지 않다. 사실이지, **죽음 역시도 욕망하는 까닭은 죽음이라는 충만한 몸이 욕망의 부동의 모터여서인데**, 이는 욕망이 삶을 욕망하는 까닭이 삶의 기관들이 작동하는 기계여서인 것과 마찬가지이다."

른 것으로 부단히 번역하고 부단히 변화하는 일이다."[212] 죽음의 모델이란 죽음을 욕망하는 일을 말한다. 왜 4장에서 들뢰즈는 기관 없는 몸 안의 죽음의 모델을 죽음의 경험으로 바꾸려고 시도할까? 왜냐하면 들뢰즈는 욕망 기계 안에 죽음에 대한 욕망을 도입하고 싶지 않기 때문이다. 4장에서 욕망 기계의 요소로 기관 없는 몸이 포함되었다. 따라서 욕망 기계 속에서 죽음에 대한 욕망을 제외하기 위해서는 기관 없는 몸의 죽음의 모델이 더 이상 유지되어서는 안 된다. 죽음의 모델이 죽음의 경험으로 변환되면서 〈기관 없는 몸·죽음에 대한 욕망·반생산 / 부분대상·삶에 대한 욕망·생산〉이라는 구분은 무뎌진다. 기관 없는 몸과 부분대상은 강도적 층위에서 동일한 욕망 기계의 두 부품이기 된다. 남겨지는 것은 삶에 대한 욕망뿐이다. 삶은 죽음을 욕망하기보다는 경험하려 한다.

그렇다면 죽음에 대한 경험은 무엇을 의미하는가? 죽음에 대한 경험은 강도 0을 투자하는 일이다. 강도=0을 투자하는 일은 분열적 주체의 모험과 관련한다. 강도=0을 투자할 때 죽는 것은 고정된 정체성을 지닌 주체이다. 그러나 고정된 주체의 죽음은 무로 돌아가는 것을 의미하지 않는다. 오히려 고정된 주체의 죽음은 우리를 강도=0의 기관 없는 몸의 표면으로 데려간다. 이 기관 없는 몸

---

212) AO, 547

의 표면에서 분열적 주체는 모든 강도적 지대를 횡단하면서 소비한다. 따라서 강도=0은 욕망의 흐름을 억압하거나 정지하는 일에 관계하지 않는다. 오히려 강도=0 상태에 다다르면서 주체는 흐름들을 자유롭게 횡단하면서 소비할 수 있게 된다.

개념 변화의 의의-장점과 비용

우리는 『안티 오이디푸스』의 1장과 4장에서 부분대상과 기관 없는 신체의 위상이 어떻게 변하는지 확인했다. 1장에서는 유기체적인 욕망 기계(부분 대상)와 비유기체적인 기관 없는 몸이 대립한다고 제시되었다. 그러나 4장의 부분대상과 기관 없는 몸은 모두 비유기체적이다. 둘은 욕망 기계의 두 부품으로 제시된다. 또한 1장에서는 기관 없는 몸이 죽음을 욕망했다면 4장에서 기관 없는 몸은 강도=0이라는 죽음의 경험을 추구할 뿐이다. 1장에서 기관 없는 몸이 욕망 기계에 외재적인 것으로 드러났던 것에 비해 4장에서 기관 없는 몸은 욕망 기계의 내재적인 부품으로 나타난다.

이러한 설명의 변화는 장점을 지닌다. 첫째로 4장의 이론이 1장의 이론에 비해서 정합적으로 보인다. 1장에서 밀쳐냄과 끌어당김은 대립되는 두 요소 간의 관계였기에 모순적으로 보인다. 그러나 4장에서 밀쳐냄과 끌어당김은 같은 강도적 층위 안에서 일어나는 내재적인 과정으로 나타난다. 따라서 모순은 해소된다. 두 번째로 우리는 모든 존재를 욕망이라는 원리 안에서 설명하고자 했던 들뢰즈의 기획에 4장의 설명이 더 잘 부합한다고 판단할 수 있다. 『안티 오이디푸스』의 들뢰즈는 욕망 기계의 생산을 보편적인 원리로 제시하기를 목표한다. 1장에서 기관 없는 몸은 반생산과 죽음을 원리를 지닌다. 따라서 기관 없는 몸에 의해 욕망적 생산 안에 반생산적인 욕망이 도입되며, 욕망은 죽음에 대한 욕망과 삶에 대한 욕망으로 이원화된다. 4장에서 들뢰즈는 이 문제를 해결하기 위해 기관 없는 몸에 생산적인 특성을 부여하면서 기관 없는 몸을 부분 대상과 함께 하나의 욕망 기계 안에 통합한다. 결과적으로 죽음에 대한 욕망은 죽음에 대한 경험이라는 생산적인 원리로 번역된다.

하지만 우리는 1장에서 4장으로의 이행은 장점만을 지닐까? 기관 없는 몸을 욕망 기계에 내부화하면서 우리가 치러야 할 이론적인 비용은 없는 것일까? 변화에 따라 발생하는 문제를 찾기 위해 우리는 체계 내에서 기관 없는 몸이 담당했던 역할에 주목해야 한다. 왜 체계 내에 생산적인 욕망에 대립되는 반생산과 죽음에 대한 욕망을 지닌 기관 없는 몸이라는 개념이 도입되어야 했을까? 바로 욕망에 대한 탄압과 억압이, 반생산에 대한 욕망이 우리의 역사와 현실 속에서 발견되기 때문이다. 기관 없는 몸의 밀쳐냄에 상응하는 편집증 기계는 욕망의 억압과 탄압의 본원적인 이유로 제시된다.[213] 따라서 기관 없는 몸은 현실에 나타나는 욕망에 대한 억압과 탄압의 형이상학적인 근거가 된다. 그런데 4장에서는 욕망 기계와 기관 없는 몸 사이의 대립이 무디어진다. 오히려 기관 없는 몸은 욕망 기계의 한 부품이 된다. 그런데 이 경우 들뢰즈의 이론은 욕망의 억압과 탄압에 대한 형이상학적인 근거를 설명하기 어렵게 된다.

물론 들뢰즈는 욕망의 본성에서 억압과 탄압을 욕망하는 일, 즉 죽음을 욕망하는 일을 배제하기를 원했을 것이다. 그러나 욕망 기계와 기관 없는 몸의 대립을 없애면서 들뢰즈는 현실에 존재하는 욕망에 대한 억압과 탄압의 근거를 다른 곳에서 제시해야 한다는 이론적 책임을 갖는다. 들뢰즈는 욕망을 억압하는 기제로 사회기계를 제시한다. 원시 영토 기계, 전제군주 기계, 자본주의 기계는 시대에 따라서 고유한 방식으로 욕망을 억압하고 탄압한다. 그러나 사회 기계는 원리적 층위에서 아무런 근거를 갖지 않는가? 그것들은 욕망적 생산에 완전히 외재적인가? 만약에 사회 기계가 욕망적 생산에 완전히 외재적이라면, 세계는 두 가지 원리를 지닐 것이다. 따라서 욕망적 생산의 보편성은 성립하지 않게 된다. 왜냐하면 욕망의 층위와 사회의 층위가 나뉠 것이기 때문이다.

---

213) AO, 35. "본원적인 억압이 뜻하는 것은, 일종의 〈대체-투자〉가 아니라 기관 없는 몸에 의한 욕망 기계들의 이 밀쳐냄이다."

들뢰즈는 원리를 두 가지 층위로 나누기를 원하지 않는다. 따라서 그는 다시 욕망의 본성에 내재적인 억압을 도입하게 된다. 그는 욕망의 층위에 욕망에 대한 본원적인 억압을 하는 원국가라는 요소를 추가한다. 그런데 이 경우 욕망이 완벽히 물질적이지 못하게 된다는 문제가 발생한다. 왜냐하면 원리적 층위는 물질적인 욕망과 이에 덧붙여진 비물질적인 이념성으로 다시 이분화되기 때문이다. 비물체적인 역설적인 요소는 망령처럼 『안티 오이디푸스』까지도 들뢰즈를 쫓아온다. 반생산적인 기관 없는 몸을 생산적인 욕망기계 속에 통합했지만, 결국 다시 존재론 안으로 반생산적인 역할을 맡는 요소를 들여올 수밖에 없게 되는 것이다.

어쩌면 들뢰즈의 존재론이 먼 길을 도는 이유는 그가 순수 긍정을 추구했기 때문일 것이다. 결코 그는 '우리는 삶을 욕망하지만, 동시에 죽음도 욕망한다'고 말하는데 그치지 않고 싶었을 것이다. 대립들을 봉합하면서 존재를 설명하기는 쉽다. 존재자들은 서로 다르지만 조화롭게 혹은 투쟁 속에서 합쳐져 존재를 구성한다고 말하면 되기 때문이다. 아마 우리가 익히 알고 있는 변증법은 대립적인 다수를 하나에 통합하는 논리일 것이다. 그러나 반대로 존재론은 대립이 아닌 순수 긍정에서 출발할 수도 있다. 즉 존재론은 순수긍정에서 출발해서 대립의 발생을 설명해 낼 수도 있다. 그러나 긍정의 존재론은 대립에서 출발하는 것보다 훨씬 어려운 길을 걸어야 한다. 왜냐하면 일상 속에서 우리의 상식은 대립들을 통해 세상을 이해하기 때문이다. 예를 들어 우리는 삶과 창조에 대한 욕망도 발견하지만, 너무도 쉽게 그와는 대립적인 억압과 죽음에 대한 욕망도 발견한다. 따라서 우리는 순수긍정에서 출발하는 존재론에서 우리의 눈앞에 항상 나타나는 부정들을 전복하고자 하는 어떤 열의를 느낀다. 긍정의 존재론을 외친 자들이 현실을 외면하는 순수한 광기에 찬 이상론자인지 아니면 부정이라는 허울을 걷어내고 긍정이라는 최고의 진리를 추구하던 영웅인지는 알 수 없다. 또한 그 영웅이 최고의 진리에 얼마만큼 근접했는지 혹시 이상을 추구하다 몰락하고 마는 비극의 영웅은 아닌지 알 수 없다. 본고는 그러한 것들을 평가할 능력을 지니지 못했다. 다만 우리는 들뢰즈의 논의를 따라가 볼 뿐이다.

우리는 원국가에 관련된 문제를 이후에 구체적으로 확인할 것이다. 그러나 이에 앞서 욕망적 생산의 과정을 모두 따라가 볼 것이다. 우리는 욕망 기계들과 기관 없는 몸의 밀쳐냄과 끌어당김에 의해 발생하는 주체에 대해 살펴볼 것이다.

주체와 향유

우리는 흐름들을 생산하는 욕망 기계와 욕망 기계들이 매달려서 등록되는 기관 없는 몸에 대해서 살펴보았다. 기관 없는 몸이 욕망 기계들을 밀쳐내고 끌어당기는 운동을 통해서 무엇이 발생하는가? 기관 없는 몸에 등록된 욕망 기계는 유목적 주체를 발생시킨다. 그것은 어떤 이상한 주체이다. 왜냐하면 이 주체는 "고정된 정체성이 없고, 기관 없는 몸 위를 방황하며, 늘 욕망 기계들 곁에 있고, 생산물에서 차지하는 자신의 몫에 의해 정의되며, 도처에서 생성 내지 아바타라는 덤을 얻고, 자신이 소비하는 상태들에서 태어나고 또 각 상태마다 다시 태어나"기 때문이다.[214] 욕망 기계는 끊임없이 흐름들을 생산한다. 따라서 흐름들은 기관 없는 몸 위에 등록될 때 고정적인 분배를 가지지는 않는다. 욕망의 흐름은 욕망 기계와 더불어 끊임없이 유동하기에 확고하게 고정된 위치를 가질 수 없다. 따라서 흐름의 상태에 따라 발생하는 주체는 생성의 흐름과 분리할 수 없다. 유목적 주체는 끊임없이 이동한다는 특징을 갖는다.

그럼에도 불구하고 주체는 욕망 기계와 구분될 수 있다. 욕망 기계의 연결 종합은 기관 없는 몸 위에 등록되지 않고도 이루어진다. 그러나 주체는 등록 종합 이후에 발생한다. 주체는 욕망 기계의 잔여, 다시 말해서 기관 없는 몸 위에 남겨진 흐름의 흔적이다. 기관 없는 몸 위에 욕망 기계의 흔적이 남을 수 있는 이유는 기관 없는 몸이 욕망의 흐름을 멈추게 하여 등록하려고 하기 때문이다.

---

214) AO, 45

편집증 기계와 기적 기계의 활동을 통해 욕망 기계에는 어떤 잔여가 발생하게 되는 것이다. 욕망 기계와 기관 없는 몸의 이 관계는 주체를 발생시키며 들뢰즈는 이를 독신 기계(machine célibataire)라고 부른다.

독신 기계는 강도량(quantité intensive)들을 생산한다. 기관 없는 몸은 강도가 0인데 비해서 독신 기계의 주체들은 +값을 갖는다. 결국 밀쳐냄과 당김 속에서 +값을 갖는 실증적인 힘이 발생한다. 그 힘은 강도들이다. 밀치는 힘과 당기는 힘은 평형을 이루지 않는다. 두 힘 사이의 관계는 끊임없이 바뀐다. 비평형 상태 속에서 주체는 무엇을 겪는가? 주체는 세계의 모든 상태와 인물들을 소비한다. 강도들은 세계의 모든 양상들을 지닌다. 세계사를 단번에 소비하는 것, 이것이 영원회귀가 의미하는 바이다. 주체들은 모든 상태들을 반복한다. 이는 세계가 주체와 함께 주어져 있다는 것을 전제한다. 주체에게 주어진 세계는 기관 없는 몸 위에 있다. 따라서 "기관 없는 몸은 알이다. 알은 축선들과 문턱들, 위도들, 경도들, 측지선들이 가로질러 간다. 여기서는 그 무엇도 재현이 아니다. 모든 것은 삶이고 체험이다."[215]

우리는 욕망 기계가 존재의 근원적인 원리라는 것을 보았다. 그러나 욕망 기계가 아니라 알에서 모든 것이 발생처럼 보인다. 알은

---

215) AO, 49

외견상으로 모든 발생의 원인이다. 알은 진정한 원인을 표현한다. 그런데 진정한 원인인 욕망의 연결 종합은 부분들로 분리되지 않는다. 욕망의 흐름들은 연속적이다. 따라서 세계의 존재자들은 각각 다른 알의 부분에서 나온 것이 아니다. 존재자들은 모두 같은 알에서 나왔다. 공통된 세계라는 단 하나의 알만이 있다. 그러나 다음과 같은 의문이 제기될 수 있다: 세계의 모든 존재자가, 예를 들어서 고양이와 내가 그리고 바람이 먼지가 같은 알에서 나오는 것이 가능한가? 추상적인 수준에서 하나의 원리만을 제시하는 것은 어렵지 않다. 마치 신이 모든 존재의 원인이라고 말하는 것처럼 말이다. 하지만 들뢰즈 철학의 핵심적인 목표 중 하나는 신과 같은 초월적인 원인을 제외하고 내재적인 원인으로 세계를 설명하는 일이다. 그런데 초월적인 요소를 제외할 경우 각각의 존재자는 스스로 자기 자신의 원인이 되어야한다. 따라서 존재자는 세계의 모든 것을 담고 있는 알 자체가 되어야 한다.

하지만 현실적으로 각각의 존재자들은 특수한 상태에 놓여 있다. 예를 들어 우리는 개미나 고양이가 세상을 어떻게 느끼는지 알 수 없다. 더 나아가서 다른 사람들이 어떻게 느끼는지에 대해서도 명확히는 알 수 없다. 상식적으로 우리는 우리가 '나' 이외의 다른 것이 될 수는 없다고 생각한다. 이러한 난관에 들뢰즈는 어떻게 답하는가? 들뢰즈는 무언가가 된다는 것은 재현 이전의 수준에서

이루어진다고 주장한다.[216]

> "환각 현상(나는 본다, 나는 듣는다)과 망상 현상(나는 …… 라고 생각한다)은 더 깊은 차원의 나는 느낀다를 전제하며, 이것은 환각들에 대상을 주고 생각의 망상에 내용을 준다."(AO, 48)

재현 이전의 주체를 재현의 층위의 대상들을 통해 이해할 수는 없다. 동일성을 가진 인식의 주체로서의 '나'가 형성되는 것은 억압과 탄압을 통해서이다.[217] 따라서 재현적 층위의 대상은 재현적 주체와 관련할 뿐이다. 재현 이전에는 무엇이 있는가? 재현 이전에는 강도량들이 존재하는데 강도량들은 오직 느껴질 뿐이다. 강도 안의 주체는 알들 속에서 모든 것들을 느낀다. "주체는 그 계열의 각 상태마다 태어나고, 한 순간 그것을 규정하는 그다음 상태에서 항상 다시 태어나며, 자신을 태어나게 하고 다시 태어나게 하는 이 모든 상태를 소비한다."[218]

---

216) '되기'에 관해서는 『천개의 고원』 10장 참조. 데란다에 따르면 우리는 '되기'를 통해 여러 개체를 횡단할 수 있다. "동일성이 결여된 이 애벌레 주체는 하나의 개체화 장으로부터 다른 개체화 장으로 옮겨 가면서 면 위를 움직여 갈 수 있고, 그래서 그것이 소비하는 강도들에 의존하는 이 강도적 개체가 되었다가 또 저 강도적 개체가 되었다가 한다는 것이다. 이것이 『안티 오이디푸스』와 『천의 고원』에서 동물-되기(또한 여성-되기, 분자-되기)라 불린 과정위에 놓인 핵심 발상이다."(『강도와 잠재성의 철학』, p338)

217) 「안티 오이디푸스」 3장의 1절에 참조. "인간에게 하나의 기억을 만드는 것이 문제이다. 망각이라는 능동적 능력을 통해, 생물학적 기억의 억압을 통해 자신을 구성한 인간은 이와는 또 다른 하나의 기억을 만들어야만 하는데, 이 기억은 집단적인 것으로서 말들의 기억이지 사물들의 기억이 아니며, 기호들의 기억이지 결과들의 기억이 아니다."(AO, 253)

218) AO, 51

원리상 인간들 역시도 이러한 주체이다. 하지만 우리는 앎 상태의 원초적 기억을 억압하기 때문에 재현 이전의 사태를 망각한 채 살아간다. 그러나 모든 인간이 원초적 기억을 억압하는 것은 아니다. 분열자들은 모든 상태를 살아낸다. 분열자들은 "나는 아버지고 동시에 어머니고 딸이고 고양이고 인디언이고 흑인이자 백인"이라고 주장한다. 그러나 분열자들은 정신병자가 아니다. 오히려 그들은 본연의 주체로서 삶을 살아내려 하는 자들이다. 다만 사회는 끊임없이 그들이 그렇게 살아내는 것을 억압하고 탄압한다. 욕망이 흘러가는 것을 저지당한 그들은 병들게 되며 자폐 상태에 빠져버린다.

우리는 욕망 기계와 기관 없는 몸의 종합을 통해서 분열적 주체가 발생하는 과정을 확인했다. 그런데 우리는 현실에서 분열적 주체를 발견하지 못한다. 따라서 들뢰즈는 우리가 처한 현실에서 분열적 주체가 나타나지 않는 이유를 설명해야 한다. 분열적 주체가 나타나지 않는 이유는 사회가 분열적 주체를 억압해 왔기 때문이다. 분열적 주체가 억압되어 온 역사는 사회의 역사이다. 역사 속의 사회 기계들을 탐구하면서 들뢰즈는 사회가 어떤 길을 통해 현재의 자본주의 사회까지 왔는가를 분석한다.

현재의 자본주의 사회까지 이르는 길을 분석한 후에 들뢰즈는 앞으로 우리가 나아갈 실천적인 방향을 제시한다. 그런데 우리가 원초적인 상태의 주체인 분열자가 되어야 한다는 주장은 많은 반론에 부딪힐 수 있다. 미쳐 버리자는 말인가? 분열자는 단순한 정신병자가 아닐까? 군이 분열자가 되어야 할 이유는 무엇인가? 분열자가 우리의 본래적인 형태라는 것을 보이기 위해 들뢰즈는 분열자가 어떻게 억압되어 왔는지를 보여준다. 우리는 사회의 역사를 통해 분열자가 억압되어 온 과정을 확인할 수 있다.

B. 사회의 역사 - 원시사회에서 자본주의까지

들뢰즈는 사회를 미개·야만·문명의 세 단계로 나눈다. 사회는 그 사회가 욕망을 다루는 방식에 의해 구분된다. 사회체의 문제는 언제나 "욕망의 흐름들을 코드화하고 기입하고 등록하여, 막히거나 수로화되거나 규제되지 않는 그 어떤 흐름도 흐르지" 못하게 하는 것이다.[219] 따라서 사회의 유형은 어떤 방식으로 자유롭게 흐르는 욕망을 통제하고 변형하는가에 따라서 구분된다. 욕망을 다루는 일은 사회 기계에 의해 이루어진다. 각각 미개·야만·문명 시대의 사회는 원시 영토 기계·야만 전제군주 기계·문명 자본주의 기계에 의해 작동한다.

---

219) AO, 69

원시 영토 기계

원시 영토 기계는 어떤 일을 하는가? 원시 영토 기계는 "흐름들을 코드화하고, 기관들을 투자하고, 몸들에 표시"한다.[220] 코드란 어떤 것이 다른 곳에 등록되고 전달되는 방식이다.[221] 따라서 흐름들을 코드화한다는 것은 "잡다한 종류의 절단들을, 즉 흐름의 채취prélèvement, 사슬의 이탈détachement, 몫들의 할당répartition 따위를 행"[222]하는 것이다.[223] 코드화는 자유롭게 흐르는 욕망을 그 자신의 방식대로 절단하여서 나름의 의미와 체계를 부여한다. 이를 통해서 흐름들은 현실적인 형태로 우리에게 드러나게 된다.

코드화는 몸에 무엇을 새기고 표시하는 행위를 통해 이루어진다. 이러한 잔혹한 행위를 통해서 비로소 인간은 생물학적 기억, 다시 말해 원초적 주체 상태의 기억을 잃어버리고 사회적인 기억을 갖게 된다. 소위 말하는 사회적 인간이 탄생하는 것이다. "잔혹

---

220) AO, 252
221) AO, p77 참조.
222) AO, 248
223) 채취, 이탈, 할당은 무엇을 뜻하는가? 우선 흐름을 채취한다는 것은 흐름을 절단함으로서 특정한 흐름의 양상들을 추출해 내는 것이다. "절단은 연합적 흐름에서 채취를 수행"(AO, 74한다. 사슬의 이탈을 이해하기 위해서는 사슬이 무엇인지 먼저 알아야 한다. 사슬은 코드들이 서로 관계를 맺으면서 형성하는 하나의 연결이다. 사슬의 이탈이란 무엇인가? 그것은 각 사슬이 "다른 사슬들의 파편들을 포획하여 그 파편들에서 잉여가치를 끌"(AO, 78)고 오는 것이다. 코드들의 연쇄는 다른 코드들을 가져와 새로운 의미를 얻기도 하며 자신의 코드를 다른 사슬에게 넘겨서 그 사슬에 새로운 의미를 주기도 한다. 마지막으로 몫들의 할당이 의미하는 것은 흐름에서 채취된 것과 사슬에서 이탈된 것의 잔여의 몫이 주체에 배분된다는 의미이다. 주체에게로 "기계에 의해 실행되는 사슬의 이탈들과 흐름의 채취들에 상응하는 부분들이 되돌아"(AO, 81) 오기 때문이다.

은 몸들에 상처를 내면서 몸들에서 작동되고 몸들에 기입되는 문화의 운동이다. (……) 문화는 인간들 내지 인간의 기관들을 사회 기계의 부품들 및 톱니바퀴들로 만든다."[224] 원시 영토 기계에서 나타나는 잔혹한 형벌제도, 문신 등은 바로 인간에게 억압을 통한 새로운 기억을 만들어주기 위해서 행해졌던 것이다. 영토 기계는 인간을 생물학적 존재에서 사회적 존재로 이행시킨다. 원시 영토 기계가 코드화를 실행하는 이유는 무엇인가? 그것은 "탈코드화된 흐름에 대한 두려움" 때문이다.[225] 탈코드화된 흐름이란 바로 욕망 기계들의 자유로운 흐름에 다름 아니다. 왜 원시 영토 기계는 자유로운 흐름에 대한 두려움을 갖는가? 왜냐하면 자유로운 흐름들은 결국 원시 영토 기계라는 사회체를 붕괴시키기 때문이다.[226]

억압되었던 자유로운 흐름들은 결국 자본주의 시대에 와서야 본격적으로 드러나게 된다. "예전에 구성체들이 이를, 즉 안에서 올라오기에 올라오는 것을 애써 막아 바깥에서 왔을 뿐이 이 자cette chose를 예견하지 못했다고 말할 수는 없다. 이로부터 역사 전체

---

224) AO, 254
225) AO, 267
226) 들뢰즈가 예로 드는 것은 바로 자본주의 사회이다. 들뢰즈는 자본주의 사회가 탈코드화와 탈영토화가 가장 잘 나타나는 사회라고 말한다. 자유로운 돈의 흐름과 자유노동자라는 탈코드화되고 탈영토화된 조건은 기존의 사회 양식들을 붕괴시켰다. 다시 말해서 자유로운 흐름은 원시 영토 기계나 전제 군주 기계 같은 사회의 양식, 다시 말해 코드들과 영토들을 붕괴시킬 잠재력을 갖는 것이다. 다만 자본주의 기계는 공리계라는 자신만의 새로운 방식을 통해서 욕망의 흐름들을 통제하기에 아직 자유로운 욕망적 생산의 실현은 자본주의에서 완성되지 않는다. 오직 자본주의의 극한에 있는 분열증만이 욕망적 생산의 가능성을 보여준다.

를 자본주의와 관련해서 회고적으로 읽을 가능성이 나온다."[227]
이 자cette chose는 탈코드화와 탈영토화를 불러오는 자유로운
욕망의 흐름을 의미한다. 따라서 자본주의를 통해서 역사를 읽는
것은 욕망이 어떻게 각 사회에 따라서 변형되고 조작되었는가를
파악하는 일이다. 그 일은 자유로운 욕망의 흐름을 지닌 욕망 기
계와 그 흐름들을 막는 사회 기계가 어떤 역사를 거쳐서 현재 자
본주의 사회까지 도달했는지 규명하면서 이루어질 수 있다. 다만
들뢰즈는 현재까지의 역사를 회고하는 것에 그치지 않는다. 들뢰
즈는 분열-분석을 통해서 사회 내에서 욕망적 생산을 실현하기 위
한 방안을 제시한다. 어쩌면 우리는 잃어버린 대상의 되찾음이라
는 테마를 다시 발견하는지도 모르겠다. 태초에 존재했지만 망각
되었던 욕망 기계의 자유로운 흐름을 현실에서 다시 회복하는 것
이 문제이기 때문이다. 결국 선별 기준이란 지금-여기와의 거리에
의해 정의될 수밖에 없는가? 우리가 기준 그 자체가 되지 않는 한
에서 선별기준은 어떤 이상적인 목표를 가리키기 때문이다. 본고
는 이에 대해 답할 능력이 없다. 따라서 추후 연구과제로 남겨두도
록 하겠다.

---

227) AO, 267, 강조 필자.

원시 영토 기계 - 강도에서 외연으로

앞서서 우리는 기관 없는 몸의 밀쳐냄에서 발생하는 편집증 기계와 끌어당김에서 발생하는 기적 기계를 확인했다. 밀쳐냄과 끌어당김 사이의 관계에 의해 나타나는 독신 기계는 강도적 주체를 발생시킨다. 강도적 주체는 고정된 정체성을 가지지 않으며 역사의 모든 상태를 단번에 소비한다. 강도적 주체는 고정된 본질과 정체성을 갖지 않는다. 욕망적 생산의 세 종합은 강도적 주체의 발생을 형이상학적으로 설명하는데 그친다. 따라서 욕망적 생산만으로는 역사 속에서 동일성과 정체성을 지닌 주체가 어떻게 나타나는지는 설명되지 않는다. 들뢰즈는 강도적 주체에서 동일성과 정체성을 지닌 주체가 발생되는지 과정 역시도 설명해야 한다.

에너지와 강도의 차원은 "근본적으로 중립이거나 중의적"이다. 그렇기에 이 차원은 아직 "인물들 및 성의 구별도 포함하고 있지 않으며, 다만 강도를 지닌 전-인물적 변주만을 포함"하고 있을 뿐이다.[228] 중의적인 에너지는 +값도 -값도 갖지 않는다. +값과 -값은 외연의 체계 속에서 나타난다. 어떤 과정을 통해서 강도적 차원에서 외연적 차원으로의 이행하는가? 이 이행은 형이상학적인 방식으로 설명되지 않는다. 들뢰즈는 역사 속의 인간이 어떻게 강도

---

228)   AO, 272

적 무의식에서 외연적 무의식으로 이행하게 되었는지를 보여준다. 들뢰즈는 신화를 통해 이행을 설명한다.

> "본질적인 것은, 기호들이 성별과 세대에 따라 바뀐다는 것이 아니라, 사람들이 강도적인 것에서 외연적인 것으로, 말하자면 중의적인 기호들의 차원에서 바뀌지만 규정된 기호들의 체제로 이행한다는 것이다. 바로 여기서 신화에 호소하는 것이 불가결하다. 이는 신화가 외연을 지닌 현실적 관계들의 치환된 재현 내지 심지어 역전된 재현이기 때문이 아니라, 신화만이(생산 체계를 포함하여) 체계의 강도적 조건들을 토착인의 사상과 행동에 맞게 규정하기 때문이다."(AO, 274, 강조는 필자)

들뢰즈는 왜 신화에 호소하는가? 왜냐하면 "신화는 표현하지 않고 조건 짓"기 때문이다.[229] 신화는 무의식을 설명하는 것이 아니라 직접적으로 무의식적 변화의 원인이 된다. 신화는 강도에서 외연으로의 이행을 재현하는 것이 아니라 발생시킨다. 들뢰즈는 도곤족 신화를 예로 든다. 오이디푸스 신화는 우리의 무의식을 있는 그대로 보여주지 않는다. 오히려 오이디푸스 신화는 무의식을 조작하고 왜곡시킨다. 이와 마찬가지로 도곤족 신화는 강도적 체계와

---

229) AO, 275

외연적 체계를 있는 그대로 보여주지 않는다. 도곤족 신화는 강도적 체계를 외연적 체계로 이행시킨다.

도곤족의 신화에서 유루구라는 남자는 자신의 어머니의 자궁의 태반 속으로 들어간다. 그렇기에 그는 자신이 어머니의 다음 세대가 아니라 어머니와 같은 세대라고 느낀다. 어머니-아들 관계에서 벗어난 이 상태는 전-인물적인 강도적 상태이다. 강도적인 에너지 속에서는 아직 어머니, 아들 등과 같은 인물적인 분리를 실행되지 않았기 때문에 + 값도 - 값도 나타나지 않는다. 그러나 "육체적 차원은 강도 단계 전체를 다시 굴러 떨어지게"하며 "외연을 지닌 육체적 기억을 위해, 바로 강도적 배아 혈연의 위대한 밤의 기억이 억압"된다.[230] 즉 "외연을 지닌 체계는 이것을 가능하게 하는 강도적 조건들에서 태어나지만, 이것들에 반작용하고, 이것들을 무화하고, 이것들을 억압하며, 이것들에 신화적 표면만을 허용한다."[231]

신화는 무의식을 표현하면서 강도적 체계를 변형시킨다. 신화는 원형적인 강도적 체계를 표현할 능력을 가지지 못한다. 따라서 신화는 강도적 세계의 위장된 이미지를 표현한다. 신화는 우리가 강도적 세계에 대한 거짓된 이미지를 표현하면서 강도적 체계에 변형을 가져오는 것이다. 예를 들면 거짓을 진실이라고 주장하면서 거짓말이 영향력을 갖는 것처럼 신화는 거짓된 방식으로 원본적인

---

230) AO, 278
231) AO, 279

세계를 표현하면서 원본적인 세계를 은폐하며 억압한다.

도곤족의 신화는 어떤 거짓 이미지를 가져오는가? 바로 근친상간의 이미지이다. 우리는 강도적 체계 속에서는 근친상간이 불가능함을 안다. 왜냐하면 강도적 체계 속에서 어머니와 아들은 아직 분리되지 않았기 때문이다. 아들이 어머니의 태반 속으로 들어간다는 신화를 통해서 우리는 비로소 어머니와 아들의 분리를 생각하기 시작한다. 도곤족 신화는 어머니와 아들의 분리라는 이미지를 생산한다.

그러나 신화는 특수한 목적에 종사하는 수단일 뿐이다. 따라서 신화의 배후에는 사회체가 있다. "코드화를 할 수 없고 코드화를 허락하지도 않는 흐름", 즉 강도적 차원에 있는 욕망은 바로 "원시 사회체의 공포"이며 그렇기에 이 사회기계는 강도적 차원을 억압한다. 흐름들을 통제하지 못할 때 사회체는 해체된다. 외연적 차원으로의 이행을 통해서 사회체는 비로소 흐름들을 통제할 수 있게 된다. 원시 영토 기계는 흐름들을 코드화하면서 통제한다.

우리는 사회체의 배후에 편집증 기계가 있다는 점에 주목해야 한다. 편집증 기계는 욕망 기계에 대한 기관 없는 몸의 밀쳐냄에서 발생한다. 이 편집증 기계가 실상은 사회체가 욕망의 흐름들을 억압하게 되는 근원적인 원리이다. 따라서 우리는 역사적인 사태들의 본원적인 근거를 원리적 층위에서 찾을 수도 있다. 다만 원리에 의해 모든 역사가 결정되어 있는 것은 아니다. 원리는 보편적이지만 역사의 과정은 우연적이다. 우리는 우연적으로 일어난 일들의 근거를 회고적으로 고찰할 수 있을 뿐이다. 그러나 미래라는 관점에서 우연은 긍정적인 사태이다. 과거의 역사가 우연적이라는 것은 미래의 역사 역시도 정해져 있지 않다는 것을 뜻하기 때문이다. 우연은 열린 미래를 보장한다. 들뢰즈의 자유롭게 욕망이 흐르는 사회를 미래의 지향점으로 제시한다. 다만 본고에서는 미래의 지향점을 살피기보다는 사회체가 어떻게 현재의 자본주의 시대에 이르렀는지를 확인하는데 집중할 것이다. 원시 영토 시대 이후에는 야만 전제군주 시대가 온다.

야만 전제 군주 시대

원시 영토 기계에서 전제 군주 기계로의 이행은 어떻게 일어날까? 또 야만 전제 군주 기계는 어떤 방식으로 기능할까? 원시 영토 사회의 충만한 몸은 토지인데 비해, 전제 군주 사회의 충만한 몸은 전제군주의 몸이다. 전제군주의 몸이 준-원인이 되며 모든 것은 마치 전제군주의 욕망과 이해관계를 통해서 생산되는 것처럼 보인다. 물론 이때 전제군주란 어떤 인물이 아니다. 전제군주란 특정한 욕망의 통제 방식을 의미한다. 전제 군주 기계는 마치 벽돌들을 쌓듯이 모든 코드들을 자신을 중심으로 배열한다. 원시 영토 기계는 흐름들은 코드화하지만 각 코드들은 나름의 자율성을 지니고 있었다. 그러나 전제 군주 기계는 코드들을 전제군주적인 기획 속에서 하나의 질서 속에서 배열한다. 전제군주 기계는 흐름들을 초코드화한다.

전제 군주 기계가 초코드화를 실행하는 이유는 "코드화되지 않을지도 모르는 욕망의 흐름에 대한 공포" 때문이다. 공포를 없애기 위해서 전제 군주 기계는 모든 욕망을 군주의 질서 아래에 배치한다. 원시 영토 기계는 욕망의 흐름들로부터 자신을 유지하기 위해서 흐름들을 코드화 시킨다. 전제 군주 기계는 더 나아가 코드들을 전제 군주적인 기획 속에서 벽돌처럼 재배열한다. 전제 군주 기계는 코드화만으로 흐름들을 통제하기에 불충분하다고 느끼기에 초코드화까지 실행한다. 전제 군주 시대에 흐름에 대한 통제는 원시 시대에 비해 정교화 된다. 따라서 욕망에 대한 억압 역시도 심화된다.

여기서 우리는 사회체가 욕망에 대한 통제를 강화하는 방향으로 진화한다고 말하고 싶은 유혹을 느낄지도 모른다. 물론 원시 영토 기계보다는 전제 군주 기계가, 전제 군주 기계보다는 자본주의 기계가 욕망을 더 세련되게 통제하는 것은 사실이다. 하지만 들뢰즈는 역사의 목적론을 거부한다. 따라서 들뢰즈는 원시 영토 기계가 전제 군주 기계로 진화하거나, 전제 군주 기계가 자본주의 기계로 발전한다고 주장하지 않는다. 오히려 새로운 사회 기계는 이전 사회 기계의 죽음에서 나온다. 시간상으로 원시 영토 기계 이후 전제 군주 기계가, 전제 군주 기계 이후 자본주의 기계가 나타난 것은 사실이다. 그러나 각각의 사회기계들은 연속적이지 않다. 새로운 사회 기계는 이전 기계와의 단절을 전제한다. 따라서 발생은 필연적이지 않으며 우연적이다.

원시 영토 기계의 죽음은 외부에서 온다. 우리는 욕망이 사회체를 해체할 수 있다는 것을 확인했다. 그러나 원시 영토 기계는 욕망에 의해 해체되지 않는다. 오히려 들뢰즈는 원시 영토 기계의 죽음을 국가로 대표되는 외부의 힘에서 찾는다. 니체를 참조하며 들뢰즈는 다음과 같이 말한다.

"영토적 재현은 고통과 죽음을 코드화하면서 모든 것을 예견했다. 자신 자신의 죽음이 밖에 자기에게 오게 될 방식만 제외하고. 〈그들은 운명처럼, 오며 거기에는 아무런 이유도 이성도 숙고도 구실도 없다. 그들은 번개처럼 거기 와 있다. (……) 그들의 작업은 본능적인 형식-창조, 형식-각인이다. (……) 요컨대 그들이 나타나는 것에는 어떤 새로운 것이, 하나의 살아 있는 어떤 지배 형성물이 있다. 거기에서 여러 부분들과 기능들은 한계가 정해지고 관계를 맺으며, 또한 전체의 관점에서 우선 하나의 "의미"가 있지 않은 것은 결코 자리를 찾지 못한다〉 바로 여기서 니체는 절단, 단절, 도약에 대해 말하고 있다.

(······) 숙명처럼 도달하는 이 그들은 누구일까? (······) 그들은
국가의 창설자들이다."(AO, 329, ⟨ ⟩는 니체의 『도덕의 계보』에서
재인용)

초코드화의 주체인 국가는 원시 영토 기계로부터 진화하지 않는
다. 오히려 국가는 원시 영토 기계의 외부로부터 오며 원시 영토기
계에 죽음을 가져온다. 국가는 원시 영토 기계와 이질적이다.

그러나 한 사회체의 외부라는 위치는 우리에게 많은 의문을 남
긴다. 외부의 국가는 어디서 기원하는가? 왜냐하면 우리는 욕망의
원리적 층위에서도, 원시 영토 기계 내에서도 국가를 찾을 수 없기
때문이다. 현재라면 어떤 전제 군주 기계가 원시 영토 기계를 외부
에서 침범할 수 있을지도 모른다. 마치 유럽의 국가들이 아프리카
를 침범해 식민지화 한 것처럼 말이다. 하지만 국가 없던 시대에
갑자기 최초의 국가가 나타나서 원시 영토 기계에 들이닥칠 수 있
다는 말인가? 이는 원국가라는 문제로 우리를 데려간다.

원국가

국가의 출현을 설명하기 위해 들뢰즈는 원국가Urstaat 개념을 제
시한다. 원국가는 모든 국가들의 기원이다. 원국가는 갑자기 출현

하는 것이다. 오히려 국가들의 모델이 된다는 점에서 "모든 역사의 지평을 이룬다."[232] 다만 원국가는 표면으로 드러나 있지 않으며 잠복해 있다.[233] 국가는 망각되었다가 회귀한다. 국가는 어떤 방식으로 잠복해 있는가? 들뢰즈에 따르면 원국가는 뇌 속에 잠복해 있다가 구체적인 국가의 출현과 함께 회귀한다. 따라서 원국가는 물질적인 역사와 다른 차원에 위치한다. "이 다른 차원이란 사회들의 물질적 발전에 과도하게 덧붙여지는 뇌의 이념성idéalité, 부분들과 흐름들을 하나의 전체 속에 조직하는 규제 이념 내지 반성 원리(공포)이다."[234] 전제군주 기계가 왕을 중심으로 코드들을 초코드화 하는 원리는 뇌의 이념성에서부터 유래한다. 그런데 우리는 이념이 역사의 밖에 있지 않다는 것을 발견한다. 왜냐하면 "전제군주 국가가 세계사를 조건 짓는 것이, 단지 그것이 밖이 아니라 늘 곁에 있다는 조건에서, 역사가 〈머리〉 속에, 〈뇌〉 속에 존재하는 방식을 재현하는 냉혹한 괴물, 즉 원국가라는 조건"에서이기 때문이다.[235]

여기서 우리는 『안티 오이디푸스』 고유의 긴장, 즉 내재적인 욕망과 외재적인 국가 사이의 마찰을 찾아볼 수 있다. 우리는 욕망의

---

232) AO, 371
233) AO, 371, 강조는 필자. "각각의 흑인과 각각의 유대인 밑에는 이집트인이, 희랍이들 밑에는 미케네인이, 로마인들 밑에는 에트루리아인이 있다. 그렇지만 이 기원은 망각에 빠지고, **잠복이 국가 자체를 붙잡아**, 거기에서 종종 글이 사라진다."
234) AO, 373
235) AO, 376

형이상학적인 세 가지 종합을 확인했다. 연결 종합, 분리종합, 결합 종합에 의한 생산의 생산, 등록의 생산, 소비의 생산이라는 욕망의 법칙은 세계사에 보편적인 법칙이다. 따라서 이러한 욕망의 세 종합은 세계사의 매순간에 함께 한다.『안티 오이디푸스』에서 세계사는 욕망이 억압당하는 역사이며 최종적으로는 욕망의 해방을 향해 나아간다. 그러나 우리는 욕망의 반대편에서 사회 기계를 마주한다. 욕망이 억압당하는 수동적인 역사가 있다. 하지만 반대쪽에서 보면 이는 사회기계가 욕망을 억압하는 능동적인 역사이다. 다만 들뢰즈는 욕망의 종합에만 주목할 뿐 사회기계들이 어떻게 발생하는지에 대해서는 거의 주목하지 않는다. 욕망의 세 종합이 보편적인 존재의 원리인데 비해 사회기계는 우연적일 뿐이라고 제시되는 것처럼 보인다. 예를 들어 우리는 국가는 외부에서 우연히 들이닥친다고 설명하는 들뢰즈를 발견할 수 있다.[236)]

그러나 원국가 개념은 국가가 세계사의 외부에 있는 것이 아니라 세계사의 곁에 잠복하고 있었다는 것을 보여준다. 국가 역시도 욕망의 종합과 함께 세계사에 보편적인 것이다. 물론『안티 오이디푸스』에서 원국가 개념에 할애되는 분량은 적기에 국가의 보편성은 별로 주목 받지 못했다. 그러나 본고는 국가의 보편성이『안티 오이디푸스』의 긴장을 드러낸다고 주장한다.

---

236) AO, 329. "영토적 재현은 고통과 죽음을 코드화하면서 모든 것을 예견했다. 자기 자신의 죽음이 밖에서 자기에게 오게될 방식만 제외하고.〈그들은 운명처럼 오며, 거기에는 아무런 이유도 이성도 숙고도 구실도 없다. ……〉"

『의미의 논리』에서 비물체적인 표면은 재현이나 심층에 비해 우월한 가치를 지닌다고 평가받는다. 표면은 의미의 장소이며 우리의 실천적인 지향점이 된다. 표면이 아니라면, 우리는 진부한 재현의 세계에 머물거나 무의미한 심층으로 떨어져야 한다. 우리는 표면에 머물기 위해 노력해야 한다. 그러나 『안티 오이디푸스』에서는 물체적인 것의 가치가 복권된다. 욕망의 세 종합은 물질적이다. 욕망의 세 종합이 형이상학적인 생산이라고 불리는 것은 종합이 비물질적이기 때문이 아니다. 이는 모든 물질들의 아래에서 보편적으로 이루어지는 과정이라는 의미에서 형이상학적이다. 『의미의 논리』에서 물체적인 심층이 비물체적인 표면을 위협했다면, 반대로 『안티 오이디푸스』에서는 비물질적인 국가가 물질적인 욕망을 위협한다. 국가는 욕망을 코드화하고 초코드화하면서 억압하고 탄압한다. 우리는 『의미의 논리』와 『안티 오이디푸스』에서 물질적인 차원과 비물질적인 차원의 위상이 뒤바뀐 것을 목격할 수 있다. 이제 우월한 선별 기준은 비물질이 아니라 물질 속에 있게 된다.

그러나 이러한 전환은 성공적인가? 우리는 원국가의 보편성에도 주목해야 한다. 욕망의 종합만이 아니라 원국가 역시도 보편적이라고 제시된다. 그렇기에 우리는 『안티 오이디푸스』의 들뢰즈가 왜 욕망의 종합에만 치중하는지 의문을 품게 된다. 이제 우리는 욕망 기계와 기관 없는 몸, 두 요소만을 가지고 형이상학적 존재론을 설명할 수 없게 된 것이 아닌가? 이들과 함께 비물체적인 차원에서 잠복하고 있는 국가는 왜 설명되지 않는가? 국가의 이념성 역시도 보편적인 존재 요소인데 말이다. 우리는 들뢰즈가 존재의 밝은 부분만을 보여주고 어두운 부분은 숨겨놓았다는 의혹을 갖게 된다. 그러나 들뢰즈가 국가라는 요소를 완벽히 감추어둔 것은 아니다. 원국가 개념에서 들뢰즈는 욕망의 어두운 부분을 인정한다.

하지만 동시에 들뢰즈는 모든 것을 욕망이라는 요소 안에서 내재적으로 설명하기를 원했다. 그렇다면 탄압에 대한 욕망을 어떻게 이해해야 할까? 들뢰즈는 역설에 빠지고 만다.

> "우리는 늘 다음과 같은 괴물 같은 역설에 거듭 빠진다. 즉 국가란 전제군주의 머리에서 신민들의 마음으로, 또 지적 법칙으로부터 이 법칙을 벗어나거나 이 법칙에서 놓여난 물리 체계 전체로 이행하는 욕망이라는 역설에. 국가의 욕망, 즉 가장 환상적인 탄압 기계 역시도 욕망이며, 욕망하는 주체요 욕망의 대상이다."(AO, 378)

들뢰즈는 욕망의 내재성을 유지하기 위해서 국가라는 비물체적인 차원과 탄압이라는 작용 역시도 욕망에 포함시킨다.

하지만 욕망의 내재성을 유지하기 위해서 치러야 할 대가는 크다. 먼저 욕망이 자신의 안에 비물체적인 차원을 인정할 때, 우리들 인간은 완벽히 긍정될 수 없다. 왜냐하면 비물체성에 의해서 우리 안에는 결핍이 필연적으로 존재하게 되기 때문이다. 대상a의 망령이 되돌아오는 것이다. 우리의 욕망에 잠복하는 이념성은 잃어버린 대상으로, 즉 항구적인 결여로 나타난다. 비물체적인 반쪽에 의해 우리는 완전해 질 수 없다. 우리의 존재에 결여는 필연적이게 된다.

또한 사회적인 측면에서도 문제가 발생한다. 들뢰즈는 욕망적 생산과 사회적 생산의 일치로 세계사의 지향점으로 제시했다. 그러나 이러한 일치 역시도 불가능하게 된다. 왜냐하면 물질적 차원에서 욕망적 생산과 사회적 생산이 일치하는 것처럼 보이더라도, 항상 그 배후에는 비물체적인 국가라는 차원이 잠복하게 되기 때문이다. 세계사의 종결은 영원히 유예된다.

『의미의 논리』의 들뢰즈는 대상a를 보편적인 존재론적 원리로 보았으며, 더 나아가 우리가 그러한 역설적인 요소를 추구해야 한다고 말했다. 『안티 오이디푸스』의 들뢰즈는 존재론적 원리에서 역설적인 요소를 제거하고, 욕망의 물질적인 종합을 존재론적 원리로 제시하는 유물론적 혁명을 시도한다. 따라서 우리가 추구해야할 지향점도 욕망적 생산의 결과인 분열자로 제시된다. 그러나 존재론적 원리에서 제외되었던 역설적인 요소는 아직도 유령처럼 들뢰즈를 따라다니는 것처럼 보인다. 역설적인 요소인 대상a와 같이 비물체적인 국가는 『안티 오이디푸스』의 한가운데 박혀있기 때문이다. 그렇다면 우리는 들뢰즈가 『안티 오이디푸스』에서 비물체적 요소를 제외한 물체적 종합을 완성했다기보다는, 비물체적 요소를 감추어둔 물체적 종합을 제시했다고 파악해야 하지 않을까? 『안티 오이디푸스』의 실천적인 풍부함에도 불구하고 한 쪽 요소를 숨겨 두었다면 존재론적으로는 반쪽짜리 종합일 뿐이다.

이에 대해 우리가 더 고려해 볼 수 있는 요소는 편집증 기계이다. 편집증 기계는 욕망 기계와 기관 없는 신체 사이에서 발생한다. 편집증 기계는 우리의 억압과 탄압의 기초가 된다. 따라서 편집증 기계를 통해서 국가 역시도 욕망의 내재적인 종합 속에서 이해할 방식이 남아있지 않을까? 이에 답하기 위해서는 편집증 기계와 원국가 간의 관계를 연구할 필요가 있다. 그러나 본고는 아직 이를 다룰 능력이 없다. 우리는 이를 추후 연구과제로 남겨둘 것이다. 우리는 원국가를 통해 드러난 첨예한 긴장을 넘어서 마지막으로 자본주의 기계를 살피도록 할 것이다.

문명 자본주의 기계

들뢰즈는 우리가 살아가는 현재를 자본주의 시대로 규정한다. 자본주의 시대의 사회기계는 자본주의 기계이다. 자본주의 기계는 전제 군주 기계의 폐허 위에서 건립된다. 자본주의 기계의 특징은 더 이상 코드화와 초코드화를 전면적으로 실행하지 않는다는 점이다. 예로부터 이어져온 코드들은 잔존하지만 다만 의고적인 역할을 수행하는 것에 그친다. 오히려 코드들은 공리계에 종속된다. 자본주의 기계는 코드들이 아니라 공리계를 통해서 흐름들을 통제한다.

공리계의 특징은 유연성에 있다. 자본주의 공리계는 자본의 자기 증식이라는 목적 하에서 모든 것을 그 목적에 부합하도록 배치한다. 그렇기에 모든 흐름들은 자본의 자기 증식을 위해서 배치되며 코드들 역시도 그 흐름에 부합하도록 공리계 속으로 녹아들어 간다. 물론 전제 군주 기계 역시도 전제군주의 욕망을 위해서 코드들을 배치했었다. 그러나 전제 군주 기계의 초코드화는 벽돌을 쌓듯이 코드들을 배치하기 때문에 조그만 균열에도 쉽게 무너져 내린다. 마치 약간의 균열이 벽돌로 쌓은 건물 전체를 무너뜨리듯이 말이다. 그러나 자본주의는 공리들을 계속 추가하면서 코드들의 위치를 유연하게 변화시킴으로써 모든 외부의 요소들을 공리계 속에 포섭할 수 있게 된다.

문명 자본주의 기계를 통해 자본주의는 모든 외부를 내부화하기 때문에 자본주의는 내재장에 의해서 정의된다. 미세한 욕망의 흐름조차도 자본주의에서는 공리계에 의해 모두 내부화 될 수 있다. 그렇기에 자본주의 시대에 와서 탈코드화하고 탈영토화하는 욕망의 흐름이 드디어 사회에 전면적으로 드러날 수 있게 된다. 다른 사회기계들은 욕망을 제대로 통제할 수 없기에 억압해야 했다.

그러나 자본주의는 욕망을 드러내면서도 공리계를 통해 통제할 수 있다. 따라서 욕망이 보다 직접적으로 드러나게 되며, 우리는 자본의 흐름 속에서 욕망의 흐름을 볼 수 있게 된다.

그러나 자본주의 시대에도 욕망의 흐름이 전적으로 자유롭지는 않다. 왜냐하면 욕망의 흐름이 왜곡되기 드러나기 때문이다. 욕망의 흐름은 공리계를 통해 자본의 자기 재생산에 종속된다. 오히려 욕망은 자본주의 시대에 더 심하게 억압된다. 다른 시대에는 코드화와 초코드화가 포함할 수 없는 외부에서 욕망의 자유로운 흐름이 가능했다면 자본주의 시대는 모든 것을 내재화함으로서 어떠한 외부도 남겨두지 않기 때문이다.

하지만 들뢰즈는 자본주의 안에서 공리계를 넘어설 수 있는 가능성을 본다. 분열증적인 흐름, 다시 말해서 자유로운 욕망의 흐름은 자본주의의 극한에서 실현될 수 있다. 자본주의는 다만 아직 덜 진행되었을 뿐이다. 자본주의의 탈코드화가 계속된다면 공리계조차도 붕괴할 것이다. 공리계에 공리가 계속 추가되다보면, 공리계가 버티지 못하고 폭발해 버릴 것이기 때문이다.

공리계의 붕괴가 자본주의의 필연적인 운명은 아니다. 왜냐하면 자본주의는 공리계를 해체하고 흐름들을 흐르게 하는 분열증적인 극과 함께 모든 것을 공리화하고 흐름들을 일정한 틀 속에서 통제하려는 편집증적인 극을 갖기 때문이다. 우리는 자본주의의 역사 속에서 편집증적인 극의 최극단인 파시즘이 성행하는 것 역시도 보았다. 따라서 탈코드화는 자본주의의 한 양상일 뿐이다. 자본주의의 역사는 탈코드화에 의해 공리계가 해체되는 역사가 아니라 탈코드화와 공리화가 대립하는 역사이다. 그러므로 경우에 따라서 공리화가 탈코드화를 압도하는 미래가 찾아올 수도 있다.

들뢰즈는 분열증적인 극이 실현될 수 있는 방안인 분열 분석을 제시한다. 분열 분석은 욕망이 그 자체로 실현되는 사회를 만들기 위한 방법론이다. 들뢰즈는 현재의 자본주의까지의 발생을 회고적으로 돌아본다. 그러나 들뢰즈는 과거만을 바라보지 않는다. 이제 들뢰즈는 고개를 돌려 미래의 방향성을 제시한다. 그는 역사의 마지막 사회가 욕망 기계들이 억압과 탄압에서 벗어나 그 자체로 실행되는 분열증적 사회가 되기를 바란다. 다만 분열분석의 구체적인 방법론에 대해서는 본고에서 다루지 않을 것이다.

결론

방법

1부에서 우리는 들뢰즈 철학의 방법을 물으면서 출발했다. 들뢰즈는 콜라주 방법을 사용한다. 콜라주 방법에 따라 들뢰즈는 다른 철학자들을 자신의 철학의 재료로 이용한다. 그러나 들뢰즈는 재료들을 통해 그가 이용하는 학자의 원본을 재현하는 데 목적을 두지 않는다. 들뢰즈는 재료들을 이용하여 자신 고유의 철학을 건설한다. 그런데 재료들과의 뒤섞임으로 인해서 들뢰즈 고유의 철학이 무엇인지 명확히 드러나지 않는다. 따라서 들뢰즈 철학의 연구자는 문제에 부딪힌다. 왜냐하면 철학 논문을 쓰는 연구자는 연구 대상인 들뢰즈의 철학을 명확히 식별해 내기를 원하기 때문이다. 현대의 철학 논문은 연구대상에 대한 주석에 가깝다. 우리는 주석을 달기 전에, 무엇에 주석을 다는지 알아야 한다. 따라서 우리의 목표는 들뢰즈 철학이 무엇인지 한정하는 일이었다.

'들뢰즈 철학'이라는 단어는 '들뢰즈'와 '철학'이라는 두 낱말로 구성되어 있다. '들뢰즈 철학'은 '들뢰즈'가 철학 일반과 맺는 관련에 의해 밝혀질 수 있다. 그러나 철학은 결코 완벽히 정의된 적이 없다. 어쩌면 철학이 무엇인지 모르면서 철학을 해왔다는 점이 철학 고유의 특징을 구성하고 있는지도 모른다. 철학은 자기 자신을 규정해야 한다. 우리는 철학자가 아니라 철학 연구자이기 때문에 철학을 정의할 수 없다. 따라서 우리는 들뢰즈가 『철학이란 무엇인가』를 통해 제시한 철학의 규정을 따랐다. 물론 들뢰즈가 규정한 철학 일반에 대한 규정을 따라 들뢰즈의 철학을 연구해야 할 필연성은 없다. 그러나 문제는 방법의 필연성이 아니라 방법의 유용성 아닐까? 철학에 대한 다른 규정들보다 철학에 대한 들뢰즈의 규정을 따를 때 들뢰즈에 대해 더 많은 것이 밝혀질 수 있을 것이다.

들뢰즈에 의하면 철학이란 개념을 창조하는 일이다. 그리고 개념은 상관항으로 내재성의 구도와 개념적 인물을 갖는다. 따라서 철학 일반의 세 구성요소는 개념, 내재성의 구도, 개념적 인물이다. 개념은 한 철학에서 핵심이 되는 용어로 나타난다. 철학 체계는 수많은 구성요소를 가지는데 개념은 이 구성요소들이 수렴하는 응집점이다. 어디에 구성요소들이 수렴할지 결정하는 것이 내재성의 구도와 개념적 인물이다. 개념은 내재성의 구도 위에 위치한다. 개념이 명시적인 데 비해서 내재성의 구도는 암묵적이다. 구도는 개념의 암묵적인 전제가 된다. 암묵적인 전제에 어떻게 접근할 수 있는가? 구도는 사유의 이미지와 문제라는 두 요소를 통해 접근할 수 있다. 첫 번째로 사유의 이미지는 사유가 무엇인가에 대한 주관적이고 암묵적인 전제를 의미한다. 철학은 사유하는 일이다. 따라서 사유가 무엇인지에 대한 선이해가 철학적 작업에 영향을 미친다. 두 번째로 우리는 철학이 문제 삼는 것이 무엇인지를 확인하면서 암묵적인 구도를 발견할 수 있다. 그러나 개념은 구도 위에서 자동적으로 창조되지 않는다. 개념이 창조되기 위해서는 구도 위에서 사유하는 자가 필요하다. 특정한 문제와 사유의 이미지를 바탕으로 사유자가 사유할 때 비로소 개념이 창조된다. 사유자인 개념적 인물은 철학의 작가와 동일하지 않다. 개념적 인물은 한 주체에 귀속되지 않는다. 개념적 인물은 주체 안에 있는 여러 사유의 방식들이다. 예를 들어서 들뢰즈가 자신의 철학에서 이용하는 수많은 철학자들은 역사적 인물이 아니라, 들뢰즈와 함께 들뢰즈의 철학을 드러내 주는 개념적 인물들이다. 같은 문제라도 어떤 철학자를 경유하여 사유하는가에 따라 개념은 다르게 창조된다. 들뢰즈 철학에서 나타난 개념의 다양성은 개념적 인물들의 다양성에서 기인한다. 우리는 들뢰즈의 철학에서 수많은 개념적 인물들이 다양한 개념들을 창조해 내는 것을 본다. 같은 구도에서도 어떤 방식으로 사유하는가에 따라서 다른 개념들이 창조되는 것이다.

요약하자면 철학이란 어떤 사유의 이미지와 문제 위에서 특정

방식으로 사유하면서 개념들을 창조하는 일이다. 따라서 우리가 들뢰즈의 철학을 파악하기 위해서는 들뢰즈 철학의 개념, 구도, 개념적 인물을 이해해야 한다. 개념들은 명시적이다. 따라서 우리는 들뢰즈 철학의 여러 개념들을 마주한다. 본고에서 우리가 연구대상으로 삼았던 개념은 '선별'과 '발생'이다. 선별은 들뢰즈의 실천 이론을, 발생은 들뢰즈 철학의 존재론을 꿰뚫는 개념이다. 실천적으로 '우리'가 추구하는 선별 기준은 역량을 가진다는 점에서 존재론의 발생적 요소와 동일하다. 따라서 역량을 중심으로 실천이론과 존재론은 통일된다. 우리는 1부에서는 '선별' 개념을 중심으로, 2부에서는 '발생' 개념을 중심으로 이를 살펴보았다.

선별

개념은 구도와 개념적 인물 위에서 창조된다. 우리는 1부에서 들뢰즈 플라톤과 라이프니츠라는 개념적 인물을 거쳐 들뢰즈 철학의 구도를 확인했다. 구도란 문제와 사유의 이미지에 의해 드러난다. 문제와 관련하여 우리는 들뢰즈의 플라톤 비판을 살펴보았다. 들뢰즈는 플라톤적 동기를 비판한다. 플라톤적 동기는 이데아에 의한 선별이다. 그런데 들뢰즈는 선별이라는 동기 자체가 아니라 선별이 잘못된 방식으로 이루어졌다는 점을 비판한다. 따라서 우리는 들뢰즈의 동기가 선별 방식의 변화라고 추론했다. 플라톤은 이데아를 기반으로 현실적인 존재자들을 선별한다. 들뢰즈는 이데아라는 선별 기준이 잘못되었다고 비판한다. 왜냐하면 이데아는 자신과의 유사함에 따라 선별하기 때문이다. 따라서 선별 대상인 우리는 이데아와 같아지려고 노력해야 한다. 들뢰즈는 이데아를 따르는 자들이 아니라 이데아를 거부하는 자들이 선별되어야 한다고 주장한다. 이데아에 따르는 자들이 모방하려고 노력한다면, 이데아를 거부하는 자들은 창조하려고 노력하기 때문이다. 따라서 들뢰즈의 문제는 새로운 선별 기준을 제시하는 데에 있다. 새로운 선별 기준은 선별 대상인 우리를 유사성이 아닌 창조를 기반으로 평가해야 한다.

기존의 사유의 이미지에 대한 비판에서도 창조라는 테마가 나타난다. 기존의 철학들은 사유한다는 것이 이미 존재하는 참을 발견하는 일이라고 생각했다. 따라서 사유는 참을 재현하는 일로 이해되며, 마찬가지로 철학은 참을 발견하고 기술하기 위한 작업이다. 그러나 들뢰즈는 사유가 생식적이라고 주장한다. 따라서 기존 철학에서 사유의 임무가 참의 재현이었다면 들뢰즈의 철학에서 사유의 임무는 창조이다. 우리는 철학은 개념의 창조라는 들뢰즈의 주장은, 사유하는 일은 창조하는 일이라는 사유에 대한 선이해에 근거한다고 주장할 수 있다. 종합하자면 들뢰즈는 사유는 창조라는 사유의 이미지를 갖고 있으며, 그의 문제는 창조에 기반을 둔 새로운 선별을 시행하는 것이다. 따라서 우리는 들뢰즈의 철학을 선별이라는 개념을 중심으로 읽어낼 수 있다.

선별 개념을 명확히 하기 위해서는 선별의 구성요소인 선별 대상과 선별 기준을 명확히 해야 한다. 이를 위해서 우리는 라이프니츠라는 개념적 인물을 통해 들뢰즈 철학의 존재론적인 구도를 살펴보았다. 선별은 선별 기준과 선별 대상을 요구한다. 그리고 선별이 가능하기 위해서는 선별 대상이 선별 기준을 충족시킬 수 있어야 한다. 들뢰즈의 선별 대상은 현실을 살아가는 '우리'이다. 그리고 선별 기준은 창조이다. 따라서 '우리'와 창조가 무엇을 의미하는지, 그리고 '우리'는 어떻게 창조할 수 있는지가 말해져야 한다.

'우리'에 대해 들뢰즈는 상식과 다른 이해를 가지고 있다. 우리는 상식적으로 우리를 세계와 타인과 독립적인 주체로 이해한다. 따라서 우리는 세계의 부분이고 타인들은 우리와 독립적인 실체라고 생각한다. 그러나 들뢰즈는 '우리'를 라이프니츠적인 모나드로 이해한다. 모나드론에 따르면 우리의 관점은 세계 전체를 표현한다. 다만 어떤 부분은 명료하고 어떤 부분은 불명료하게 표현할 뿐이다. 중요한 점은 '우리'는 세계의 부분이 아니라 세계 자체라는 점이다. 따라서 창조의 의미도 달라진다. 라이프니츠에 의하면 세계의 모든 일들은 미리 정해져 있다. 따라서 같은 일들을 되풀이하는 일은 창조가 될 수 없다. 영화를 몇 번이고 되돌려 보아도 영화의 인물들을 똑같은 일들을 되풀이할 뿐이기에 아무것도 창조되지 않는다. 창조를 위해 우리는 똑같은 일들을 되풀이해서는 안 된다. 창조는 미리 정해진 세계를 바꾸어 내야 한다. 창조는 세계 전체를 새롭게 해야 한다. 따라서 창조의 문제는 선형적인 과거, 현재, 미래가 아니라 시간 전체에 관련한다. 우리가 어제 없던 것들 오늘 만들어 낸다고 해도 창조하는 것은 아니다. 존재 전체의 관점에서 전혀 존재하지 않았던 무언가를 발생시킬 때 우리는 창조한다.

따라서 우리가 창조하는 일을 경험적인 시간에서 일어나는 우리의 변화로 이해해서는 안 된다. 우리는 창조를 존재론적인 관점에서 이해해야 한다. 그런데 우리는 어떻게 존재에 변화를 만들어 낼 수 있는가? 일상적인 경험적인 수준에서는 창조가 불가능하다. 우리는 같은 경험을 되풀이할 뿐이다. 창조하기 위해서는 경험의 층위 자체를 발생시키는 역량에 접속되어야 한다. 따라서 창조는 발생과 관련한다. 우리가 창조하기 위해서는 발생적 요소에 연결되어야 하기 때문이다. 그런데 발생에 관한 설명은 『차이와 반복』, 『의미의 논리』, 『안티 오이디푸스』에서 차이를 보인다. 발생적 요소의 변화에 따라 창조적 역량은 다른 존재론적 요소에 위치하게 된다. 따라서 우리가 선별에서 우월한 가치를 얻기 위해 추구해야 하는 요소 역시도 바뀌게 된다. 따라서 발생에 대한 설명 변화는 실천적 지향점의 변화를 의미한다. 선별을 이해하기 위해서는 발생을 구체적으로 살펴야 한다. 우리는 2부에서 『차이와 반복』, 『의미의 논리』, 『안티 오이디푸스』에서 나타난 발생을 구체적으로 살펴보았다.

발생들

『차이와 반복』은 주어진 현실에서 출발하여 발생의 원리를 발견하는 역행적인 분석의 과정과 발견한 원리에서 출발하여 현실의 발생을 연역하는 종합의 과정으로 나뉠 수 있다. 첫 단계는 결과로부터 원리의 층위로 나아가는 역행적인 분석이다. 우리는 경험적인 시간의 근거를 물어가면서 현재·과거·미래의 층위를 발견했다. 미래의 층위는 창조의 역량을 품고 있는 것으로 나타난다. 미래는 현재의 근거인 과거 자체를 새롭게 한다. 미래의 층위는 초월론적 장에 속한다. 들뢰즈는 역행적인 분석을 통해 발견한 초월론적 장에서 결과를 연역한다. 초월론적 장은 재현적 세계를 발생시킨다. 초월론적 장의 구성요소는 이념이다. 이념은 놀이를 통해서 생산된다. 생산된 이념은 미분화의 과정을 거쳐 미분비를 생산한다. 미분비는 강도에 전달되며 강도는 자기소멸적 과정을 거치며 미분비를 분화에 전달한다. 분화는 미분비를 기초로 해서 질과 연장을 발생시킨다. 생산된 질과 연장이 동일성을 갖춘 주체와 만날 때 재현적 세계가 나타난다.

우리는 이념과 강도라는 두 가지 발생적 요소를 발견한다. 이념은 비물체적이고 강도는 물체적이다. 우리는 발생에서 이념과 강도라는 두 가지 요소가 요구되는 이유가 각 요소가 무언가를 결여하고 있기 때문이라고 주장했다. 이념은 힘을 결여하고 강도는 형식을 결여한다. 물체적인 강도는 스스로 미분비라는 형식을 만들어낼 수 없다고 평가받는다. 강도는 수직적인 발생만을 행한다. 따라서 『차이와 반복』에서는 강도에 대한 이념의 우위가 나타난다. 이념은 미분화라는 독자적인 종합을 갖지만, 강도는 이념 없이는 종합을 행할 수 없다. 강도는 이념에 의존한다. 들뢰즈는 물체 속에서 한계를 발견한다. 따라서 우리의 지향점은 행위보다는 사유의 측면에서 제시된다. 사유는 창조한다. 그러나 우리는 자아라는 형식에 얽매여 있기 때문에 사유하지 못한다. 따라서 우리가 사유하기 위해서는 우리의 자아가 폭력을 통해 해체되어야 한다. 폭력을 통해서 우리는 이념의 층위에서 사유할 수 있게 된다. 그러나 이념의 층위는 역설의 형식을 따라 제시된다. 우리는 사유해야 하지만 사유 불가능한 것을 사유해야 한다. 우리는 어떤 극한에 이를 것을 요구받는다. 그러나 현실적으로 우리는 추상적인 가능성만을 발견할 뿐이다. 게다가 우리는 추상적인 가능성을 위해 폭력을 감수할 것을 요구받는다.

『의미의 논리』에서는 우리는 역행적인 분석과 정적 발생, 동적 발생을 살펴보았다. 역행적인 분석은 명제들의 층위가 의미의 층위를 근거로 요구한다는 것을 보여준다. 명제들은 지시, 현시, 기호

작용을 지닌다. 명제는 지시를 통해 객관적인 사태를 가리키고, 현시를 통해 마음속에 이미지를 현상시키며, 기호 작용을 통해 개념들 간의 관계를 나타낸다. 그러나 세 양상 모두 명제의 근거가 될수는 없다. 명제가 성립되기 위해서는 의미가 필요하다. 따라서 우리는 의미의 층위가 실재한다는 것을 추론할 수 있다.

의미의 층위의 구성요소는 특이성들이다. 정적 발생은 특이성들로부터 출발해서 재현적 세계의 발생을 설명해 준다. 명제들은 세계를 대상으로 한다는 점에서 재현적 세계의 출현 이후에 온다. 존재론적 정적 발생이 재현적 세계와 그 안에 위치한 주체들의 발생을 설명해 준다면, 논리학적 정적 발생은 재현적 세계와 주체로부터 명제로의 이행을 설명해 준다. 본고에서 우리는 존재론적 정적 발생만을 살폈다. 존재론적 정적 발생은 특이성들로부터 세계, 주체, 일반 개념의 발생을 설명한다. 세계는 특이성들이 수렴하면서 발생한다. 세계가 발생하면서 동시에 세계를 표현하는 개체들 역시도 발생한다. 그런데 우리가 경험하는 것은 단 하나의 세계가 아니다. 우리는 세계를 가능적인 것으로 경험한다. 따라서 우리는 하나의 세계가 아니라 다수의 세계의 발생을 설명해야 한다. 다수의 세계는 특이점들의 재분배되면서 발생한다. 우발점은 구조적인 비평형을 불러오면서 특이성들을 재분배시킨다. 우리가 다수의 세계에 마주했을 때 주체가 나타난다. 들뢰즈는 우리가 어떻게 다수에 세계에 마주하는지 설명하지는 않는다. 그러나 우리는 주체가 우발점의 역량을 품고 있다고 추론할 수 있다. 주체는 우발점의 비평형을 자신 안에 가지고 있기 때문에 복수의 세계를 횡단한다. 다수의 세계에 마주하면서 주체는 가능성이라는 범주를 얻는다. 가능성은 한 세계에서는 일어난 일이 다른 세계에서는 그렇지 않았을 수도 있다는 것을 의미한다. 주체는 가능성 범주를 통해서 일반개념을 구성한다. 주체는 대상의 가능한 여러 형태를 상상하며, 그중에서 공통된 특성을 추상하면서 일반개념을 구성한다. 정적 발생은 가능성 범주의 발생을 밝혔다는 점에서 가능성과 잠재성을 단순 대립시킨『차이와 반복』의 발생보다 발전한 모습을 보여준다.

들뢰즈는 동적 발생을 통해 심층으로부터 표면의 발생을 설명한다. 그러나 우리는 동적 발생이 애매함을 지닌다는 것을 보았다. 왜냐하면 들뢰즈가 동적 발생을 유아가 언어를 얻는 경험적인 과정을 통해 설명하기 때문이다. 경험적 주체인 유아는 정적 발생의 결과이다. 따라서 정적 발생의 결과인 경험적 주체로부터 출발하여 정적 발생의 원인인 표면을 설명하는 것은 부조리하다. 발생의 정합성을 떠나 우리는 동적 발생 자체만을 살펴보면서『의미의 논리』의 오이디푸스적인 성격을 확인했다. 오이디푸스를 물체에 대한 격하로 특징지을 수 있다. 오이디푸스는 우리가 물체 속에서는 아무것도 구별하지 못하기에, 오이디푸스 과정을 통해서 의미의 층위로 올라와야 한다고 주장한다. 물체 안에는 종합의 능력이 없다고 말해진다. 따라서 표면으로 올라가는 과정에서 비물체적인 대상a

가 원리로 도입된다. 대상a는 물체 안에 결핍과 과잉이라는 불균형을 초래하면서 물체로부터 표면으로 나아간다. 예를 들어 우리는 상층의 좋은 대상에서 어떻게 결핍이 원리로 작용하는지 확인했다. 표면에 도달했을 때 우리 안에는 결핍이 존재하게 된다.

표면 자체도 잃어버린 대상으로 나타난다. 우리는 물체적 실존과 재현에서 표면을 발견할 수 없다. 그러나 들뢰즈는 우리가 표면에 머물기를 추구해야 한다고 주장한다. 따라서 발견할 수 없지만 추구해야 한다는 점에서 표면은 역설의 장소이다. 표면은 물체와 재현 양방향으로 분열된다. 따라서 표면은 본성상 균열되어 있다. 들뢰즈는 우리가 자신을 균열 내면서 우리 안에 표면을 만들기를 요구한다. 『차이와 반복』이 사유의 극한을 제시했다면 『의미의 논리』는 행위의 극한까지 나아가기를 요구한다. 그런데 비물체적인 표면이 물체적인 신체 속에 구현된다는 것 자체가 역설적이다. 들뢰즈는 물체적인 극한을 통해 표면으로 건설하기를 요구한다. 그러나 극한은 약물중독. 알코올중독, 병, 죽음과 같은 부정적인 형태로 제시될 뿐이다. 따라서 표면에 대한 추구는 우리에게 파국을 낳는다. 표면을 추구하면서 우리는 자신을 괴롭힐 뿐이다. 우리는 좌절하고 무기력해진다.

우리는 『안티 오이디푸스』를 네 가지 과정으로 나눴다. 첫 번째 과정은 오이디푸스 비판을 통해 무의식의 원형적인 모습을 발견하는 역행적인 분석이다. 『안티 오이디푸스』에서 무의식은 특정한 주체에 귀속되지 않는다. 무의식은 우주적 무의식이다. 오이디푸스는 우주적 무의식을 억압하면서 무의식을 특정 주체에 귀속시킨다. 따라서 우리는 오이디푸스를 비판하면서 원형적인 무의식을 발견할 수 있다. 두 번째는 원형적인 무의식의 내에서 일어나는 욕망의 종합이다. 욕망은 세 가지 종합을 거쳐서 분열자를 발생시킨다. 세 번째는 분열자가 현실의 역사에서 억압되어 온 과정이다. 사회유형에 따라서 분열자의 욕망은 각기 다른 방식으로 억압된다. 원시 시대와 전제군주 시대를 거쳐 분열자는 현재의 자본주의 사회 안에서 위치한다. 네 번째는 분열자를 현재의 자본주의 사회의 억압에서 해방하기 위한 실천적인 방안인 분열 분석이다. 자본주의 사회는 공리계를 통해 욕망을 관리한다. 그러나 욕망이 행하는 탈코드화와 탈영토화의 운동을 극한으로 끌어낼 때 공리계는 해체될 수 있다. 억압이 사라졌을 때 욕망의 생산 방식과 사회에서 일어나는 생산은 일치하게 된다. 들뢰즈는 분열 분석을 통해 이상적인 사회로 나아갈 수 있는 방안을 제시한다.

우리가 본고에서 집중적으로 살핀 것은 두 번째 과정인 욕망의 종합과 세 번째 과정인 사회의 발생이다. 무의식의 원형적인 요소는 욕망 기계인 부분대상들이다. 욕망 기계인 부분대상들은 서로 자르고 연결하면서 흐름들을 만들어 낸다. 또한 부분대상들은 정지하면서 기관 없는 몸을 발생시킨다. 부분대상들은 기관 없는 몸의 표면에 등록되면서 분배된다. 분배된 욕망의 흐름들은 분열자를 생산한다. 분열자는 우주적 무의식 내에서 세계 전체를 소비한다. 세 번째 과정은 두 번째 과정의 결과인 분열자에서 출발한다. 세 번째 과정은 분열자들이 억압되어 온 역사를 보여준다. 사회는 분열자들을 억압한다. 왜냐하면 욕망의 흐름을 통제하지 않으면 사회는 해체되어 버리기 때문이다. 따라서 사회의 역사는 분열자들에 대한 억압의 역사와 동일하다. 사회는 사회기계를 통해 분열자들을 억압한다. 사회기계는 시대에 따라서 원시 영토 기계, 전제 군주 기계, 자본주의 기계로 나타난다. 원시 영토 기계는 욕망의 흐름들을 통제하기 위해 코드화한다. 욕망은 자유롭게 흐르지 못하고 특정 코드 속에 갇힌다. 전제 군주 기계는 코드화된 욕망들을 중심점을 기준으로 배치하는 초코드화를 행한다. 초코드화에 의해 코드화된 욕망들은 벽돌처럼 배치된다. 자본주의 기계는 초코드화가 아닌 공리계에 의해 작동한다. 자본주의 기계는 더 이상 코드들을 초코드화하지 않는다. 왜냐하면 벽돌들을 조그만 충격에도 붕괴할 위험을 지니기 때문이다. 자본주의는 공리계를 이용하여 욕망들을 유연하게 관리한다. 따라서 자본주의는 공리계 외부의 욕망들을 모두 내부화할 수 있게 된다. 이제 모든 욕망은 자본의 자기증식이라는 흐름 속에 종속된다. 그러나 우리는 이러한 통제에서 벗어나 욕망들을 흐르게 해야 한다. 공리계에서 벗어날 때야 우리는 진정으로 생산할 수 있다. 따라서 우리의 실천적인 지향점은 사회의 억압과 탄압에서 벗어나 흐름들을 생산하는 일이다.

선별과 발생

우리는 창조를 위해 역량을 추구해야 한다. 그런데 발생적 요소가 역량의 위치를 나타낸다. 따라서 우리가 창조에 의한 선별을 통과하기 위해서는 발생적 요소를 추구해야 한다. 우리는 세 저서에 나타난 발생적 요소들을 물체적인지 비물체적인지에 따라 구분할 수 있다. 물체적인 것은 현실의 물질 안에서 발견될 수 있는데 비해서 비물체적인 것은 물질적이지 않는 방식으로 존재한다. 따라서 물체적인 것은 현행적인 데 비해서 비물체적인 것은 잠재적이다. 물체적인 것은 즉시 작용하는 데 비해서 비물체적인 것은 작용하지 않고 지연될 수 있다. 작용하면서 물체적인 질료는 뒤섞일 수밖에 없지만 작용하지 않을 때 비물체적인 형식은 자신 고유의 차원을 갖는다. 그런데 물체적이지 않은 비물체적인 역량이 어떻게 물체에 작용할 수 있는가? 비물체적인 역량은 역설적인 요소를 통해 작용한다. 역설적인 요소는 현행적인 물체 속에 과잉과 부재를 낳는다. 라캉의 대상a는 역설적인 요소를 대표한다. 대상a는 잃어버린 대상이자 빈 칸이다. 대상a는 부재한다는 형식을 통해서 구조 내에 비평형을 만들고, 비평형이 운동을 유발한다.

『차이와 반복』에서는 물체적인 요소인 강도와 비물체적인 요소인 이념 모두 역량을 지니고 있다. 이에 반해 『의미의 논리』에서는 비물체적인 표면에 역량이 집중된다. 그리고 『안티 오이디푸스』에서는 물체적인 욕망이 역량을 갖는다. 창조를 위해 우리는 역량에 접속해야 한다. 따라서 역량을 지닌 발생적 요소가 비물체적인지 물체적인 인지에 따라 실천적인 귀결은 다르게 나타난다. 우리는 신체를 가지고 있는 한에서 물체적이다. 그런데 비물체적인 것은 물체 속에서 현행적인 방식으로 나타날 수 없다. 비물체적인 요소는 오로지 역설을 통해서만 나타난다. 따라서 물체적인 세계 속에 속에서 물체적인 신체를 가지고 있는 '우리'에게 비물체적인 것을 추구하는 일은 역설을 통해서만 가능하게 된다. 예를 들어서『차이와 반복』에서 우리는 사유 불가능한 것을 사유해야 하며,『의미의 논리』에서 우리는 우리의 물체적인 실존으로부터 벗어나 비물체적인 표면의 균열이 되고자 노력해야 한다. 그러나 우리는 그를 실현하기 위한 구체적인 방법을 알 수 없다. 들뢰즈는 '우리'가 물체적인 극한 속에서 비물체적인 역량에 마주하기를 원하는 것 같다. 들뢰즈는 우리가 극한으로 이행하기를 요구한다. 극한은 다음과 같은 역설로 표현될 수 있을 것이다: 살아서 죽음을 마주한다는 역설, 물체 속에서 비물체적인 된다는 역설. 그러나 현실에서 우리는 어떠한 기적도 목격한 일이 없다. 불가능의 추구에 의해 '우리'는 무기력해질 뿐이다.

『안티 오이디푸스』의 유물론적 혁명은 물체에 종합의 역량을 되찾아 주는 데 있다. 우리는 더 이상 비물체적인 역량을 추구하지 않아도 된다. 왜냐하면 역량은 물체 안에 있기 때문이다.『차이와 반복』과『의미의 논리』에서 들뢰즈는 자신만의 독자적인 종합 원리를 제시하지 못했다. 그는 역설이라는 라캉-구조주의의 원리를 빌려 쓸 뿐이다. 그러나『안티 오이디푸스』에 이르러 들뢰즈는 역설이라는 원리를 버리고 생산이라는 원리를 발견한다. 생산의 원리는 욕망의 세 가지 종합으로 나타난다. 이 중 핵심은 생산의 생산인 연결 종합이다. 우리는 우리의 신체를 끊임없이 다른 신체들에 연결시키면서 흐름들을 생산한다. 이제 '우리'의 지향점은 불가능을 요구하지 않는다. 우리는 우리의 신체 안에 이미 역량을 소유하고 있기 때문이다. 우리는 창조하기 위해 우리의 밖으로 나가지 않아도 된다. 따라서 우리는 들뢰즈가 물체의 독자적인 종합을 발명하면서 우리의 실천적인 지향점을 신체 안에 건립했다고 주장할 수 있다. 이로써 우리의 본성은 더 이상 아무것도 결핍하지 않게 되며 진정으로 우리는 긍정된다. 이제 선별 기준은 더 이상 초월적이지 않다. 기준은 '우리'에 내재적이다.

하지만『안티 오이디푸스』에서 모든 문제가 해결되는 것은 아니다.『안티 오이디푸스』는 새로운 문제를 유발한다. 우리는『안티 오이디푸스』내적인 긴장을 발견한다. 들뢰즈는 물체적인 욕망에 생산이라는 긍정적인 성격만을 부여하려 한다. 예를 들어서 들뢰즈는 1장에서 기관 없는 몸의 반생산적인 특성을 부각하나, 다시 4장에서는 생산적인 특성을 강조한다. 우리는 들뢰즈가 욕망의 긍정을 위해 자신의 개념을 고쳤다는 것을 발견한다. 기관 없는 몸은 욕망의 세 가지 종합에 참여한다. 따라서 기관 없는 몸에 부정적인 특성을 부여할 경우, 동시에 물체의 본성에도 부정적인 특성이 도입된다. 우리는 물체 안에 부정을 도입하고 싶지 않다는 들뢰즈적 동기를 추론할 수 있다.

그러나 기관 없는 몸에서 부정적 특성을 제거할 때, 들뢰즈는 현실에 존재하는 부정성들을 설명할 수 없게 된다. 들뢰즈는 원국가라는 개념을 통해 욕망에 비물체성을 도입한다. 비물체적인 원국가가 부정적인 것의 기원이 된다. 원국가 개념에 의해 비물체적인 역량으로부터 물체적인 역량으로의 전환이라는 유물론적 혁명의 기획은 어려움에 처한다. 왜냐하면 비물체적인 역량의 고유성이 인정되기 때문이다. 따라서 우리는 물체적인 역량으로 모든 것을 설명할 수 없게 된다. 다시 물체 속에 비물체적인 역량이 잠복하고 있게 된다. 물체에 덧붙여진 비물체적인 과잉이라는 역설은 우리가 『차이와 반복』과 『의미의 논리』에서 계속해서 보았던 대상a의 형식과 일치한다. 역설이라는 망령은 들뢰즈를 계속해서 따라다니는 것으로 보인다. 우리는 본고에서 이 역설을 해결할 방법을 다루지 못했다. 따라서 추후 연구과제로 역설을 남겨놓을 수 있을 것이다.

논문의 의의와 추후 연구과제

우리는 들뢰즈 철학의 동기를 선별이라고 규정했다. 그리고『차이와 반복』,『의미의 논리』,『안티 오이디푸스』에서 나타난 발생에 대한 설명변화를 선별 기준의 변화와 연관 지었다.『차이와 반복』에서『안티 오이디푸스』로 이행하면서 선별 기준은 내재화된다. 본고는 들뢰즈의 철학을 하나의 이야기로 읽어냈다는 점에서 의의를 지닌다. 우리는 들뢰즈 철학에서 암묵적으로만 존재하던 흐름을 명시적인 이야기로 만들었다. 그러나 한 가지 문제를 부각시킬 때 다른 문제들을 뒤로 밀려난다. 따라서 추후 연구과제는 선별이라는 문제가 들뢰즈의 다른 문제들에 비해 중요하다는 것을 입증하는 일이 되어야 할지도 모른다. 그러나 어떻게 철학자가 한 가지 문제만을 지녔다고 말할 수 있을까? 한 철학의 가치는 그 철학의 확고한 이미지를 만들어 박제하는 일에 있는 것이 아니라 그 철학을 이용하면서 최대한 많은 것들을 끌어내는 데 있을 것이다. 따라서 우리의 추후 연구과제가 들뢰즈를 선별이라는 틀에 가두는 일이 되어서는 안 될 것이다. 우리는 들뢰즈의 새로운 문제들을 드러내고 그를 통해 들뢰즈로부터 새로운 이야기들을 끌어내도록 노력해야 할 것이다.

참고문헌

(1) 1차 문헌

Gilles Deleuze, Capitalisme et schizophrénie t.1: L'anti-œdipe (avec Félix Guattari), Minuit, 1972(2005).

『안티 오이디푸스』, 김재인 옮김, 민음사, 2014.

Gilles Deleuze, Dialogues (avec Claire Parnet), Flammarion, 1977(1996).

『디알로그』, 허희정 외 옮김, 동문선, 2005.

Gilles Deleuze, Différence et répétition, PUF, 1968(1996).

『차이와 반복』, 김상환 옮김, 민음사, 2004.

Gilles Deleuze, Logique du sens, Minuit, 1969(2005).

『의미의 논리』, 이정우 옮김, 민음사, 1999.

Gilles Deleuze, Capitalisme et schizophrénie t.2: Mille platequx, (avec Félix Guattari), Minuit, 1980(2006).

『천개의 고원』, 김재인 옮김, 새물결, 2001.

Gilles Deleuze, Nietzsche et la philosophie, PUF, 1962(1977).

『니체와 철학』, 이경신 옮김, 민음사, 2001.

Gilles Deleuze, La philosophie critique de Kant, PUF, 1963(2004).

『칸트의 비판철학』, 서동욱 옮김, 민음사, 2006.

Gilles Deleuze, Le Pli, Leibniz et le baroque, Minuit, 1988(2005).

『주름, 라이프니츠와 바로크』, 이찬웅 옮김, 문학과 지성사, 2004.

Gilles Deleuze,   Pourparlers 1972-1990, Minuit, 1990(2005).

『대담』, 김종호 옮김, 술, 1993.

Gilles Deleuze,   Proust et les singes, PUF, 1976(2010).

『프루스트와 기호들』, 서동욱 외 옮김, 민음사, 2004.

Gilles Deleuze,   Qu`est-ce que la philosophie? (avec Félix Guattari), Minuit, 1991(2005).

『철학이란 무엇인가』, 이정임 옮김, 현대미학사, 1999.

Gilles Deleuze,   『들뢰즈가 만든 철학사』, 박정태 엮고 옮김, 이학사, 2007.

(2) 단행본

B. 스피노자, 『에티카』, 강영계 옮김, 서광사, 1990.

Christian Kerslake, 『IMMANCE and the vertigo of philosophy』, Edinburgh University Press, 2009.

G. W. 라이프니츠, 『모나드론 외』, 배선복 옮김, 책세상, 2007.

고쿠분 고이치로, 『고쿠분 고이치로의 들뢰즈 제대로 읽기』, 박철은 옮김, 동아시아, 2015.

김귀룡, 『플라톤의 『파르메니데스편』 연구』, 충북대학교 출판부, 2012.

김명주 외 6명, 『들뢰즈 사상의 분화』, 소운서원 엮음, 그린비, 2007.

김상환 『철학과 인문적 상상력』, 문학과지성사, 2012.

김상환, 『니체, 프로이트, 맑스 이후』, 창작과 비평사, 그린비, 2002.

데이비드 노먼 로도윅, 『질 들뢰즈의 시간 기계』, 김지훈 옮김, 그린비, 2005.

마누엘 데란다, 『강도의 과학과 잠재성의 과학』, 이정우·김영범 옮김, 그린비, 2009.

마이클 하트, 『들뢰즈 사상의 진화』, 김상운·양창렬 옮김, 갈무리, 2004.

박제철, 『라이프니츠의 형이상학』, 서강대학교 출판부, 2013.

박찬국, 『들뢰즈의『니체와 철학』 읽기』, 세창미디어, 2012.

브라이언 마수미, 『가상계』, 조성훈 옮김, 갈무리, 2011.

서동욱, 『들뢰즈의 철학』, 민음사, 2002.

쉬얀 키에르케고어, 『반복/현대의 비판』, 임춘갑 옮김, 도서출판 치우, 2011.

슬라보예 지젝, 『신체 없는 기관들』, 김지훈·박제철·이성민 옮김, 도서출판b, 2006.

아르토 빌라니 외,

(로베르 싸소 편집) 『들뢰즈 개념어 사전』, 신지영 옮김, 갈무리, 2012.

안 소바냐르그, 『들뢰즈, 초월론적 경험론』, 성기현 옮김, 그린비, 2016.

알랭 바디우, 『들뢰즈-존재의 함성』, 박정태 옮김, 이학사, 2001.

우노 구니이치, 『들뢰즈, 유동의 철학』, 이정우·김동선 옮김, 그린비, 2008.

임마누엘 칸트, 『순수이성비판1』, 백종현 옮김, 아카켓, 2006.

임마누엘 칸트, 『판단력 비판』, 백종현 옮김, 아카넷, 2009.

장-자크 르세르클, 『들뢰즈와 언어』, 이현숙·하수정 옮김, 그린비, 2016.

제롬 로장발롱, 『들뢰즈와 가타리의 무한 속도』, 성기현 옮김, 열린책들, 2012.

제임스 윌리엄스, 『들뢰즈의 차이와 반복 해설과 비판』, 신지영 옮김, 라움, 2010.

조 휴즈, 『들뢰즈의 차이와 반복 입문』, 황혜령 옮김, 서광사, 2014.

조 휴즈,

(Joe Hughes) 『Deleuze and the Genesis of Representation』, Continuum, 2008.

존 라이크만, 『들뢰즈 커넥션』, 김재인 옮김, 현실문화연구, 2005.

지크문트 프로이트, 『정신분석학의 근본개념』, 윤희기·박찬부 옮김, 열린책들, 1997.

지크문트 프로이트, 『성에 관한 세 편의 해석』, 오현숙 옮김, 을유문화사, 2007.

클레어 콜브룩, 『들뢰즈 이해하기』, 한정헌 옮김, 그린비, 2007.

키스 W. 포크너, 『들뢰즈와 시간의 세 가지 종합』, 한정헌 옮김, 그린비, 2008.

플라톤, 『플라톤의 다섯 대화편/ 테아이테토스, 필레보스, 티마이오스, 크리티아스, 파르메니데스』, 천병희 옮김, 도서출판 숲, 2016.

플라톤, 『파이돈』, 전헌상 옮김, 이제이북스, 2013.

(3) 논문

김수진 「플라톤의 파르메니데스 편에서 '오직 하나인 하나'와 '여럿인 하나' 2부의 첫 번째 가설과 두 번째 가설에 대한 탐구를 중심으로」, 『서양고전학연구』, 58권, 한국서양고전학회, 2019.

김재인, 「들뢰즈의 비인간주의 존재론」, 서울대학교 철학과 박사학위 논문, 서울대학교 철학과, 2013.

김재희 「들뢰즈의 표현적 유물론」, 『철학사상』, 45권, 서울대학교철학사상연구소, 2012.

김종갑, 「아포리아와 변증법: 플라톤의 [파르메니데스]를 중심으로」, 『비평과 이론』, 제3권, 한국비평이론학회, 1998.

김효영, 「들뢰즈의 미시적 무의식 개념에 대하여」, 서울대학교 철학과 석사학위 논문, 서울대학교 철학과, 2019.

류근호, 「들뢰즈 철학에서 사유의 발생 문제」, 서울대학교 철학과 석사학위 논문, 서울대학교 철학과, 2019.

서동교, 「들뢰즈의 『차이와 반복』에서의 초월론적 경험론에 관하여」, 서울대학교 철학과 석사학위 논문, 서울대학교 철학과, 2018.

성기현, 「질 들뢰즈의 감각론 연구」, 서울대학교 철학과 박사학위 논문, 서울대학교 철학과, 2017.

신지영, 「철학사에서 사라져버린 나머지 반쪽의 형이상학」, 『철학과 현상학 연구』, 41권, 한국현상학회, 2009.

신지영, 「들뢰즈에게 있어서 개체화의 문제에 관한 연구」, 『대동철학』, 74집, 대동

철학회, 2016.

윤대웅, 「프로이트와 들뢰즈에게 성과 주체의 문제」, 서울대학교 철학과 석사학위
　　논문, 서울대학교 철학과, 2016.

이성민 「주체 없는 공동체: 상상적 전회를 통한 들뢰즈의 내기」, 『라깡과 현대정
　　신분석』, 12권, 한국라깡과현대정신분석학회, 2010.

이성백 「변증법 비판으로 독해한 들뢰즈의 니체 해석」, 『시대와 철학』, 18권, 한국
　　철학사상연구회, 2007.

이찬웅, 「들뢰즈의 "이접적 종합"-신의 죽음 이후 무엇이 오는가?」, 『철학』, 107권,
　　한국철학회, 2011.

이찬웅, 「들뢰즈의 생성의 존재론과 긍정의 윤리학」, 서울대학교 철학과 석사학위
　　논문, 서울대학교 철학과, 2003.

전헌상, 「플라톤의 파이돈에서의 상기 논증과 이데아」, 『철학』, 113권, 한국철학회,
　　2012.

전헌상, 「파이돈에서의 철학자와 즐거움」, 『서양고전학연구』, 57권, 한국서양고전
　　학회, 2018.

정원석, 「들뢰즈의 이념론」, 서울대학교 철학과 석사학위 논문, 서울대학교 철학
　　과, 2019.

조현수 「들뢰즈의 '차이의 존재론'과 신다원주의의 만남」, 『철학연구』, 104권, 철학
　　연구회, 2014.

주재형 「들뢰즈와 형이상학의 정초」, 『철학과 현상학 연구』, 75집, 한국현상학회,
　　2017.

한상연 「현상학과 순연한 차이의 철학-질 들뢰즈에 대한 현상학적 성찰」, 『현대유
　　럽철학연구』, 36권, 한국하이데거학회, 2014.

황수영 「들뢰즈의 생성의 철학」, 『철학』, 84권, 한국철학회, 2005.

Selection and Genesis in Deleuze

The aim of this paper is to present the differences between 『Difference and Repetition』, 『The Logic of Sense』 and 『Anti-Oedipus』 under the theme of the change of selection criteria. Deleuze criticizes the Platonic selection. Plato selects based on Idea. This paper presents Deleuze's selection through contrast with Platonic selection. Selection evaluates the value of the subject. Deleuze's motivation is to value of creating newness rather than staying the same. It is those of us who are living in reality that are subject to selection. Therefore, our direction is presented as creation. However, selection presupposes that the selection target can meet the selecting criteria. So Deleuze must show that we can create. In order to be able to create, we must connect to the competency of creation. So the question is where is the competency of creation located?

Capabilities are related to genesis. This is because the element of genesis has competency. Therefore, in order for us to have the competency of creation, we must connect to the element of genesis. However, genesis appears in different ways in 『Difference and Repetition』, 『The Logic of Sense』 and 『Anti-Oedipus』. We can differentiate according to whether the element of genesis is material or non-material. In 『Difference and Repetition』, material intensity and non-material idea appear at the same time. In 『The Logic of Sense』, the non-material surface is emphasized. In 『Anti-Oedipus』, material desire is emphasized. Non-material capacities can be explained as lost objects. Lost objects make a change in a way that creates an absence within the material. The lost object presupposes that there is an inherent deficiency in our material nature.

Different practical consequences emerge depending on the nature of the competency. We are material as far as we have a body. Also, we are living in an material world. Therefore, the pursuit of non-material competencies has negative consequences for us. Non-material capacities are abstract. Thus, we can never acquire the lost object. In practice, we face a dead end and become frustrated. Deleuze affirms material competency through a materialistic revolution in 『Anti-Oedi-pus』. We, too, are affirmed by the affirmation of the material competency. No longer do we have to go out of our nature to create. We naturally possess competencies. What prevents the competency from being realized is external to us. We find that our selection criteria change in three books. The selection criterion shifts from non-material competencies external to us to immanent material competencies. As the selection criteria change, our nature is affirmed.